Georg Heinrici

Die valentinianische Gnosis und die heilige Schrift

Georg Heinrici

Die valentinianische Gnosis und die Heilige Schrift

ISBN/EAN: 9783965067035

Auflage: 1

Erscheinungsjahr: 2022

Erscheinungsort: Treuchtlingen, Deutschland

© Literaricon Verlag UG (haftungsbeschränkt)

www.literaricon.com

Printed in Germany

DIE

VALENTINIANISCHE GNOSIS

UND

DIE HEILIGE SCHRIFT.

EINE STUDIE

VON

Lic. Dr. GEORG HEINRICI.

BERLIN.

VERLAG VON WIEGANDT UND GRIEBEN.

1871.

DEM CURATORIUM

DES EVANGELISCHEN SÄCULAR-STIPENDIUMS
DER STADT BERLIN

DER VERFASSER.

Inhalt.

Verbesserungen.

S. 12 Z. 2 von unten l. statt *Οὐαλεντίνου*: *Οὐαλεντίνου*.

S. 33 Z. 3 von oben l. statt So hat der psychische Christus, den Irenäus: So hat der Christus, den Irenäus als psychischen.

S. 36 Z. 6 von oben l. statt wohnen: wohnt.

S. 49 zu Z. 9 von oben: Aufserdem kommt noch in Betracht Iren. I, 3, 3.

S. 72 Z. 12 von unten l. statt letzteren: ersteren.

S. 95 Z. 17 von oben l. statt Genossen: Genossin.

S. 95 Z. 1 von unten ist zu streichen: wogegen Irenäus sie nicht kennt.

S. 121 Z. 3 von unten l. statt § 45: § 4. 5.

S. 123 Z. 15 von unten l. statt 29: 28.

DIE

VALENTINIANISCHE GNOSIS

UND

DIE HEILIGE SCHRIFT.

EINLEITUNG.

Die reichste Blüthe der häretischen Gnosis ist das System
der Valentinianer. Kein anderes hat seine Grenzen so weit ge-
steckt, kein anderes mit gleicher Energie der Speculation die
Welt- und Seelenprobleme zu ergründen und zu erklären gesucht. In der Weise der straffgeschürzten, vorwärtsdrängenden
Entwicklung des Drama entfaltet sich der unausdenkbare Urgrund des Alls vom Sein zum Bewußstsein, sein Bewußstwerden
wieder erzeugt das Sein der Aeonenwelt, in der sich das un-
erfaßsbare Wesen des Urgrundes darstellt und das schrankenlose,
das unendliche sich seine Schranken schafft. Im Sein und Ab-
stammen vom ewigen Urgrund liegt noch nicht das Gleichsein
mit ihm beschlossen, daher hat auch die heiße, treibende Sehnsucht in der Welt der Vollkommenheit, dem Pleroma, eine Stelle.
Aber Vollkommenheit ist Besitz, Sehnsucht ist Ergänzungs-, Er-
füllungstrieb, darum stört die ungestillte, ihre Grenze überflie-
gende Sehnsucht die Harmonie, — ihr muß Genüge geschehen,
oder sie wird ausgestoßsen. So ward das Unvollkommene getrennt vom untersten Aeon, der Sophia, und die geläuterte fügt
sich willfährig und dankbar ein in die gottgewollte Gemeinschaft.
Aber die Frucht ihrer ungeläuterten Sehnsucht irrt außerhalb

des Pleroma im gestaltlosen, unermefslichen Raum, die unerbittliche Macht des Horos trennt sie von der seligen Mutter, an die sie das Band der Ahnung fesselt; die Sehnsüchtige in ihrer Verlassenheit lacht und weint, verzweifelt und fleht, und dem leidenschaftlichen Ringen mit ihrer Unvollkommenheit entstammt die zeitliche Welt, das verkörperte Geschöpf des Schmerzes und der Sehnsucht. Ist auch ihr erster Grund die vollkommene Welt des Pleroma, so ist doch ihre Ausgestaltung unvollkommen und ihre Entwicklung gefesselt und eingeschnürt in das Gesetz der Vergänglichkeit; haltlos, unruhig, gährend, schwach im Vollbringen, unklar im Wollen besteht sie als das verblichene Abbild der Seligkeit des Pleroma. Aber ihr letzter Ursprung gab ihr die Möglichkeit der Vervollkommnung. Ist diese auf dem Wege selbstthätigen Vordringens unerreichbar, so mufs aus der Welt ihres Ursprungs ihr Hilfe kommen. An die Stelle der Erkenntnifs tritt die Offenbarung, an die Stelle des Erringens die Erlösung, die Zurückführung zum Urbild. Wer wird erlöst? Wer vollzieht die Erlösung? Welches sind ihre Voraussetzungen? Auf welche Weise wird sie vollbracht? Welches ist ihre Grenze, ihr Ziel und Abschlufs? Dies sind die Fragen, deren Lösung die Valentinianische Speculation versucht. Sie werden beantwortet durch die erhabenen Dichtungen einer himmelstürmenden Phantasie, die das Pneuma zu sein sich anmafst, welches die Tiefen der Gottheit durchforscht.

Eine Speculation, deren Ferment die Erkenntnifs der Erlösungsbedürftigkeit war, mufste sich mit dem Christentum, das im zweiten Jahrhundert zu einer unausweichbaren religiösen Macht geworden war, entweder auseinandersetzen oder dasselbe von einem vermeintlich höheren Standpunkte in ihr System einzugliedern versuchen. So finden denn auch die mannigfachsten Berührungen zwischen Gnosis und Christentum Statt, aber auch, wie es ja stets der Fall ist, wenn tiefgreifende principielle Differenzen durch scheinbare äufserliche Verwandtschaft desto fühlbarer werden, die eingehendsten Auseinandersetzungen zwischen beiden, in den Zielen einträchtigen, in den Mitteln unversöhnlich entgegengesetzten religiösen Ueberzeugungsformen[1]. Eine ganze Kette von Bekämpfungen des Gnosticismus von Justins, des Philosophen und Märtyrers, verlornem Syntagma bis zu dem von bilderreichem Sarkasmus durchsäuerten Panarion des mehr streitbaren als waffenkundigen Epiphanius, vermögen zwar nicht den Verlust der Originalschriften der genialen Ketzerhäupter zu ersetzen, aber doch ihn weniger fühlbar zu machen, zumal da die Kirchenväter ziemlich reichhaltige Excerpte uns aufbehalten haben. Dank sei es dem Clemens, Origenes, Irenäus und Hippolytus, dafs wir durch ihre Auszüge und Mittheilungen in Stand gesetzt werden, einen tieferen Einblick in das innere Getriebe, die Entwicklung, die Methode der Deduction und der Beweisführung des Valentinianischen Systems uns zu verschaffen. Die Betrachtung und Durchforschung derselben mag dazu beitragen, die schwankenden Grenzlinien zwischen der Valentinianischen Gnosis und dem Christentum zu fixiren, um von hier aus einerseits auf Wesen und Entwicklung derselben, andrerseits auf die von ihr vorausgesetzte Bedeutung und Stellung des Christentums

---

[1] Vrgl. Iren. Prooem.: οὒς φυλάσσειν παρήγγελκεν ἡμῖν κύριος ὅμοια μὲν λαλοῦντας, ἀνόμοια δὲ φρονοῦντας.

zurückzuschliefsen. Genauer präcisirt ist die gestellte Aufgabe der Versuch, aus der Art und Weise, wie in den Darstellungen der Kirchenväter und den uns erhaltenen Fragmenten die verschiedenen Strömungen der Valentinianischen Speculation sich reflectiren, einen Einblick zu gewinnen in die Stellung der Gnosis zur heiligen Schrift und in das Verhältnifs ihrer treibenden Principien zum Schriftinhalt. Der Schwerpunkt der Untersuchung wird deshalb einerseits in die übersichtliche Darstellung des von den Valentinianern verwendeten Schriftmaterials und der Methode ihrer Benutzung, andrerseits in die Zergliederung der in den verschiedenen Quellenschriften uns aufbehaltenen Darstellungen des Systems fallen.

ERSTER ABSCHNITT.
Die Relationen der Kirchenväter.

Unter den Kirchenvätern des zweiten und dritten Jahrhunderts finden sich wenige, die nicht ihr Augenmerk auf die Bestreitung der Gnosis gerichtet haben. Im zweiten Jahrhundert war es besonders die Schule des Valentinus, welche durch ihre weite Verbreitung und die Bedeutsamkeit ihrer Speculation Abwehr und Angriff herausforderte. Ob Ignatius und Polycarp, die von Hieronymus als Bekämpfer der Gnosis genannt werden, das Valentinianische System gekannt haben, läfst sich nicht entscheiden, dagegen kannte schon Justin die Valentinianer. Denn nannte er in seiner gröfseren Apologie auch nur den Simon, Menander und Marcion als gefährliche Entsteller der christlichen Wahrheit, so läfst doch das von ihm genannte σύνταγμα wider alle Ketzereien[1]) auf eine Ausdehnung der häretischen Gnosis schliefsen, wie er sie an anderer Stelle schildert. In dem Dialog mit dem Juden Tryphon nämlich sagt er von den Häretikern: „Viele giebt es und hat es gegeben, die Gottlosigkeit und Lästerung in Wort und That zu üben gelernt haben und im Namen Jesu aufgetreten sind. Sie sind von uns benannt nach den Namen der Männer, von denen jegliche Lehre und Meinung ausging“. So werde, fährt er fort, auf mannigfache Weise der

---

[1]) **Justin ed. Sylburg. S. 54:** ἔστι δὲ ἡμῶν σύνταγμα κατὰ πασῶν τῶν γεγενημένων αἱρέσεων συντεταγμένον.

Schöpfer des Alls, der von ihm geweissagte Christus, der Gott Abrahams, Isaaks und Jakobs geschmäht. Wie man auf Statuen die Götternamen lese, könne man ihren Mund den Namen Jesu bekennen hören, ohne dafs ihr Herz ihn ehre. Nur einige von ihnen wolle er nennen: die Markianer, die Valentinianer, die Basilidianer und die Satornilianer[1]).

Unter den uns erhaltenen Ketzerbestreitungen, welche das Valentinianische System mehr oder minder ausführlich berücksichtigen, sind inhaltlich am wenigsten ergiebig zwei zu Compendien comprimirte Häresiologien, die eine ein Anhang zur Schrift Tertullians „de praescriptione haereticorum", die andere von Philastrius. Beide stehen, was Inhalt und Darstellung anlangt, in so enger Beziehung zu einander, dafs sie auf eine Grundschrift zurückweisen. Irenäus ist ihnen in einem Theil seiner grofsen Ketzerbestreitung verwandt (I, c. 22—27), vollkommen selbständig aber in der Darstellung des Systems und der Schule Valentins (I, c. 1—22), in der ihm Tertullian, Epiphanius und Theodoret sich anschliefsen. Grofsentheils selbständig referirt endlich jenes werthvolle Werk eines Schülers des Irenäus, das zum ersten Mal 1851 von Miller unter dem Titel „Origenis Philosophumena" herausgegeben, aber wahrscheinlich von Hippolytus verfafst ist, über die gnostischen Sekten.

Der Eifer der kirchlichen Bestreitung verstattet zunächst einen Rückschlufs auf die Macht der Gnosis. Bis in's fünfte Jahrhundert standen die Gnostiker als einflufsreiche Partei neben den Katholikern, und in den Sammelpunkten des geistigen Lebens stritten Kirche und Gnosis um die Herrschaft über die Geister. In Rom suchten die grofsen Parteihäupter, ein Valentin, ein Marcion, festen Fufs zu fassen, während Irenäus und Hippolytus vielleicht in derselben Weltstadt die Hauptanregungen zu ihren Werken fanden; die Werke des Clemens haben fast aus-

---

[1]) S. 196.

nahmslos den Zweck, polemisch und apologetisch die häretische Gnosis zu überwinden, Origenes wird nicht müde, den Irrgängen gnostischer Exegese nachzugehen, während Tertullian nirgends glühendere Farben wählt, als wo es gilt, die Gnostiker an den Pranger der Gottlosigkeit und des Aberglaubens zu stellen. Und noch Epiphanius setzt sich mit ihnen als einer die gegenwärtige Lage der Kirche bestimmenden Macht auseinander; und wenn er von den Marcioniten sagt: ihre Secte werde noch zu seiner Zeit in Rom und in Italien, in Aegypten und Palästina, in Arabien und Syrien, in Cypern und Thebaïs, sogar in Persien und noch anderen Ländern gefunden[1]), so gilt das in gleichem Mafse von der Schule Valentins, als Irenäus gegen dieselbe seine Widerlegungen richtete[2]).

Aus der Weise der Bestreitung geht sodann hervor, dafs es sich hier um mehr handelte, als um eine blofs principielle Sonderung entgegengesetzter Ueberzeugungen. Hätte die Gnosis nicht den Anspruch gemacht, das Christentum zu ersetzen, hätte sie nicht dieselben Ziele verfolgt, verwandte oder gleiche Mittel gebraucht, um dem Wesen des Glaubens fremde Ergebnisse zu gewinnen, so bliebe es unerklärlich, weshalb die hervorragendsten Geister des zweiten und dritten Jahrhunderts polemisch und apologetisch dieser Geistesrichtung die Nahrung und den Halt zu entziehen sich mühten. Die Gnosis wird durchaus als eine christliche Härese bestritten.

Für die äufsere Geschichte der Valentinianischen Schule sind die genannten Schriften der Kirchenväter die einzige Quelle; und obwohl sie nur durch einzelne dürftige Notizen die Nomenclatur der hervorragendsten Vertreter bereichern, setzen sie uns doch in Stand, uns ein ungefähres Bild von den chronologischen

---

[1]) Haer. 42, c. 1.

[2]) Zur Zeit des Epiphanius, also im letzten Dritttheil des vierten Jahrhunderts, war die Blüthezeit der Schule vorüber, denn er erwähnt nur noch Reste derselben, die in entlegenen Landstrichen Aegyptens ihr Dasein fristeten.

Grenzen der Blüthezeit und der Wirksamkeit der hervorragendsten Träger des Systems zu machen. Allerdings ist von vorne
herein zuzugestehen, daſs man nirgends sicher weiſs, ob Valentinus oder die Valentinianer reden[1]), und man sucht vergebens
nach einer bestimmten Tradition über die Reihenfolge der Jünger des Stifters. Mit Secundus eröffnet Irenäus die Reihe der
Schüler, dem Irenäus folgen Epiphanius und Theodoret; von
Irenäus nicht weiter genannte Schüler werden sodann von Epiphanius und Theodoret auf Grund eines Miſsverständnisses mit
dem Epiphanes, einem Sohn des Karpokrates, in Verbindung gebracht[2]). Epiphanius stimmt dann wiederum mit Irenäus darin
zusammen, daſs er den Ptolemäus als nachfolgenden Schüler
bezeichnet, den letzten, welchen Irenäus, abgesehen von Markus,
in dem für die Darstellung der Schulentwicklung bestimmten
Berichte besonders nennt, während Epiphanius dem Ptolemäus
die Markosier, einen Kolarbasus und Herakleon folgen läſst. Die
beiden Epitomatoren ferner halten folgende Reihenfolge fest:
Ptolemäus, Secundus, Herakleon, Markus, Kolarbasus. So be-
finden wir uns auf unsicherem Boden und suchen vergebens nach
einer Richtschnur, welche Falsches und Richtiges unterscheiden
lehrte. Die Unsicherheit wird durch Theodoret noch vermehrt,
der von unzähligen Chorführern dieser Härese spricht, aus denen
Kossianus, Theodot, Herakleon, Ptolemäus, Markus als Ersinner
verschiedenartiger Satzungen hervorgehoben werden. Von Kossianus ist nichts weiter als sein Name und, wenn er identisch

---

[1]) Tertullian nennt als einzigen treuen Schüler Valentins den Axio-
nicus, welchen auch die Phil. (VI, 35) als Vertreter der orientalischen
Schattirung des Systems kennen. Näheres ist von ihm nirgends berichtet.
Im übrigen charakterisirt Tertullian (c. Val. 4) die Weise des Systems:
„Ita nusquam jam Valentinus, et tamen Valentiniani, qui per Valentinum“.

[2]) Irenäus spricht I, 11, 3 von einem, qui clarus est magister ($\dot{\epsilon}\pi\iota$-
$\varphi a\nu\grave{\eta}\varsigma$ $\delta\iota\delta\acute{a}\sigma\varkappa a\lambda o\varsigma$) ipsorum (Phil. VI, cap. 38). Bei Epiphanius wird aus
diesem clarus magister der Gnostiker Epiphanes. Vergl. Lipsius, zur
Quellenkritik des Epiphanius, Wien 1865, S. 161.

ist mit dem von Clemens erwähnten Kassianus[1]), die Anführung eines apokryphen Ausspruchs Jesu überliefert. Wichtiger dagegen ist die Erwähnung des Theodot, von dem zwar Irenäus und die Philosophumena nichts wissen, aber Clemens uns umfangreiche Excerpte erhalten hat[2]). Dafs dieser Theodot ebenso. wenig der montanistische Prophet als der Gerber von Byzanz oder der Silberarbeiter von Trapezunt sein kann, liegt auf der Hand. Er mufs eins der angesehensten Häupter der Schule Valentins im Orient gewesen sein. Hieraus erklärt sich vielleicht, dafs Irenäus, Tertullian und Hippolytus, in deren Absicht es lag, die Valentinianer des Occidents zu bekämpfen, ihn nicht erwähnen, während der später lebende Hieronymus in einer Ueberschau der Ketzer und ihrer Bestreiter den Theodot neben dem personificirten Ebionitismus und Valentinus nennt[3]). Einen sichereren Schlufs auf seine Bedeutung gestattet der Werth jener Excerpte, die zum Theil seine Lehren enthalten.

Müssen wir auch darauf verzichten, über den Personalbestand der Schule ins klare zu kommen, so lassen sich doch über die Blüthezeit derselben bestimmtere Data fixiren. Baur sagt in seiner Kirchengeschichte (I, S. 196): „Die bewährtesten Zeugnisse über den Ursprung der Gnosis stimmen darin überein, dafs die Stifter der gnostischen Häresen im Zeitalter Trajans und Hadrians auftraten". Beim Valentinianismus trifft diese Ansicht vollkommen zu. Zwar läfst die Ueberlieferung die Lebensschicksale des Valentinus vollständig im dunkeln, so dafs selbst Epiphanius es nur als Gerücht erwähnt: *αὐτὸν γεγενῆσθαι Φρε-*

---

[1]) Clem. Strom. III, 13 § 92.

[2]) Op. ed. Klotz t. IV, S. 1—31.

[3]) Contra Helvidium 9. Numquid non possum tibi totam veterum scriptorum seriem commovere, Ignatium, Polycarpum, Irenaeum, Justinum Martyrem multosque alios apostolicos et eloquentes viros, qui adversus Ebionem et Theodotum Byzantium et Valentinum ... plena sapientiae volumina conscripserunt. — Dafs er den Byzantiner Theodot in diese Gesellschaft und in Verbindung mit diesen Bestreitern nennt, ist augenscheinlich ein Irrtum.

βωνίτην (wofür Petermann *Φαρβαιθίτην* vermuthet), *τῆς Αἰγύπτου παραλιώτην· ἐν Ἀλεξανδρείᾳ δὲ πεπαιδεῖσθαι τὴν τῶν Ἑλλήνων παιδείαν*, und Tertullian, dem Philastrius theilweise sich anschlieſst, nichts weiter von ihm zu erzählen weiſs, als daſs der geistvolle und beredte Mann in zorniger Eifersucht ein Feind der Kirche geworden, die ihm die begehrte Bischofswürde nicht verliehen hatte[1]), jedoch giebt uns Irenäus ein feststehendes Datum über seine Blüthezeit. Er sagt (III, 4. 3. Vrgl. Euseb. H. E. IV, 10), Valentin sei nach Rom gekommen zur Zeit des Hyginus, hätte geblüht (*ἤκμασε*) unter Pius und dort verweilt bis Anicet. Hyginus saſs von 137 bis 141 auf dem päbstlichen Stuhl, Pius war Pabst im fünften Decennium des zweiten Jahrhunderts, Anicet endlich bekleidete diese Würde, als sich Polycarp im Jahr 158 zur Beilegung der Osterstreitigkeiten nach Rom begab. Demnach fällt die Blütheperiode Valentins in die Zeit nach 140. Daſs er aber schon vorher eine Schule gegründet hatte und zu den bekanntesten Gnostikern zählte, dafür darf man allerdings nicht jene Lehre des pseudoignatianischen Briefs an die Magnesier anführen[2]), wohl aber Justin, der in seiner gröſsern Apo

---

[1]) Adv. Val. c. 4. Phil. de haeres. c. 38. Die Geschichtlichkeit letzterer Nachricht in der ganzen Ausdehnung, die ihr Tertullian giebt, mag dahingestellt bleiben, da die Neigung des grofsen Kirchenvaters, den Ketzern egoistische und unsittliche Motive unterzulegen, die sie zur Trennung von der Kirche angestachelt hätten, Vorsicht gebietet, zumal wenn keine andere Autorität derartige Vorwürfe unterstützt. Und Tertullian selbst stellt an einer anderen Stelle (de praescr. haer. 30) die Ursachen des Abfalls abweichend dar. Marcion und Valentinus, sagt er, wären um ihrer unruhigen Neugier willen, durch die sie auch die Brüder schädigten, ein und das andere Mal aus der Gemeinschaft entfernt worden (ejecti), bis sie zuletzt, für immer ausgestofsen, ihre giftigen Lehren ausgestreut hätten. So viel jedoch scheint aus diesen Nachrichten hervorzugehen, daſs Valentin ursprünglich der Kirche befreundet war. Dies bestätigt auch Epiphanius, der ihn erst in Cypern, wohin er in der spätesten Zeit seines Lebens gekommen sei, unverhüllt als Sectenhaupt auftreten läfst.

[2]) Patres ap. ed. Cot. II, 19: *εἷς θεὸς ὁ φανερώσας αὐτὸν διὰ τοῦ υἱοῦ αὐτοῦ, ὅς ἐστιν αὐτοῦ λόγος ἀΐδιος, οὐκ ἀπὸ σιγῆς προελθών.*

logie, die um's Jahr 140 dem Kaiser Antoninus überreicht wurde, sein σύνταγμα κατὰ πασῶν αἱρέσεων erwähnt, welches unter andern Ketzern auch die Valentinianer bestritten hat[1]). Demnach hätte Valentin in ähnlicher Weise wie hundert Jahre später Plotinus die Metropole der alten Welt aufgesucht, um seine Lehre in den weitesten Kreisen zu verbreiten, nicht eher jedoch, als bis er ihre Macht über die Geister an sich selbst und andern erprobt hatte. Sicher hätte Justinus um's Jahr 140 von Valentinianern nicht reden können, wenn die Schule noch nicht vorhanden war, und es bleibt deshalb die Behauptung Valentins, er verdanke seine Weisheit dem Theodas, einem Bekannten des Paulus (Strom. VII, 17 § 106), aus chronologischen Gründen unbestreitbar. Er kam als gereifter Mann nach Rom und bethätigte es bald durch die Früchte seiner Wirksamkeit, dafs er nicht gewöhnlichen Schlages war[2]). Unter Anicet erreichte er den Abend seines Lebens, folglich wird er am Ende des ersten oder Anfang des zweiten Jahrhunderts geboren sein und sein System im vierten Decennium des zweiten Jahrhunderts Einflufs auf die Zeitgenossen gewonnen haben.

Ueber seine Schule fehlen fast alle directen historischen Nachrichten, doch bestätigen die dürftigen Notizen, welche die Kirchenväter aufbehalten haben, die Gleichzeitigkeit des Meisters und der Jünger. Die bestrickenden Lehren des Meisters, durch welche er die ewigen Räthsel des Daseins zu lösen und mit kühner Phantasie die grundlosen Tiefen des Urgrunds zu durchdringen unternahm, mufsten fesseln und gewinnen, wie sie in erster Jugendfrische dem staunenden Auge sich enthüllten, und unwillkürlich die gewonnene Phantasie zum Weiterbilden und Ausmalen anstacheln; denn wer vermöchte dem Flügelschlág der einmal entfesselten phantasirenden Vernunft beschränkte Grenzen zu stecken oder ihm Halt zu gebieten! Es

---

[1]) Vrgl. die oben citirten Stellen. Der Dialog mit Tryphon stammt gleichfalls aus der Zeit nach 139 (vrgl. c. I, p. 120).

[2]) Dial. c. Marc. Sectio IV: οὐκ εὐτελὴς ἦν ἀνήρ.

liegt im Wesen der gnostischen Speculation, dafs sie schnell erblühte, um schnell zu verwelken. Der unterste Aeon in seiner heifsen, aber ungeläuterten Sehnsucht nach voller Erkenntnifs ist eine Weissagung auf ihr eigenes Schicksal.

Von vorne herein darf man daher ein günstiges Vorurtheil den Nachrichten entgegenbringen, welche den Valentinus zum Zeitgenossen seiner Schüler machen. Wann Ptolemäus, der nach der Reihenfolge, welche die Kirchenväter fast übereinstimmend befolgen, mit Secundus einer der ältesten Schüler Valentins war, gelebt hat, ist nirgends auch nur angedeutet, während sein Ansehen als Haupt der Schule unbestritten bleibt. Ob er jünger oder älter war als Herakleon, wird sich daher nach äufseren Gründen nicht entscheiden lassen. Irenäus (II, 4. 1) nennt den Ptolemäus vor Herakleon, die Philosophumena zweimal (VI, 29 und 35) den Herakleon vor dem Ptolemäus, Tertullian schliefst sich dem Irenäus an, wenn er die drei Schulhäupter folgendermafsen bestimmt: Valentinus habe den Weg vorgezeichnet, Ptolemäus ihn beschritten, Herakleon noch einige Pfade abgezweigt[1]). Wahrscheinlich bewahrt Irenäus, dem auch die Epitomatoren beistimmen, eine gesichertere Tradition, Ptolemäus ist also älter als Herakleon. Von diesem sagt nun Clemens (Strom. IV, 9 § 73), er sei der angesehenste unter den Schülern Valentins, Origenes fügt hinzu, er solle mit Valentin befreundet gewesen sein[2]). Clemens dürfte ihn durch diesen Ehrennamen nicht auszeichnen, wenn die Bedeutung des Gnostikers in Folge einer glänzenden Wirksamkeit nicht allgemein anerkannt wäre; und eine solche setzt eine längere Zeit des Erwerbs voraus. Jedoch nennt ihn Clemens nicht nur in den Stromateis, sondern auch in den Eclogae propheticae, die zu seinen frühsten schriftstellerischen Erzeugnissen gehören, da ihr Inhalt genugsam eine Periode der innern Entwicklung bezeugt, in der das christliche Bewufstsein des Ver-

---

1) Adv. Val. 4.

2) Grabe II, S. 85. Tom. in Joh. Bd. II, S. 109: τὸν Οὐαλεντῖνον λεγόμενον εἶναι γνώριμον Ἡρακλέωνα.

fassers noch schwankend und ungeklärt war[1]). Man hat deshalb diese Schrift dem Clemens abgesprochen, trotzdem sie sich in den Handschriften ebenso wie die Excerpte aus Theodot unter seine Werke gerechnet und mit seinem Namen bezeichnet findet. Doch grade bei einem Manne, der wie Clemens seine Ueberzeugung im Kampf mit den geistigen Strömungen seiner Zeit gewonnen hat, liegt es nahe, auf Schriften, welche Denkmäler der Durchgangsstadien seiner innern Entwicklung sind, zu schließen. — Die epochemachende Thätigkeit des großen Alexandriners als christlicher Schriftsteller begann, nachdem er Nachfolger des Pantaenus im Vorsteheramt der alexandrinischen Katechetenschule geworden war (189). Er muß damals in reifem Mannesalter gestanden haben, da hinter ihm eine nicht vorwurfsfreie Jugend und eine Zeit des Ringens nach Frieden lag, welche ihn zu den umfassendsten Studien außerchristlicher Weisheit geführt hatte. In ihr wird er auch mit dem Gnosticismus sich auseinandergesetzt haben, wofür dann die Excerpte der Beleg wären, in denen der Verfasser sein ἡμεῖς δέ erst schüchtern den gnostischen Lehren entgegensetzt. Wir werden daher nicht zu weit hinaufgreifen, wenn wir beide Jugendschriften in das Jahrzehnt 170—180 verlegen. In dem Eclogae ist ihm Herakleon der Gewährsmann für einen seltsamen Gebrauch bei der Taufe[2]). Derselbe würde nicht ausdrücklich genannt sein, wenn sein Name der Nachricht nicht besonderes Gewicht verliehe.

So stellt sich für die Blüthezeit des Herakleon als wahrscheinlichstes Ergebniß folgendes fest: Er war ein jüngerer Zeit-

---

[1]) Die Eclogae stammen wahrscheinlich aus derselben Zeit, wie die Excerpte aus Theodot. Jene Unterscheidung von φῶς und πῦρ z. B. (D. a. § 2 u. 3, § 37 u. 38, § 76 einerseits, andererseits Ecl. proph. § 8, § 26), die sonst Clemens nirgends erwähnt, weist auf verwandte Anschauungen, die unentwickelte tastende Darstellung in den selbständigen Stücken der Excerpte und den Eclogae auf dieselbe Unabgeschlossenheit der Ueberzeugung.

[2]) Eclogae § 25.

genosse des Valentin und der hervorragendste unter den Schülern, die Clemens kannte[1]). Seine Bedeutung bestätigen Irenäus,
der ihn neben Ptolemäus nennt, während er an der betreffenden Stelle die übrigen nur summarisch bezeichnet[2]), und
die Philosophumena. Hat die Blüthezeit Herakleons erst im
Alter Valentins begonnen, so wird sie in die Jahre 150—160
fallen. Da hätte demnach Herakleon seinen Commentar zum
Johannes geschrieben, den Origenes so eingehender Widerlegungen würdigte.

In dieselbe Zeit gehört Theodot, wenn die Ueberschrift, die
der Epitomator seinen Excerpten gegeben hat, echt ist, was bei
jeglichem Mangel anderweitiger Zeugnisse weder zu beweisen
noch mit Grund zu bestreiten ist. Dieselbe lautet: „Des Clemens
von Alexandria Auszüge aus den Schriften des Theodot und der
östlichen Lehre zur Zeit Valentins[3])“. Die letztere Bestimmung
bezieht sich sowohl auf Theodot als auf die *διδασκαλία ἀνατο-
λική*, da sonst der Artikel *τῆς* vor *κατὰ τοὺς Οὐαλεντίνου χρόνους*
nicht fehlen dürfte. Theodot wurde also von Clemens für einen
Zeitgenossen des Valentin gehalten, dessen Ansichten gegenüber
den andern Valentinianern eine gewisse Selbständigkeit behaupten; denn sonst würde er nicht *οἱ ἀπὸ Οὐαλεντίνου* von
ihm scheiden, wie er mehrfach thut[4]).

Dafür, dafs die Schule bis zum Jahre 160 ungefähr auf die
Höhe ihrer Entwicklung gelangt war, spricht noch ein neues
Moment. Irenäus schrieb das dritte Buch seines *ἔλεγχος* zur
Zeit des Bischofs Eleutherus[5]), hat also die beiden vorhergehen-
den Bücher vor 175 abgefafst. In dem ersten Buche schildert

---

[1]) Den Secundus, Ptolemäus und Markus nennt Clemens nicht.

[2]) II, c. 4, 1.

[3]) *Κλήμεντος τοῦ Ἀλεξανδρέως ἐκ τῶν Θεοδότου καὶ τῆς ἀνατολικῆς κα-
λουμένης διδασκαλίας κατὰ τοὺς Οὐαλεντίνου χρόνους ἐπτομαί.* Wir citiren
im Folgenden die Excerpte unter den Chiffern D. a.

[4]) Vrgl. § 2. 6. 16. 21. 23. 24. 25 mit § 22. 26.

[5]) Vrgl. III, 3, 3. Eleutherus war Bischof von Rom 176—191.

er aus eigener Anschauung die Secte der Markosier, die auch
an den Ufern der Rhone Wurzel geschlagen hatte[1]), auf das le-
bendigste. Es stehen ihm, wenn man die zerfahrene Darstellung
des Valentinianischen Systems mit der folgenden vergleicht, hier
entschieden einheitlichere Quellen und bestimmtere Eindrücke
zu Gebote. Und doch hatte er nur die Markosier und ihre apo-
kryphische Literatur vor Augen, Markus selbst, wenn er auch
an ihn eine entrüstete Apostrophe richtet, war ihm unbekannt;
sonst hätte er ihn kaum als „einen gewissen Markus" bezeichnet, während er von seinen Schülern in viel bestimmterer
Weise spricht[2]). Nein, Markus blühte vor der Wirksamkeit des
Irenäus in Lyon, denn ein „gottgeliebter Aeltester" hatte ihn
schon zum Gegenstand seiner Stachelverse gemacht, „Markus,
den Götzenmacher und Wunderschauer", und Irenäus fühlte sich
seiner eignen Aussage nach erst dazu berufen, „was lange
Zeit verborgen war", an das Licht zu ziehen[3]). Markus ist
nach einstimmiger Ueberlieferung der späteste unter den Schülern
Valentins, die sich eine selbständige Stellung schufen[4]); hat daher
auch seine Schule erst um's Jahr 175 für das christliche Gallien
eine gefährliche Verbreitung gefunden, so mufs doch der Stifter
derselben, der wahrscheinlich in Palästina geboren war, schon
früher, und zwar eine beträchtliche Zeit früher, gewirkt haben.
Folglich werden wir spätestens auf das siebente Jahrzehnt des
zweiten Jahrhunderts gewiesen, und die schöpferische Periode
der Valentinianischen Schule hätte mit ihm ihre Endschaft erreicht, nachdem sie um's Jahr 130 begonnen hatte.

Reicher fliefsen die Quellen für die innere Geschichte der

---

[1]) I, 13, 7: τοιαῦτα δὲ λέγοντες καὶ πράττοντες καὶ ἐν τοῖς καθ' ἡμᾶς
κλίμασι τῆς Ῥοδανουσίας.

[2]) Vrgl. 13, 1 mit 13, 7.

[3]) I, 15, 6.

[4]) Dafs Epiphanius ihn dem Herakleon voranstellt, beruht, wie
Lipsius nachgewiesen hat, auf willkürlichen Combinationen. Vrgl. S. 168
des citirten Werks.

Schule. Hier sind wir nicht allein auf die Berichte der Kirchenlehrer angewiesen, sondern dieselben werden ergänzt durch reichhaltige Fragmente, die Clemens in seinen Stromateis, Origenes in seinen Tomoi und Epiphanius im Panarion aufbehalten haben. Sie alle, von so mannigfachen Gesichtspunkten sie auch die Probleme des Systems theils bruchstückweise theils zusammenhängend darzustellen suchen, geben uns ein lebendiges Bild von dem geistigen Ringen innerhalb der Schule; — ob dasselbe aber zu einem klaren sich gestaltet, steht dahin. Denn auf den ersten Blick macht das mächtige Gewoge sich bekämpfender und überbietender Theologumene es unmöglich, einen Einblick in die allmähliche Fortbildung der Schule zu gewinnen. Keiner von den Häresiologen hat es über sich genommen, von dem Stifter ausgehend, die eigenartigen Neubauten von den alten Substructionen zu sondern. Sie erfassen das System nicht in seiner historischen Genesis, sondern in seiner oscillirenden Ausbildung, die bei buntester Verschiedenheit der Schattirungen darin mit sich eins ist, daſs sie absolute Auctorität beansprucht. Wenn Irenäus von den Valentinianern sagt: „Sie unterscheiden sich nach Lehre und Ueberlieferung, und die neueren beeifern sich Tag für Tag etwas neues dazu zu erfinden und Früchte zu treiben, die noch keiner ausgedacht“ (I, 21, 5), so sind sämmtliche Darstellungen der Kirchenväter der Beleg für diesen Ausspruch.

Das Verhältniſs der patristischen Quellen zu einander ist kurz folgendes. Nur Irenäus und die Philosophumena bieten eingehende selbständige Darstellungen des Valentinianischen Systems. Die Mittheilungen des Pseudotertullian und Philastrius, die mit einander wesentlich übereinstimmen, sind nur Variationen über dieselben Grundmotive[1]) und beschränken sich auf eine

---

[1]) Sie beziehen sich auf die Folge der Emanationen, auf die Sendung Christi (durch den Bythos — eine Ansicht, die vielleicht zusammenhängt mit der Mittheilung des Irenäus (c. 2, 4), der Vater habe den Horos durch den Monogenes $\dot{\epsilon}\nu$ $\epsilon\dot{\iota}\varkappa\dot{o}\nu\iota$ $\dot{\iota}\delta\dot{\iota}\alpha$ als $\ddot{\alpha}\zeta\upsilon\gamma o\varsigma$ und $\dot{\alpha}\vartheta\dot{\eta}\lambda\upsilon\nu\tau o\varsigma$ ema-

äufserliche Aneinanderreihung besonders augenfälliger Lehren. Epiphanius giebt die Nachrichten des Irenäus wörtlich wieder (Haer. 31, 8—32 vergl. mit Iren. I, 1—10), neben welchem er sich (c. 33) auf Clemens und Hippolytus beruft, deren Schriften eine eingehendere Bekämpfung der Irrlehre entbehrlich machten. Selbständig tritt nur die Entwicklung der Aeonenlehre nach gnostischen Quellenschriften in den Zusammenhang (c. 5—7), in der die räthselhaften, an's Aramäische anklingenden Aeonennamen, welche parallel mit den griechischen des Irenäus und Hippolytus aufgereiht werden, die Bezeichnung der Sophia als Pruneikia, der secundären Emanationen von Logos und Zoë, Anthropos und Ecclesia als mannweibliche Dekas und Dodekas „*Προυνείκων*" auf syrische Quellen weisen. Aehnlich einigen Gestaltungen der Ophitenlehre suchen sie die nackte Sinnlichkeit in der Aeonenwelt zur Triebfeder des Schaffens und Werdens zu machen und haben daher, da für eine derartige Gestaltung des Systems sich in den übrigen Quellen keine Anknüpfungspunkte von entscheidender Bedeutung finden, kaum einen Werth für die Erkenntnifs der speculativen Fortbildung desselben. Die vorhergehenden Abschnitte bei Epiphanius (c. 2—4) sind von der erwähnten Quellenschrift abhängig. Die barbarischen Aeonennamen werden auch hier aufgezählt, und die verwirrten und früher getrenntes confundirenden Nachrichten über das Hysterema und seine Erfüllung können sehr wohl ebendaher entstammen, während die Vergleichung der Gnostiker mit Hesïod eine Parallele zur Zurückführung derselben auf den Komiker Antiphanes bietet, die Irenäus (II, 14) versucht. Jedenfalls setzen diese Berichte eine vollständig verwilderte und mit andern Lehrbildungen verwach-

---

nirt), auf die Leiblichkeit und irdische Erscheinung desselben (hunc ... spiritale nescio quod corpus de coelo deferentem, quasi aquam per fistulam, sic per Mariam virginem transmeasse — Pseudotertull.: ut aquam per rivum). Vrgl. Epiphan. haer. 31, c. 4 u. 7. Dasselbe berichtet Irenäus (VII, 2) von der Menschwerdung.

sene Entwicklung voraus[1]). Wir werden sie daher ohne Einbufse aufser Acht lassen dürfen, zumal auch die allegorischen Deutungen im c. 35 ausführlicher bei Irenäus uns entgegentreten. Theodoret endlich in seinem Ketzercompendium schliefst sich gleichfalls auf das engste an Irenäus an und entlehnt seine Berichte den Nachrichten desselben. In übereinstimmender Weise werden die Emanationsreihen und der Erlösungsprocefs entfaltet (vrgl. mit Theod. haer. VII ins besondere Iren. I, c. 1 und 2, c. 4, c. 6, 1). Nur in Einzelheiten weicht Theodoret von seinem Gewährsmann ab. Dafs die Sophia im Schmerz über ihr gestaltloses Erzeugnifs sich an den $\Pi\varrho o\pi\acute{a}\tau\omega\varrho$ gewandt und ihm ihr $\pi\acute{a}\vartheta o\varsigma$ verkündet, dafs die pneumatische Frucht ($\varkappa\acute{\upsilon}\eta\mu\alpha$) der Achamoth dieselbe verlassen, um in das Pleroma aufzusteigen, davon weifs Irenäus in seiner Hauptdarstellung nichts (vrgl. II, 2, IV, 5); jedoch sind diese Differenzen nicht erheblich genug, um auf anderweitige Quellenschriften des Theodoret zurückzuschliefsen.

Des Irenäus Prüfung und Widerlegung aller Ketzereien hat den Valentinianern eine weit überwiegende Berücksichtigung zugewandt. Die 21 ersten Capitel des ersten Buchs beschäftigen sich ausschliefslich mit ihnen, und auch die Widerlegungen der folgenden Bücher haben sie vorzugsweise im Auge. Bis in die feinsten Fasern werden ihre Speculationen verfolgt, um aufgelöst und unschädlich gemacht zu werden; ihnen vor allem wird die Auctorität der Schrift und die Einheit der Tradition, die Einheit Gottes und Christi entgegengehalten, während Basilides und Marcion nur gelegentlich bekämpft, andere Gnostiker kaum erwähnt werden.

Die Darstellung der Valentinianischen Gnosis scheidet sich schon äufserlich in drei Theile. Cap. 1—10 enthalten eine zusammenhängende Relation ihrer Theologie nebst der Beifügung der biblischen Beweisstellen (c. 3 u. 8) und Bekämpfung des ver-

---

[1] So deutet beispielsweise die Erwähnung der 365 $\vartheta\varepsilon o\grave{\iota}$ $\varkappa\alpha\grave{\iota}$ $\delta\upsilon\nu\acute{a}\mu\varepsilon\iota\varsigma$ (c. 4) auf Basilidianische Lehren.

kehrten Gebrauchs derselben (c. 9 u. 10). Das 11. und 12. Cap. giebt eine Uebersicht über die Fortentwicklung der Schule, an die sich sodann eine umfassende Darstellung der Umbildung schliefst, die Markus der Gnosis gab (c. 13—20). Mit einer Uebersicht über die verschiedenen Fassungen, welche die Markosier der Erlösung (ἀπολύτρωσις) gaben, schliefst dieselbe sodann, um nach Voraufschickung einer neuen Einleitung den Quellen des grofsartigsten der gnostischen Systeme nachzuspüren.

Irenäus hat also die Entwicklung des Systems und die Geschichte der Schule zu geben unternommen, jene in gewissenhafter Vollständigkeit, diese kurz und zusammengedrängt, nur auf die Abweichungen aphoristisch eingehend. Doch giebt er in dem ersten grofsen Abschnitt (c. 1—10) keineswegs eine übersichtliche, selbständig reproducirte Zergliederung der Lehre des Begründers; seine Quellen sind vielmehr die Denkwürdigkeiten der Schüler des Valentinus und aus persönlicher Bekanntschaft gesammelte Berichte, die mehr oder weniger lose mit einander verknüpft sind[1]). Wer die Männer sind, deren Verkehr und Schriften ihm den Stoff seiner Bestreitung geliefert haben, deutet er im folgenden an: er will nach Kräften die Meinung der derzeitigen Irrlehrer, der Ptolemäer, kurz und klar dem Freunde entfalten und in ihrer Nichtigkeit nachweisen. So sollte man meinen, der Kirchenvater beabsichtige die Ptolemäische Form der Gnosis zum Ausgangspunkt seiner Darstellung und Polemik zu machen, als farbenreichste der Blüthen, die aus Valentinus Garten abgepflückt waren[2]). Jedoch trägt seine Darstellung keineswegs das Gepräge einer bestimmten Schulmeinung und entspricht auch nicht den Nachrichten, welche er später über die eigentümlichen Lehrsätze des Ptolemäus bringt; vielmehr erscheint sie in ihrer gründlichen Berücksichtigung der einzelnen

---

[1]) Iren. ed. Massuet. p. 441: „ἐντυχὼν τοῖς ὑπομνήμασι τῶν, ὡς αὐτοὶ λέγουσιν, Οὐαλεντίνου μαθητῶν, ἐνίοις δὲ αὐτῶν καὶ συμβαλών.“

[2]) „ἀπάνθισμα τῆς Οὐαλεντίνου σχολῆς“ l. c.

Schattirungen des Lehrtypus, in ihrem bald zurückgreifenden, bald wiederanknüpfenden Fortgang, der die Nähte verschiedener, lose mit einander verbundener Relationen durchschimmern läfst, als der sorgfältige Versuch, in einem Bilde alle Formationen des Systems zu einem Ganzen zusammenzufügen, an den sich sodann als ergänzende Nachträge theils schon erwähnte, theils noch nicht berührte Einzelmeinungen schliefsen. Es sind also nicht sowohl die Ptolemäer, als vielmehr im Grofsen und Ganzen diejenigen, die sich selbst als Schüler Valentins bezeichnen[1]), welche dem Irenäus als Quellen dienen; wodurch nicht ausgeschlossen sein soll, dafs es vorzugsweise Anhänger des Ptolemäus waren, denen er seine Mittheilungen entlehnt.

Doch gehen wir zur Charakterisirung des Inhalts seiner Darstellung über. In drei Acten entfaltet sich nach Irenäus das Erlösungsdrama der Gnosis, deren Vorspiel die Genesis des Pleroma ist. Im ersten ist die Sophia, im zweiten die Achamoth, im dritten der Gnostiker der Protagonist. Dem Prolog im Himmel folgt die Entstehung der Welt; Schuld ist ihre Ursache, Erlösung daher das Ziel derer, die den ewigen Lichtkeim des Pleroma in sich tragen. Nach diesen drei Gesichtspunkten gliedert sich die Darstellung des Irenäus; sie enthält die Valentinianische Metaphysik, Kosmologie und Soteriologie, die erstarrten Wogen des bunten Spiels der speculirenden Phantasie, die unerschöpflich an immer neuen Bildungen sich freut. Irenaeus beginnt seinen Bericht mit „λέγουσι“, wie er den Schleier fortzieht von dem unabsehbaren und unaussprechbaren Wesen des Bythos, mit „λέγουσι“ führt er die folgenden Relationen ein[2]), dann sind es ἔνιοι[3]), deren abweichende Ansichten den Hauptzügen des Gemäldes beigeordnet werden. Niemals nennt er bestimmte Personen, stets führt er seine Gewährsmänner in der Mehrheit ein. Es liegt ihm daran, ihre Lehren, die sich

---

[1]) L. c.

[2]) Vrgl. z. B. c. 1, 1. c. 2, 1.

[3]) Vrgl. z. B. c. 2, 3. 7, 2. *Εἰσὶ δὲ οἱ λέγοντες* etc.

ergänzen, ohne sich aufzuheben, in ein Gehege zu bannen, um sie danach desto sicherer vernichten zu können.

Eine gedrängte Uebersicht seiner Nachrichten wird obige Aufstellungen bestätigen. Irenäus beginnt mit der Aufzählung der Aeonenreihen, welche das Pleroma bilden. Die zahlreichen Prädicate des Bythos und die verschiedenen Benennungen der Sige als Charis und Ennoia weisen auf schwankende Auffassungen des Urgrundes. Klar und übersichtlich trotz der Fülle des verarbeiteten Stoffs drängt die Darlegung zum Fall der Sophia. Der Nus oder Monogenes, der allein den Vater erkennt, will die Aeonen „εἰς ἔννοιαν καὶ πόθον ζητήσεως τοῦ προπάτορος“ führen. Bei dem untersten Aeon schlägt die ruhige Sehnsucht seiner Genossen in glühenden, leidenschaftlichen, vermessen sich vordrängenden Erkenntnifstrieb um und wird zum Pathos. Er geräth in Gefahr, sich selbst zu verlieren, jedoch hält ihn Horos, der nicht erst jetzt zu diesem Zweck emanirt wird, zurück; derselbe festigt ihn und überzeugt ihn von der Unfafsbarkeit des Vaters. „So legt der unterste Aeon seine frühere Begierde ab mit dem Leiden, das ihm aus jener betäubenden Wunderschau (ἐκ τοῦ ἐκπλήκτου ἐκείνου θαύματος) erwachsen war“ (c. 1 — c. 2, 2).

Bis hierher geht die erste Relation, bei der bemerkenswerth ist, dafs der Horos in seiner Thätigkeit identisch erscheint mit der später erwähnten Frucht des Monogenes, Christus und dem heiligen Geist. Unmittelbar daran knüpft sich eine ausgeführtere Schilderung der Wandelungen der Sophia (II, 3 seq.). Nicht mehr sondert sie ihr Leiden aus, wie einen fremden Bestandtheil ihres Wesens, sondern im Schmerz über das Scheitern ihres verwegenen Begehrens gebiert sie eine gestaltlose Wesenheit (οὐσία ἄμορφος) und findet endlich im Sturm der Affecte die Kraft zur Umkehr und zur Bitte. Jetzt emanirt der Vater den Horos nach seinem Bilde (falls er nämlich als geschlechtlos und ohne Syzygie — ὑπὲρ ἄρρεν καὶ ὑπὲρ θῆλυ — gedacht wird), der die Sophia von ihrem Pathos (der πνευματικὴ οὐσία) und letzteres vom Pleroma trennt. So ist sie rehabilitirt. Zur Wahrung der Harmonie des Pleroma emanirt jetzt der Monogenes Christus und den heiligen Geist. Jener belehrt die Aeonen über das Wesen des Pleroma, dieser lehrt sie danken; und wie sie nun gleich geworden an Gestalt und Einsicht, bringen sie als Dankopfer dem Vater ihre gemeinsame Frucht dar, Jesus den Soter, das All, das auch vom Vater her den Namen Christus und Logos trägt, und mit ihm die Engel.

Nun verläfst die Darstellung das Pleroma, um das Schicksal der gestaltlosen Fehlgeburt der Sophia in's Auge zu fassen (cap. IV). Aus eignem Antrieb giebt ihr Christus die $\mu\acute{o}\varrho\varphi\omega\sigma\iota\varsigma$ $\varkappa\alpha\tau^{\prime}$ $o\mathring{v}\sigma\acute{\iota}\alpha\nu$, damit sie zum Bewufstsein ihrer selbst und ihrer Schwachheit komme. Wie er sie verläfst, eilt sie ihm nach; das Zauberwort des Horos ($^{\prime}I\alpha\acute{\omega}$) hält sie jedoch zurück, denn das $\pi\acute{\alpha}\vartheta o\varsigma$ hat keinen Raum im Pleroma; — da ist sie hingegeben dem bunten Wechsel vielgetheilter und mannigfacher Affecte, sie trauert, fürchtet, verzagt, bereut, dem zugewandt, der ihr das Leben gab, und ihrem Leiden entstammt der Demiurg und der Kosmos, dem edleren Affect der $\mathring{\epsilon}\pi\iota\sigma\tau\varrho o\varphi\acute{\eta}$ die Seele derselben, der Furcht und Trauer das Uebrige. Aber nicht vergebens fleht sie das Licht an, das sie verlassen hat. Der Soter wird zu ihr gesandt und giebt ihr die $\mu\acute{o}\varrho\varphi\omega\sigma\iota\varsigma$ $\varkappa\alpha\tau\grave{\alpha}$ $\gamma\nu\tilde{\omega}\sigma\iota\nu$, die Erkenntnifs, welche die Leiden der Unwissenheit heilt. Jedoch sind ihre Leiden schon zuständlich und lebensfähig geworden ($\mathring{\epsilon}\varkappa\tau\iota\varkappa\grave{\alpha}$ $\varkappa\alpha\grave{\iota}.$ $\delta v\nu\alpha\tau\acute{\alpha}$); da sie daher nicht vernichtet werden können, schafft er sie um zur gestaltungsfähigen Materie. Die befreite und von den Engeln des Soter befruchtete Achamoth dagegen erzeugt dankbar den ihr wesensgleichen pneumatischen Samen.

Auf zweifache Weise also wird die Entstehung der sichtbaren Welt gedacht. Einmal erscheint sie als unmittelbar entsprungen aus der leidenden Sophia, dann wieder unter dem Druck der Verhältnisse vom Soter der Anlage nach ($\delta v\nu\acute{\alpha}\mu\epsilon\iota$) geformt[1]).

---

[1]) IV, 2. $\tau\alpha\acute{v}\tau\eta\nu$ $\sigma\acute{v}\nu\tau\alpha\sigma\iota\nu$ $\varkappa\alpha\grave{\iota}$ $o\mathring{v}\sigma\acute{\iota}\alpha\nu$ $\tau\tilde{\eta}\varsigma$ $\mathring{v}\lambda\eta\varsigma$ $\gamma\epsilon\gamma\epsilon\nu\tilde{\eta}\sigma\vartheta\alpha\iota$ $\lambda\acute{\epsilon}\gamma o v\sigma\iota\nu$, $\mathring{\epsilon}\xi$ $\tilde{\eta}\varsigma$ $\ddot{o}\delta\epsilon$ $\acute{o}$ $\varkappa\acute{o}\sigma\mu o\varsigma$ $\sigma v\nu\acute{\epsilon}\sigma\tau\eta\varkappa\epsilon\nu$. IV, 5. Der Soter wandelt die Affecte $\mathring{\epsilon}\xi$ $\mathring{\alpha}\sigma\omega$-$\mu\acute{\alpha}\tau o v$ $\pi\acute{\alpha}\vartheta o v\varsigma$ $\epsilon\mathring{\iota}\varsigma$ $\mathring{\alpha}\sigma\acute{\omega}\mu\alpha\tau o\nu$ $\tau\grave{\eta}\nu$ $\mathring{v}\lambda\eta\nu$.

In beiden Fällen ist das entstandene das Substrat für die weitere Gestaltung. Die Sophia, die zu voller Erkenntnifs gebildet ist und, beseligt und befruchtet durch die Schau der Begleiter des Soter, die ihr wesensgleiche pneumatische Frucht geboren hat, bildet die Substanzen zu bestimmten Erscheinungen um. Ihre Schöpfung entspricht ihrer Entwicklung; auch in ihr folgt der $\mu\acute{o}\varrho\varphi\omega\sigma\iota\varsigma$ $\varkappa\alpha\tau^{\prime}$ $o\mathring{v}\sigma\acute{\iota}\alpha\nu$ die $\mu\acute{o}\varrho\varphi\omega\sigma\iota\varsigma$ $\varkappa\alpha\tau\grave{\alpha}$ $\gamma\nu\tilde{\omega}\sigma\iota\nu$. Die ihr wesensgleiche pneumatische Substanz entzieht sich allerdings ihrer Einwirkung, aber aus der psychischen erschafft sie den Vater und König von allem, welcher das Werk der Achamoth fortsetzt und als sein eigenes zu vollenden meint, obwohl er nur von ihr geleitet und bestimmt wird. So schafft er die psychische und hylische Welt. Da aber die Mutter ihre Impulse vom Soter empfängt und ihr Streben in dem Wunsche aufgeht, zur Ehre der Aeonen, deren gemeinsame Frucht ihr die Heilung von ihrem Leid und die vollkommene Erkenntnifs gebracht hat, alles zu schaffen, so tritt die Welt jenseits des Horos in den allerengsten Zusammenhang mit dem Pleroma; sie ist ein Dankopfer der Achamoth, die sie nach dem Bilde des Pleroma, das ihr in ihrer $\mu\acute{o}\varrho\varphi\omega\sigma\iota\varsigma$ aufging, erschuf. Die Achamoth wird zum Bilde des höchsten Vaters, der Demiurg zum Bilde des Monogenes und den Aeonen entsprechen die Erzengel und Engel der unteren Welt, so dafs in der unteren Welt ein jeder Theil des Pleroma sein darstellendes Princip hat. Aber indem die Achamoth dem Demiurg die Fortführung der Schöpfung überläfst, verengen sich die Kreise der schöpferischen Thätigkeit; der Gesandte des Pleroma formte das Substrat alles Seins, das erste selbständige Geschöpf bildete die Achamoth, dieses endlich die sichtbare, belebte Welt; es giebt dem noch körperlosen Gemisch der verschiedenen Substanzen, die der $\mathring{\epsilon}\pi\iota\sigma\tau\varrho\varphi\acute{\eta}$ und den $\pi\acute{\alpha}\vartheta\eta$ entstammten, Gestalt und bildet himmlisches und irdisches in fester Besonderung, sich selbst und jedem seiner Engel seinen Platz anweisend.

Doch in noch tiefere Regionen reicht die Thätigkeit des

Demiurg hinab, in welche uns Irenäus einführt, indem er noch einmal auf die $\pi\acute{\alpha}\vartheta\eta$ der Sophia zurückgreift (V, 4) und im Widerspruch mit IV, 2 das psychische aus der Furcht, sodann aus der Trauer $\tau\grave{\alpha}$ $\pi\nu\varepsilon\upsilon\mu\alpha\tau\iota\varkappa\grave{\alpha}$ $\tau\tilde{\eta}\varsigma$ $\pi o\nu\eta\varrho\acute{\iota}\alpha\varsigma$ ableitet, woher der $\delta\iota\acute{\alpha}\beta o\lambda o\varsigma$ oder $\varkappa o\sigma\mu o\varkappa\varrho\acute{\alpha}\tau\omega\varrho$, der klüger ist als der Demiurg, und $\tau\grave{\alpha}$ $\delta\alpha\iota\mu\acute{o}\nu\iota\alpha$ ihren Ursprung haben. Sodann kehrt er zum Demiurg zurück. Nachdem derselbe den Kosmos erschaffen, bildete er den irdischen Menschen ($\check{\alpha}\nu\vartheta\varrho\omega\pi o\varsigma$ $\chi o\ddot{\iota}\varkappa\acute{o}\varsigma$ V, 5) aus der unsichtbaren Substanz und blies ihm den psychischen Menschen ein nach seinem Bild und seiner Aehnlichkeit ($\varkappa\alpha\tau$ ' $\varepsilon\grave{\iota}\varkappa\acute{o}\nu\alpha$ $\varkappa\alpha\grave{\iota}$ $\acute{o}\mu o\acute{\iota}\omega\sigma\iota\nu$). Alsdann wird der Mensch mit dem Kleid aus Fellen, dem sinnlichen Fleisch, bekleidet. Unwissend legt der Schöpfer auch den pneumatischen Samen der Achamoth (IV, 5), das Gegenbild der obern Ecclesia, in seine Seele, der ihn fähig macht zur Aufnahme des vollkommenen. So stammt das vielgetheilte Geschöpf von der Erde ($\chi o\tilde{\upsilon}\varsigma$), die ihm den Leib, und der Hyle, die ihm die fleischlichen Triebe ($\tau\grave{o}$ $\sigma\alpha\varrho\varkappa\iota\varkappa\acute{o}\nu$) verlieh; dem Demiurg verdankt es die Seele, der Achamoth den $\check{\alpha}\nu\vartheta\varrho\omega\pi o\varsigma$ $\pi\nu\varepsilon\upsilon\mu\alpha\tau\iota\varkappa\acute{o}\varsigma$; es hat Theil an allem was da ist, ein Mikrokosmos in vollem Sinne. Das hylische muſs vergehen, das psychische eint sich je nach seiner Neigung ($\pi\varrho\acute{o}\sigma\varkappa\lambda\iota\sigma\iota\varsigma$) mit dem hylischen oder pneumatischen, das pneumatische endlich, das Salz der Erde, gewinnt Gestalt im psychischen. Psychisches und pneumatisches zu erlösen, ist der Soter gekommen, theilhaft der Erstlinge ($\grave{\alpha}\pi\alpha\varrho\chi\alpha\acute{\iota}$) von allem was er erlösen wollte.

Zwei sich ergänzende und fortführende Relationen schildern also die Entstehung der sichtbaren Welt und zergliedern ihre Bestandtheile, um ihre Erlösungsbedürftigkeit und ihre bedingte Erlösungsfähigkeit nachzuweisen, eine complicirter als die andere, die zweite den Principien des Systems fast entfremdet durch Hineinnahme dualistischer Doctrinen. Ihnen entsprechen die beiden Berichte von der Erlösung durch den Soter. Sie stimmen darin überein, daſs das Object der Erlösung als von der Natur dazu prädestinirt (c. VI, 2) sich den Einwirkungen

des Soter zu erschliefsen hat, ohne spontan ihm irgend wie
entgegenkommen zu können, unterscheiden sich aber in der
Auffassung des Processes. Zunächst wird, ähnlich wie die
Weltentstehung (IV, 2) auf die schöpferischen Leiden der Sophia
zurückgeführt wurde, Ziel und Weise kurz dahin bestimmt, dafs
der Soter, um den erlösungsbedürftigen relativ wesensgleich zu
werden, mit dem pneumatischen Wesen der Achamoth, dem
psychischen Christus des Demiurg und einem Leibe psychischer
Substanz sich bekleidete, der mit unsagbarer Kunst zubereitet,
aber sichtbar, fühlbar und leidensfähig war [1]). Wenn durch ihn
alles pneumatische Gestalt und Vollendung gewonnen habe, dann
werde die Vollendung eintreten. Die Sophia verläfst den Ort
der Mitte, in dem sie vorher sich befand, und wird mit dem
Soter zu einer Syzygie verbunden, die Pneumatiker werden der
Seelen entkleidet und den Engeln des Soter im Pleroma ver-
mählt. Der Demiurg nimmt den Platz der Mutter ein, um ihn
schaaren sich die Seelen der Gerechten — der Psychiker —;
das übrige verzehrt das aus den Eingeweiden der Erde hervor-
brechende Feuer (c. VII, 1).

Mit einem „$\varepsilon i\sigma i$ $\delta \dot{\varepsilon}$ $o i$ $\lambda \acute{\varepsilon} \gamma o \nu \tau \varepsilon \varsigma$" wird sodann eine zweite
Lehrgestaltung eingeführt. Schon vorher (VI, 1) ist ein psychi-
scher Christus des Demiurg erwähnt, den der Soter in sich aufgenommen; hier erscheint er von neuem als der, von dem die
Propheten geweissagt haben. Maria ist der Kanal, durch den
er in die sichtbare Welt eintritt, aber er wird nicht von dem
Soter aufgenommen als integrirender Bestandtheil seines Wesens,
sondern ist Träger des in Gestalt der Taube zu ihm herniederge-
stiegenen. Sonst werden seiner Natur die gleichen Elemente zuge-

---

[1]) L. c. $\sigma \tilde{\omega} \mu \alpha$ $\psi \upsilon \chi \iota \kappa \dot{\eta} \nu$ $\ddot{\varepsilon} \chi o \nu$ $o \dot{\upsilon} \sigma i \alpha \nu$, $\varkappa \alpha \tau \varepsilon \sigma \varkappa \varepsilon \upsilon \alpha \sigma \mu \acute{\varepsilon} \nu o \nu$ $\delta \dot{\varepsilon}$ $\dot{\alpha} \dot{\rho} \dot{\rho} \acute{\eta} \tau \omega$ $\tau \acute{\varepsilon} \chi \nu \eta$,
$\pi \rho \dot{o} \varsigma$ $\tau \dot{o}$ $\varkappa \alpha i$ $\dot{o} \rho \alpha \tau \dot{o} \nu$ $\varkappa \alpha i$ $\psi \eta \lambda \alpha \varphi \eta \tau \dot{o} \nu$ $\varkappa \alpha i$ $\pi \alpha \vartheta \eta \tau \dot{o} \nu$ $\gamma \varepsilon \gamma \varepsilon \nu \tilde{\eta} \sigma \vartheta \alpha \iota$. So ist wohl
statt „$\dot{\alpha} \acute{o} \rho \alpha \tau o \nu$ $\varkappa \alpha i$ $\dot{\alpha} \psi \eta \lambda \acute{\alpha} \varphi \eta \tau o \nu$ $\varkappa \alpha i$ $\pi \alpha \vartheta \eta \tau \acute{o} \nu$" nach dem gallischen Ueber-
setzer und Iren. I, 9, 3: $\pi \rho \dot{o} \varsigma$ $\tau \dot{o}$ $\dot{o} \rho \alpha \tau \dot{o} \nu$ $\varkappa \alpha i$ $\psi \eta \lambda \alpha \varphi \eta \tau \dot{o} \nu$ $\gamma \varepsilon \nu \acute{\varepsilon} \sigma \vartheta \alpha \iota$ zu lesen.
Derselbe ist genommen $\dot{\varepsilon} \varkappa$ $\tau \tilde{\eta} \varsigma$ $o i \varkappa o \nu o \mu i \alpha \varsigma$, d. h. der vom Soter gestalteten
$o \dot{\upsilon} \sigma i \alpha$ $\dot{\alpha} \sigma \acute{\omega} \mu \alpha \tau o \varsigma$.

theilt und nur noch hinzugefügt, daſs die pneumatische Natur und der Soter, beide unfähig zum Leiden, ihn verlassen, wie er zu Pilatus geführt wird. So litt nur der psychische Christus. Sein Leiden ist ein Symbol der Thätigkeit des obern Christus (des ἄνω Χριστός des Monogenes), der die Achamoth dem Wesen nach gestaltete, nachdem er sich über den Stauros hin ausgedehnt hatte (ἐπεκταϑέντος τῷ Σταυρῷ IV, 1).

Hiemit könnte die Kette der Darstellung sich schlieſsen, da die Entstehung und Erlösung der Welt ihren Abschluſs erreicht hat, jedoch fügt Irenäus noch zwei Ergänzungen an, deren eine sich auf den Demiurg (VII, 3), deren andre sich auf die Anthropologie bezieht (VII, 4). Die Unwissenheit des Demiurg wird nämlich dahin bestimmt, daſs sie sich in einer instinctiven Liebe zum Höheren äuſsert, die die Pneumatiker zu Propheten, Priestern und Königen erwählte, ohne sich über den Grund ihrer Hinneigung irgend welche Rechenschaft zu geben. Wie ihm dann durch die Parusie des Soter die Augen aufgethan werden, beugt er sich ihm willig und freudig, gleich dem Hekatontarchen des Evangeliums. Ferner scheidet eine andre Fassung der gnostischen Anthropologie nicht mehr im einzelnen Menschen die Bestandtheile seiner Natur, sondern die Menschheit in bestimmt gesonderte Gattungen, in Pneumatiker, Hyliker und Psychiker, die dem Seth, dem Kain und dem Abel entsprechen. Und bis in die psychische Welt hinauf, die (nach VI, 1) in freier Neigung ihr Schicksal bestimmt, wird der Gegensatz von physisch gut und physisch bös verlegt, so daſs ein Theil derselben fähig, der andere unfähig ist, die Samenkörner der pneumatischen Natur in sich aufzunehmen.

Die Uebersicht der Darstellung, welche Irenäus der valentinianischen Gnosis giebt, characterisirt dieselbe als eine mehr summirende und gruppirende. Ein Faden wird fallen gelassen, damit ein anderer in loser Verbindung mit dem vorigen die Entwicklung fortführe. Eine Fülle verschieden gefärbter Auffassungen derselben Lehren sind zu einem schwankenden Bilde vereinigt, ohne zur klaren und scharfen Sonderung durchgedrungen zu sein. Als Grundzug des speculativen Fortschritts macht sich die Scheidung zwischen Potentialität und Actualität geltend; das bildungsfähige entstammt dem Pleroma ebenso wie die Kraft der Gestaltung; die Gestaltung selbst ist der Welt von den Mächten aufserhalb des Pleroma in immer tiefer herabsteigender Stufenfolge gegeben, bis sie bei der dem Ursprung absolut entfremdeten Hyle, dem erstarrten Pathos endet. Dafs die Annahme einer der Erlösung unfähigen Hyle möglich war, beruht auf derselben Inconsequenz, welche den Kosmokrator, der ausdrücklich ein Gebilde des Demiurg genannt wird, mit hylischer Bosheit und pneumatischer Einsicht ausstattete. Für ihn sucht man vergebens eine Stelle in dem Gebiet des consequenten Valentinianismus, und über ihn schweigt sonst das System, das eine Vernichtung der unerlösten Welt durch das Feuer lehrt.

Was die einzelnen Grundbegriffe des Systems anlangt, so tritt zunächst in der Bestimmung des Bythos das Bestreben hervor, durch abstracte negative Bezeichnungen seine unergründliche Erhabenheit zu bestimmen, die durch die Aeonen dargestellt, aber nicht erkannt wurde, denn auch der einzige Aeon, der ihn erkennt, erkennt nur seine Unerkennbarkeit (II, 1). Der Procefs der Selbstentfaltung des Urgrundes ist die Emanation, welche durch dem Geschlechtsleben entnommene Bilder geschildert wird, wie denn auch die Vollkommenheit der Aeonen erst in der Einheit des männlichen und weiblichen Princips sich darstellt. Die Aeonen selbst entlehnen ihre Namen theils dem intellectuellen und ethischen Vermögen, theils der Andeutung ihres Ursprungs und Verhältnisses zu den andern; von den secundären Aeonenreihen bezieht sich die Dekas auf die Ogdoas, deren drittem Gliede sie entstammt, zurück, indem sie dieselbe mehr nach der metaphysischen Seite hin erweiternd recapitulirt, während die aus ἄνϑρωπος und ἐκκλησία hervorgegangene Dodekas ihre Benennung dem bewegteren intellectuellen und religiösen Leben entnimmt. Viele der Aeonenbezeichnungen weisen auf die Terminologie der Kirche, so der $\mu o\nu o\gamma \varepsilon\nu\eta\varsigma$ oder $\lambda\acute{o}\gamma o\varsigma$, die $\zeta\omega\eta$, die $\dot{\alpha}\lambda\eta\vartheta\varepsilon\iota\alpha$, die $\dot{\varepsilon}\varkappa\varkappa\lambda\eta\sigma\iota\alpha$ in der Ogdoas, der $\pi\alpha\varrho\acute{\alpha}\varkappa\lambda\eta\tau o\varsigma$, die $\pi\acute{\iota}\sigma\tau\iota\varsigma$, $\dot{\varepsilon}\lambda\pi\acute{\iota}\varsigma$ und $\dot{\alpha}\gamma\acute{\alpha}\pi\eta$ in der Dodekas. Der Name $\alpha\check{\iota}\omega\nu$ selbst ist, wie aus der Parallelisirung mit $\check{\omega}\varrho\alpha$ (I, 3) hervorgeht, seiner ursprünglichen Bezeichnung noch nicht ganz entfremdet.

Neue Elemente scheinen in die Darstellung der Schicksale des abtrünnigen Aeon sich einzumischen, zunächst der Name Achamoth, dann die Ableitung von $'I\alpha\acute{\omega}$ und die reiche, unerklärte Nomenclatur der Allmutter und des Demiurg (V, 1 u. 3), welche auf Lehrbildungen weisen, die mit den Principien des Systems in nur äußerliche Berührung traten, aber doch nicht ohne Einwirkung auf dasselbe blieben. Das Gebiet der eigentlichen Schwankungen betreten wir aber erst mit der Darstellung der Geschicke der unteren Welt. Die Affecte der Achamoth werden in mannigfach schillernder Weise bestimmt; der Soter ferner ist nach einer Relation Träger der verschiedenen erlösungsfähigen Substanzen, während nach der andern der Christus des Demiurg Träger des Soter und des pneumatischen Samens ist (vrgl. VI, 1 und VII, 2), die Natur des Menschen wird wiederholt, aber nicht in uniformer Weise in Betracht gezogen (VI, 1. VII, 3. 5). Demnach giebt die Relation des Irenäus weniger ein Bild des Systems, als des bewegten Lebens innerhalb der Schule, die den gemeinsamen principiellen Boden für verschiedene, mit einander noch unverarbeitete Lehrbildungen bot.

Einen bei weitem andern Charakter trägt der Bericht des Hippolytus[1]), der vollständig unabhängig von Irenäus ist und von ihm in nicht unwesentlichen Punkten abweicht. Irenäus hatte die Anhänger des Ptolemäus in der Einleitung seines Werkes als die hervorragendsten Vertreter der Schule genannt; Hippolytus hebt den Valentinus, den Ptolemäus und den Herakleon aus den übrigen nicht näher bezeichneten Valentinianern

---

[1]) Phil. VI, 29 — 37. Ich citire nach der ed. princeps von Miller.

heraus. Gemäfs seinem eifrigen Bestreben die Gnosis in ihrem ganzen Umfang aus der ethnischen Philosophie abzuleiten, nennt er sie des Plato und des Pythagoras Schüler und schreibt ihnen eine „arithmetische Lehre" zu. Seine Darstellung rechtfertigt zum Theil diese Bezeichnung[1]), die sonst wohl treffender auf die markosische Umbildung des Systems angewandt wäre, denn hier ist der speculative Charakter desselben noch nicht in perplexe Zahlenmystik verflüchtigt. Wie durch die Quellen, so unterscheidet sich der Bericht des Hippolytus auch durch die Art der Verarbeitung. Jene lose Aneinanderreihung der mannigfachen Schöfslinge gnostischer Speculation hat einer knapperen und übersichtlicheren Gruppirung Platz gemacht. Nur an einer Stelle hat es den. Anschein, dafs verschiedene Relationen unvermittelt neben einander gestellt sind (c. 35. 36), aber auch hier ist die zweite wesentlich fortführend und ergänzend. Leider sind einige Stellen hoffnungslos corrumpirt, besonders diejenige, welche das Verhältnifs von psychischem und hylischem Wesen bestimmt (c. 32).

Waren es in der Relation des Irenäus vorzugsweise die Sophia, die Achamoth, der Demiurg, die Erlösungslehre und die Christologie, welche die Cristallisationspunkte für mannigfaltige Lehrbildungen boten, während die Ordnung des Pleroma im ganzen fixirt erschien, so erwähnt Hippolytus grade dieses Theologumenon neben der Christologie als Streitobject (c. 29. 35). Die Gotteslehre und die Christologie sind demnach mehr in den Vordergrund gedrängt. In Betreff jener erwähnt Irenäus beiläufig, wo er von der Emanation des Horos spricht, dafs einige den Bythos sich ohne Syzygie über jedes Geschlecht erhaben dächten (c. 2, 4); die Philosophumena nun stellen die Lehre von der Einheit des Urprincips an die Spitze, lassen die entgegengesetzte, dafs dem Vater des Alls die Sige als Syzygos

---

[1]) Vrgl. p. 185, 2. p. 192, 32, wo statt ὁ λόγος mit Schneidewin zu lesen ist ō (70) λόγους.

zugesellt werden müsse, bei Seite und entwickeln nur die erstere, indem sie mit einem „*φησί*" gehaltreiche Excerpte aus den benutzten Quellen einführen. Der allein unerschaffene, über Raum und Zeit und Begriff erhabene Vater wird durch die Liebe gedrängt, seinen Schöpfertrieb wirken zu lassen, denn er ist kein Freund der Einsamkeit, sondern ganz Liebe. — „Und Liebe ist nicht Liebe, wenn sie nichts hat, was sie liebt. Darum emanirte und erzeugte er das schönste und vollkommenste, was er in sich trug, den *νοῦς* und die *ἀλήθεια*, jene Zweiheit, die Herrscherin und Grund und Mutter ist aller Aeonen innerhalb des Pleroma". Derartige Deductionen giebt Irenäus in seiner Darstellung der Aeonenlehre nicht, der sich von Hippolytus auch noch dadurch unterscheidet, dafs er für die secundären Emanationen andere Quellpunkte annimmt. Nach Irenäus nämlich emaniren *λόγος* und *ζωή* die 10, *ἄνθρωπος* und *ἐκκλησία* die 12 Aeonenpaare. Hier sind es *νοῦς* und *ἀλήθεια*, die dankbar dem Vater des Alls die Dekas der Aeonen als vollkommene Zahl darbringen[1]), wogegen *λόγος* und *ζωή* zur Verherrlichung ihrer Erzeuger die unvollkommene Dodekas der Aeonen emaniren. Weshalb nicht auch eine vollkommene Dekas? Alles geschaffene ist unvollkommen, darum durfte auch die erste Syzygie nicht durch vollkommenes verherrlicht werden. Das Wesen des Empfängers bedingt die Art des Opfers. So steht in relativer Abgesondertheit der Vater über seinen Emanationen; er ist der ewige Urgrund seiner 28 Emanationen, nicht, wie bei Irenäus, das erste Glied in der Kette der dreifsig Aeonen.

---

[1]) C. 30 Z. 64 wird die Ansicht, welche der Darstellung des Irenäus zum Grunde liegt, wie um etwas der Vollständigkeit wegen nachzuholen, angeführt. Noch in anderer Weise lehren von dem Ursprung der secundären Aeonenreihen Philastrius und Pseudotertullian. Die 12 Aeonen des Anthropos und der Ecclesia sind bei ihnen vor den 10 aus Logos und Ecclesia hervorgegangenen erwähnt. Bemerkenswerth ist übrigens bei Hippolytus der Pythagoräische Einflufs, den die Scheidung in vollkommene und unvollkommene Zahl bethätigt.

Noch tiefer greifende Verschiedenheiten der beiden Relationen zeigen sich in der Lehre von der Sophia, indem dem Reichtum der phantastischen Lehrbildungen hier eine einfachere Relation gegenüber steht, welche den Versuch einer principiellen Ableitung macht. Geboren sein heifst beschränkt und unvollkommen sein: das ist die Erkenntnifs, welche den jüngsten Sprofs des λόγος und der ζωή von ihrem Genossen empor zur Tiefe des Vaters reifst. Nicht vom Durst nach Ergründung seiner Unergründlichkeit gefoltert, sondern im vermessenen Stolz will sie schaffen gleich wie er. Ihr Geschöpf ist nicht die willenlose Folge ihrer schmerzvollen Enttäuschung, sondern die Frucht ihrer kurzsichtigen Ueberhebung. Nur ihr Syzygos hätte demselben Gestalt geben können, das übersah sie, und so erzeugte sie, was sie erzeugen konnte, eine gestaltlose, unausgebildete Wesenheit (οὐσία ἄμορφος καὶ ἀκατακεύαστος). Jetzt klagt die Sophia.

Wie die übrigen Aeonen die Fehlgeburt (ἔκτρωμα) der Sophia sehen, ergreift sie Furcht vor gleichem Mifslingen. Doch der Vater zeigt sich ihrer Fürbitte für die vermessene geneigt und befiehlt eine neue Emanation, und der νοῦς mit der ἀλήθεια emaniren Christus und πνεῦμα ἅγιον zur Gestaltung und Absonderung der Fehlgeburt und zugleich zum Trost und zur Beruhigung der Seufzer der Sophia. So kommt die Dreifsigzahl der Aeonen zum Abschlufs. Christus und der heilige Geist trennen das Ektroma von den vollkommenen Aeonen, das der vom Vater jetzt erst emanirte Stauros, der hütend und hegend die 30 Aeonen umschliefst, ganz ihrem Anblick entzieht. Davon weifs die Relation des Hippolytus nichts, dafs der schon vor dem Fall der Sophia emanirte Horos jene Trennung selbstthätig vollzogen habe (Iren. 2, 2 und 4), ebensowenig wie er die Lehrthätigkeit des Christus kennt (2, 5).

In der Kosmologie findet sich gleichfalls eine anders gefärbte Darstellung. Die Leiden der ausgestofsenen Sophia sind der Quell der sichtbaren Welt; der Stufenleiter ihrer Affecte entspricht die Stufenleiter ihrer Wesen vom psychischen Demiurg bis zu den aus der rathlosen Verzweiflung ($\dot{\alpha}\pi o\varrho i\alpha$) stammenden Dämonen. Jesus allerdings gesellt sich sogleich, nicht erst in der $\sigma v \nu \tau \dot{\epsilon} \lambda \epsilon \iota \alpha$ (Iren. 7, 1), als Syzygos zur Sophia, um sie sodann von ihren Leiden zu trennen und diese unmittelbar in subsistirende Substanzen zu verwandeln[1]). Nach gedrängter und etwas verwirrter Ueberschau der verschiedenen erschaffenen Substanzen verweilt die Relation ausführlicher bei der Anthropologie. Wie Irenäus schreibt auch sie der Seele die Freiheit zu, nach oben oder unten sich zu wenden. Unter der Ogdoas, wo die Sophia und der Soter weilen, aber über der Hyle stehend, vermag sie von der indifferenten Stätte aus sich emporzuschwingen in das himmlische Jerusalem der Ogdoas oder zu versinken in die Hyle, also unsterblich oder sterblich zu werden (c. 32). Woher diese Mittelstellung? Der Mensch ist ein Geschöpf des Demiurg, ein psychisches Wesen in hylischem Körper wohnend. Sein Körper, der hylische Mensch, jedoch ist die Herberge entweder der Seele allein, oder der Dämonen, oder endlich der Seele und jener $\lambda \acute{o} \gamma o \iota$, welche die Frucht des Pleroma und die Sophia von oben her in diese Welt gestreut haben (c. 34). Also auch hier steht der Mensch seiner Anlage nach zugleich über und unter dem Demiurg; es ist in seine Natur eine Disharmonie gelegt, die er selbst nicht zu erkennen und zu heben im Stande ist. Ueber seinem Herzen liegt eine Decke, welche die Thorheit des Demiurg und seiner Propheten webte. Aber die Sophia vernichtet dieselbe; sie kommt als $\pi \nu \epsilon \tilde{v} \mu \alpha$ zur Maria, ihr vereint sich als $\delta \acute{v} \nu \alpha \mu \iota \varsigma$ der Demiurg, und beide erschaffen den neuen Menschen, Jesus, die Sophia der Substanz, der Demiurg der Gestalt nach. Er ist

---

[1]) In neuer Wendung sind in die Leidenskette der Mutter eingefügt neben der $\dot{\epsilon}\pi\iota\sigma\tau\varrho o\varphi\acute{\eta}$ die $\delta\acute{\epsilon}\eta\sigma\iota\varsigma$ und $\dot{\iota}\varkappa\epsilon\tau\epsilon\acute{\iota}\alpha$, welche näher bestimmt werden als $\dot{o}\delta\grave{o}\varsigma$ $\varkappa\alpha\grave{\iota}$ $\mu\epsilon\tau\acute{\alpha}\nu o\iota\alpha$ $\varkappa\alpha\grave{\iota}$ $\delta\acute{v}\nu\alpha\mu\iota\varsigma$ $\psi v\chi\iota\varkappa\tilde{\eta}\varsigma$ $o\dot{v}\sigma\acute{\iota}\alpha\varsigma$, welche der Furcht entstamme.

der himmlische Logos, der von der Ogdoas oder der Sophia durch die Maria erzeugt ist. So hat der psychische Christus, den Irenäus in viel beschränkterer Function kennt, eine gröfsere Bedeutung gewonnen. Nicht mehr der Soter vollzieht durch seine Vereinigung mit den Erstlingen alles pneumatischen und psychischen Wesens (Ir. I, 6, 1) die Erlösung der Sophia und ihrer Schöpfung; — auch steigt nicht die Kraft des Pleroma bei der Taufe auf den psychischen Christus herab (Ir. I, 7, 2), sondern er steht selbständig da in bestimmt begrenzter Mission. Das Pleroma war schon von der Angst der Verwirrung befreit, auch die Sophia aufserhalb des Pleroma ruhte in seliger Vereinigung mit dem Soter; sie belehrt jetzt den Demiurg, während der Sohn der Maria die psychische Welt erlöst. Daher ist die Thätigkeit desselben auf dasselbe Gebiet, das die Christen dem Gottmenschen vindiciren, eingeschränkt, und es gleicht einem Vorspiel der christologischen Streitigkeiten, welche die folgenden Jahrhunderte beschäftigten, wenn gerade die Versuche, den Welterlöser seiner Natur nach näher zu bestimmen, Ursache einer Trennung der Valentinianischen Schule gewesen sind. Irenäus weifs davon nichts; sein Erlöser steht mit den Füfsen auf der Erde und ragt mit dem Haupt bis ins innerste Heiligtum des Pleroma. Die Leiblichkeit desselben und ihr Verhältnifs zu den übrigen Kräften seines Wesens blieb aufserhalb der Discussion, friedlich einten sich in ihm die heterogenen Elemente der psychischen, pneumatischen und pleromatischen Natur, die ein wunderbar bereiteter Leib zusammenhielt. Hier dagegen tritt scharf die Lehre von einem dreifachen Christus hervor, erstens jener Emanation des Nus und der Aletheia, zweitens der Frucht des Pleroma, des Syzygos der Sophia, drittens des Sohns der Maria. Der erstere hat seine Thätigkeit mit der Beruhigung des Pleroma vollendet, der zweite giebt mit den λόγοι der Welt ihre Erlösungsfähigkeit, der dritte vollzieht die Erlösung. In wie weit jedoch durfte· er Theil haben an der erlösungsbedürftigen Leiblichkeit? Ist ein Theil seines Wesens, wie Irenäus berichtet, „$\dot{\varepsilon}x$ $\tau\tilde{\eta}\varsigma$ $o\dot{\iota}xovo\mu\dot{\iota}\alpha\varsigma$" (l. c.), der neben dem psychischen allein leiden konnte, oder ist seine Leiblichkeit allem psychischen und irdischen fremd, und ganz pneumatischer Natur: diese Frage schied nach dem Bericht des Hippolytus die Valentinianer in zwei Schulen, eine italische und eine orientalische (c. 35). Die erstere, deren Häupter Herakleon und Ptolemäus waren, schrieb dem Erlöser einen psychischen Leib zu, auf den sich das $\pi\nu\varepsilon\tilde{\upsilon}\mu\alpha$ oder der $\lambda\acute{o}\gamma o\varsigma$ der oberen Sophia wie eine Taube herabgesenkt habe[1]); die andere kennt nur einen pneumatischen Leib des Soter, den die Vereinigung des $\pi\nu\varepsilon\tilde{\upsilon}\mu\alpha$ der Sophia mit der schöpferischen Kraft des Demiurg erzeugten. Demnach gehört der Bericht des Hippolytus, in so weit er sich auf die Christologie bezieht, der orientalischen Schule an.

Die gegebene Uebersicht beweist die vollkommene Selbständigkeit der Relation des Hippolytus in Bezug auf Inhalt und Form. Es treten, wenn wir zunächst den Charakter der Darstellung in Betracht ziehen, uns verschiedene Bestandtheile klar entgegen, aus denen der Bericht theils planvoll, theils verworren zusammengewoben ist. Dem Verfasser liegt daran, ein Gesammtbild der Schule zu entwerfen, und deshalb registrirt er gewissenhaft alle Unterscheidungslehren; aber auf der anderen Seite legt er eine gnostischen Schriften entlehnte Darstellung zum Grunde, die er durch wörtliche Citate eines ungenannten Gewährsmannes bereichert[2]). Dieselbe trägt ein in sich einheitliches Gepräge.

---

[1]) Damit stimmt Iren. l. c. überein, denn nach ihm kommt der $\sigma\omega$-$\tau\acute{\eta}\varrho$, den Hippolytus die gemeinsame Frucht des Pleroma nennt, als Taube zu dem psychischen Christus. Die italische Schule statuirte daher kein einheitliches Zusammenwirken der Sophia und des Demiurg bei der Bildung des Soter.

[2]) Die drei Bestandtheile der Relation des Hippolytus (VI, c. 29—36) sondern sich nach folgendem Schema, dessen Zahlbestimmungen sich genau an die Millersche Ausgabe anschliefsen. S. 184 Zeile 93 bis S. 185 Z. 18: Einleitung und selbständig verarbeitete Darstellung des Hippolytus (C); Z. 18—21: der ungenannte Gewährsmann (A); Z. 22—25: die

Sie geht aus von einer monistischen Fassung des Urgrundes, den keine äufsere Sollicitation, sondern die Nothwendigkeit der Liebe zur Offenbarung seiner Schöpferkraft drängt. Er, die an sich zeugungskräftige Monas, schafft sodann die nur durch Zusammenwirken zeugungskräftigen Syzygien des Pleroma, die ihn durch die Bethätigung der gewährten Schöpferkraft verherrlichen. Die Harmonie des Pleroma stört nicht der unbefriedigte Drang nach Erkenntnifs, sondern die Ueberhebung des untersten Aeon, die gerade aus der Erkenntnifs des Vaters folgt; wie es auch nicht die Klagen der reumüthigen Sophia, sondern die Bitten der über die Vermessenheit ihrer Genossin erschreckten Aeonen sind, welche die Emanation von Christus und $\pi\nu\epsilon\tilde{\nu}\mu\alpha$ $\ddot{\alpha}\gamma\iota\upsilon\nu$ verursachen. Ebenso ist die Christologie der Schule in anderer und bestimmterer Weise gestaltet. Der Aeon Christus, die Gesammtfrucht des Pleroma und der Christus der Sophia sind von einander getrennt als eigenartige Wesen in bestimmten Wirkungssphären. Der erste befreit die Sophia von ihrem $\ddot{\epsilon}\varkappa\tau\rho\omega\mu\alpha$, der zweite wird der Genosse der befreiten Sophia in der Ogdoas,

---

gnostische Grundschrift (*B*); — Z. 26. 27: *A*; — Z. 27 — 186, 38: *B*; — Z. 38—46: *A*; — Z. 46—56: *B*; — Z. 56 — 187, 70: *C*; — Z. 70—84: *B*; — Z. 84—87: *A*; — Z. 87 — 188, 88: *B*; — Z. 89 — 93: *A*; — Z. 94—5: *B*; — Z. 6—9: *A*; — Z. 9—11: *B*; — Z. 11—14: *C*; — Z. 14 — 189, 31: *B*; — Z. 31—36: *C*; — Z. 36 — 190, 52: *B*; — Z. 52—54: *C*; — Z. 55 — 191, 82: *B*; — Z. 82—94: *A* und *C*; — Z. 94—4: *B* und *A*; — 192 Z. 5—9: *C*; — Z. 9—15: *B*; — Z. 16 — 193, 35: *C*; — Z. 36—53: *B* und *C*; — Z. 54 — 194, 67: *A*; — Z. 68 — 195, 94: *A*; — Z. 94—4: *C*; — Z. 4—8: *A*; — Z. 8—15: *C*; — Z. 15 — 196, 24: *B*; — Z. 24—29: *A*; — Z. 29—37: *B*; — Z. 37 — 44: *C*. Aeufserlich kennzeichnet Hippolytus das allgemeinere an gnostische Schriften sich anschliefsende Referat meistens durch $\lambda\dot{\epsilon}\gamma o\upsilon\sigma\iota$, oder er knüpft durch $o\check{\upsilon}\nu$ den Faden desselben wieder an, den unbekannten Gewährsmann dagegen führt er mit $\varphi\eta\sigma\dot{\iota}$ ein, seine eigenen Zwischenbemerkungen, die entweder abweichende Meinungen oder Ergänzungen der Hauptdarstellung enthalten oder endlich das vorhergehende abschliefsen und kurz zusammenfassen, heben sich durch ihren Inhalt deutlich von der Hauptdarstellung ab.

ihrem Reiche unterhalb des Horos[1]), der dritte wird von der Sophia und dem Demiurg gesandt, den Schleier von den Herzen der erlösungsfähigen zu nehmen. Diese wieder sind Söhne des Demiurg, des psychischen oder feurigen Gottes, dessen Substanz gerade so wie die „λόγοι ἄνωϑεν κατεσπαρμένοι" oder wie die Dämonen in den hylischen Körpern wohnen. Der Demiurg selbst, der zuerst in seiner sinnlosen Thorheit vollständig fremd, ja feindlich der Welt des Pleroma gegenübersteht, nimmt willig die Lehre der Sophia an und verschweigt sie seinen Geschöpfen, bis der Sohn der Maria sie denselben enthüllt.

Für diese Sätze liefert der mit φησί eingeführte Gewährsmann die Belege aus der heiligen Schrift und einzelne Versuche vertiefter Deduction. Seine Worte sind eng mit der Hauptdarstellung verflochten, die sie nirgends unterbrechen. Bisweilen bezieht sich die Anfügung auf das vorher im Zusammenhang entwickelte, wie z. B. am Schlufs von c. 30 eine Belegstelle für das Wesen des ἔκτρωμα (Gen. 1, 2) und eine zweite für das Wesen der σοφία (Exod. 3, 8) unvermittelt neben einander gestellt werden; bisweilen führt sie einfach fort, indem sie die ausgesprochenen Lehren begründet[2]). Diese Quellenschrift bestimmt das Wesen des Bythos als Liebe und lehrt die nur durch Zusammenwirken kräftige Zeugungsfähigkeit der Aeonen, welche auch die veränderte Ordnung der Nebenemanationen verursacht, beides Fermente der gnostischen Speculation, die Irenäus nicht erwähnt. Ebenso ist ihr zum grofsen Theil die eigentümliche Terminologie der Relation entnommen, welche sich in wesentlichen Stücken von der des Irenäus unterscheidet. Der Urgrund, den Irenäus mit Vorliebe Βυϑός nennt, heifst μονάς, meistens aber πατήρ, die Sophia heifst nirgends Achamoth oder ἐνϑύ-

---

1) Es wird nicht ganz klar, ob die ἔξω σοφία von der rehabilitirten zu trennen ist. Von einer eigentlichen Rehabilitation ist nichts berichtet, obwohl c. 36 sie einzuschliefsen scheint. Auch die Benennung ἡ ἔξω σοφία spricht für die Trennung.

2) Vrgl. 31, Z. 6; 30, Z. 83; 29, Z. 38.

μησις, sondern ἡ ἔξω σοφία, Ἰερουσαλήμ (auch bei Iren. I, 5, 3)
πνεῦμα ἅγιον, ἡμέρα μεμορφωμένη, deren Reich die ὀγδοάς im
Gegensatz zur ἑβδομάς des Demiurg ist[1]). Der Soter des Irenäus wird niemals παράκλητος, sondern κοινὸς τοῦ πληρώματος
κάρπος, auch Ἰησοῦς und ὁ ἀρχιερεὺς ὁ μέγας genannt; für den
κοσμοκράτωρ tritt ebenso unvereinbar mit der Gliederung des
Systems, als jener bei Irenäus, der Βεελζεβούλ oder ἄρχων τοῦ
κόσμου τούτου in den Zusammenhang; das πνευματικόν oder
σπέρμα ersetzen die λόγοι ἄνωθεν κατεσπαρμένοι, der Psychiker
gilt als der ἔσω ἄνθρωπος: kurz die Relation des Hippolytus
hat formell einen durchaus selbständigen Charakter, der christlichen Begriffen näher steht, als die Terminologie der Gnostiker
bei Irenäus.

Auf enge Beziehungen zum Christentum weisen noch andere Spuren. Die Trennung der drei Christus gestattete es, den
Erlöser der Menschen realistischer zu fassen, als die Valentinianer des Irenäus es vermochten; und so konnten an die Frage
nach der äufseren Erscheinung des Sohnes der Maria jene Streitigkeiten über einen psychischen oder pneumatischen Leib Jesu
sich heften, welche durch die Bestimmungen des Irenäus ausgeschlossen sind, denen die Lehre von der unsichtbaren (dyna-
mischen) Materie über diese Schwierigkeit hinweghilft.

Auf der einen Seite eine vergeistigtere und belebtere Fassung des Urgrunds, auf der anderen eine mehr dem historischen
angenäherte Christologie, dazu die durch Einflüsse der Schrift
neubestimmte Terminologie, machen es wahrscheinlich, dafs die

---

[1]) Die ὀγδοάς einmal in Verbindung mit der Benennung ἡμέρα μεμορφωμένη, sodann im Gegensatz zur unvollkommenen ἑβδομάς, berechtigt
vielleicht zur Annahme eines Zusammenhangs zwischen diesen Benennungen und dem Kampf um die Heiligung des 7. oder 8. Tages der Woche;
dafs dem Gnostiker diese Beziehung nicht zu fern lag, zeigt die Parallelisirung von ἑβδομάς und κατάπαυσις (vrgl. Gen. 2, 3). Der Demiurg und
die Sophia, die ἑβδομάς und ὀγδοάς stehen zu einander wie Christentum
und Judentum, Sabbath und Sonntag. Vrgl. ep. Barn. c. 15.

Relation des Hippolytus eine Form des Systems darstellt, welche durch Philosophie und Christentum wesentliche Umbildungen erfahren hat. Sie tritt neben die Darstellung des Irenäus als eine neue originale Fassung des Systems, welche jedoch die Grundzüge der Valentinianischen Speculation treu wiederspiegelt. Ihrem Charakter nach ist sie in sich einheitlicher und weniger complicirt und stellt die einzelnen Lehren in bestimmter, scharf umgrenzter Form dar[1]). Unmittelbar mit Irenäus trifft sie nur in einer Einschaltung über die Namen der secundären Emanationen zusammen, deren Abweichungen auf corrumpirtem Text beruhen[2]). Was die Speculation selbst anlangt, so sind jene sinnlichen Elemente, mit denen bei Irenäus die Selbstentfaltung des Bythos und die Geschicke der Sophia bis zur Geburt des pneumatischen Samens versetzt waren, vollständig eliminirt, wogegen ein von Hippolytus wohl nicht mit Unrecht auf Pythagoräische Einflüsse zurückgeführtes Interesse an der Zahl, das Streben eine $\delta\iota\delta\alpha\sigma\kappa\alpha\lambda\iota\alpha$ $\dot\alpha\varrho\iota\vartheta\mu\eta\tau\iota\kappa\dot\eta$ zu gewinnen, mehrfach hervortritt (vrgl. c. 29, Z. 38; 34, Z. 21).

An diese beiden grofsen Darstellungen des Systems knüpft sowohl Irenäus als Hippolytus einen Nachtrag über die Sondermeinungen der einzelnen Schüler, über welche aufserdem noch Tertullian, Epiphanius und die Häresiologien des Pseudotertullian

---

[1]) Philastrius (c. 41) berichtet von Herakleon, er hätte ein Princip gelehrt, dafs er Herr nennt, aus diesem sei ein anderes entstanden, dem die übrigen entstammten; Pseudotert. (c. 14) dagegen schreibt ihm die Annahme einer $\mu o\nu\dot\alpha\varsigma$ zu, aus der die $\delta\nu\dot\alpha\varsigma$ und dann die übrigen Aeonen entsprangen. Beides stimmt nicht genau mit Hip. VI, 29 überein, trotzdem hat die Vermuthung von Lipsius (S. 171 des citirten Buchs) grofse Wahrscheinlichkeit für sich, dafs unsere Relation den Herakleonitischen Typus des Systems darstelle. Dafs Herakleon sonst nicht unter den Schülern Valentins genannt ist, obwohl Hippolytus verspricht, seine Ansichten mitzutheilen (Index zu l. VI), und ihn neben Valentin und Ptolemäus an die Spitze seiner Darstellung stellt, bliebe sonst unerklärt. Die Fragmente des Herakleon bei Origenes unterstützen diese Vermuthung allerdings nicht.

[2]) Vrgl. c. 30 mit Iren. I, 1, 2.

und Philastrius Mittheilungen enthalten. Für Hippolytus und Tertullian ist Irenäus die einzige Quelle, welche von dem ersteren wörtlich und zum Theil nachlässig[1]) ausgezogen ist, während Tertullian einen unvollständigen Auszug daraus als epicytharisma post fabulam tantam giebt, der ebenso wenig auf Selbständigkeit Anspruch macht, als die ganze Schrift wider die Valentinianer, in welcher er ja nur die instructissima volumina der ihm voraufgehenden Ketzerbestreiter ausbeuten will, um die Thorheit der Gnostiker zu verhöhnen[2]). Im einleitenden Abschnitt seiner Schrift (c. 1—7) jedoch verfährt er selbständig und hat hier eine Nachricht über Ptolemäus aufbewahrt, welche mit den Mittheilungen des Irenäus im Widerspruch steht. Während ferner die Häresiologien des Pseudotertullian und Philastrius abweichend von Irenäus einige Notizen über die Lehren der Schüler bringen[3]), enthalten die Berichte des Epiphanius, abgesehen von ihren weitschweifigen Widerlegungen, Combinationen aus Irenäus und jenen[4]); Theodoret endlich giebt aufser verschiedenen theils unbekannten Namen nur die Notiz über Secundus wieder.

---

[1]) Vrgl. Phil. S. 199, Z. 10 mit Iren. I, 11, 5.

[2]) Si ridebitur alicubi, materiis ipsis satisfiet. Diese sichere Ueberlegenheit Tertullians, der wider die Valentinianer, wie aus der ehrenvollen Erwähnung des Montanisten Proculus neben Justin hervorgeht (c. 5), nach seinem Uebertritt zum Montanismus (202) schrieb und keine neuen Quellen benutzte, sondern nur eine sarkastische Ueberarbeitung der Berichte des Irenäus gab, beweist, wie wenig gefährlich die Gnosis in dieser Zeit der Kirche war. Erwähnt sei, dafs er aufser den schon genannten Schülern Valentins noch einen Theotimus, qui multum circa imagines legis operatus est, und einen Valentinianer Alexander (de carne XI, c. 6) kennt.

[3]) Mit Ausnahme der Nachricht über Herakleon, deren Verwandtschaft mit Hippolytus wir berührten (vrgl. auch Iren. I, 11, 3), und der oben (S. 16 und S. 30 Anm.) schon erwähnten Verschiedenheiten, treffen ihre Berichte mit Irenaeus zusammen. Ueber Kolarbasus und seine Lehre vrgl. Lipsius S. 166.

[4]) Lipsius, dessen Nachweisungen ich letztere Behauptung entnehme, zergliedert S. 151—172 die Bestandtheile der Quellen des Epiphanius auf

Der Bericht des Irenäus (I, 11 u. 12), der sonach der umfassendste und originalste ist, trägt den Charakter eines vervollständigenden Nachtrags, scheint jedoch, da er altes neben dem neuen wiederholt, aus einer anderen Quelle geschöpft zu sein[1]). Der Zweck desselben ist durchaus polemisch; man solle die unstäten Ansichten der Gnostiker kennen lernen, die von denselben Dingen verschiedenes behaupteten und in That und Wort entgegengesetztes darthäten. Daher liegt es ihm nicht sowohl an Vollständigkeit oder Uebersichtlichkeit oder Klarheit, als viel-

---

das scharfsinnigste und weist bei der Gelegenheit darauf hin, wie wünschenswerth eine genaue Sichtung der verschiedenen Darstellungen des Systems wäre, um die ursprüngliche Lehre des Stifters zu gewinnen. Dafs daran schon die Kirchenväter verzweifelten (Tert. c. 4. c. 39; Iren. I, 11, 1), dürfte zwar nicht abschrecken, aber der Charakter der Schule, welche stets als Ganzes aufgefafst wird (οἱ Οὐαλεντίνου), und die theils schwankenden, theils widersprechenden, immer aber unvollständigen Notizen über die einzelnen Schüler machen es auch der mühsamsten Akribie unmöglich, zu einem klaren Abschlufs zu kommen. Lipsius stützt sich bei seinen Aufstellungen auf die Hypothese von einer Grundschrift des Hippolytus, deren verblichene Züge er in den einzelnen Relationen nachzuweisen sich bemüht. In Betreff der Valentinianer lag mir die Aufforderung nahe, mich mit dieser Ansicht auseinander zu setzen; ich mufs aber bekennen, dafs nach längerer Beschäftigung mit der Frage sich mir die Nothwendigkeit ergab, entweder die Frage im ganzen zu untersuchen, oder die Untersuchung eines Theils zu lassen; daher habe ich es gelassen. Soviel allerdings meine ich behaupten zu dürfen, dafs eine derartige Grundschrift, wie sie Lipsius annimmt, oder ein häresiologisches Compendium zum Behuf leichter und schneller Orientirung schwerlich ein treues Bild von dem phantasievollen Gebäude der gnostischen Speculation geben konnte, und der Epitomator selbst kaum von historischem Interesse in seiner Auswahl bestimmt sein wird. Der Versuch aber, ein Bild von der ursprünglichen Gestalt der Valentinianischen Gnosis oder wenigstens ein Bild der treibenden Principien ihrer Speculation zu geben, fordert aufserdem noch die Erörterung der Fragmente.

[1]) Es herrscht in ihm dieselbe dürftige Weise des Referirens, die wir in I, cap. 22 folgd., dem zweiten Theil des ersten Buchs, der mit einer neuen Einleitung beginnt, beobachten.

mehr an dem Hervorrufen eines lebhaften Eindrucks von der widerspruchsvollen Verwirrtheit und Zerfahrenheit der gnostischen Speculation. Zunächst läfst er das Haupt der Secte in eigener Person reden und giebt Nachricht von dem „eigentümlichen Charakter, in den Valentin die gnostische Härese umprägte“, um sodann seine Schüler, unter denen er Secundus und Ptolemäus namentlich anführt, Revue passiren zu lassen. Inhaltlich beziehen sich die meisten Notizen auf die Aeonologie, einige auf den Bythos und auf den Soter[1]).

Die dem Valentin zugeschriebenen Ansichten unterscheiden sich von sämmtlichen bisher betrachteten Typen des Systems 1. durch die Annahme eines zweifachen $\ddot{o}\varrho o\varsigma$, deren erster den Bythos von den Aeonen, deren zweiter die Sophia, welche $\mu\acute{\eta}\tau\eta\varrho$ genannt wird, von dem Pleroma trennt; 2. durch die Lehre von Christus, der von der Sophia nach der Erinnerung (anstatt $\gamma\nu\acute{\omega}\mu\eta\nu$ ist $\mu\nu\acute{\eta}\mu\eta\nu$ zu lesen) an das vollkommenere geboren sei und dann die Mutter, welche als Ersatz den Demiurg und den $\ddot{\alpha}\varrho\chi\omega\nu$ $\dot{\alpha}\varrho\iota\sigma\tau\varepsilon\varrho\acute{o}\varsigma$ emanirte, verlassen habe, um sich ins Pleroma emporzuschwingen; 3. durch die Lehre von der Abstammung des Soter. Derselbe solle bald von dem verlassenen Syzygos der Sophia, dem Theletos, bald von dem ins Pleroma emporgestiegenen Christus, bald vom Anthropos und der Ecclesia erzeugt worden sein. Endlich nimmt das $\pi\nu\varepsilon\tilde{v}\mu\alpha$ $\ddot{\alpha}\gamma\iota o\nu$ die Stelle ein, welche sonst dem oberen Christus zugeschrieben wird.

Sehen wir auf die schwankenden Bestimmungen über den Soter, so scheint es zweifelhaft, ob wir einen einheitlichen Bericht vor uns haben, oder nicht Irenäus hier, wie auch sonst

---

[1]) Folgende Inhaltsübersicht wird obige Aufstellungen bestätigen. c. 11, 1. Valentinus; 2. Secundus; 3. Aeonologie eines clarus quidam magister; 4. Polemische Parabase; 5. *a)* Andere Fassung der Aeonologie; *b)* Verschiedene Ansichten über das Wesen des Bythos (zum Theil schon angeführt, vrgl. c. 2, 4). — c. 12, 1. Des Ptolemäus Aeonologie; 2. Polemik des Irenäus; 3. Andere Fassung der Aeonologie von solchen, qui prudentiores habentur illorum; 4. *a)* Abweichende Auffassungen von dem Ursprung des Soter; *b)* Nachtrag über den Bythos.

in diesem Abschnitt, verschiedenartiges zusammenschweifste. Ist es doch kaum denkbar, dafs derselbe Lehrer so schwankende Behauptungen ausgesprochen habe. Ebenso würde die Annahme eines zweifachen ὅρος, die dem Streben, den Urgrund so erhaben und unnahbar als möglich sich zu denken, entgegenkommt, schwerlich von späteren unberücksichtigt geblieben sein, wenn Valentin sie ausgesprochen hätte. Ueberhaupt wäre es undenkbar, wie eine im ganzen so präcise und klare Darstellung der gnostischen Principien über den Neubildungen der Schulen so vollkommen vergessen werden konnte, dafs nur in den Excerpten des Clemens (§ 33) für die Christologie sich eine Parallele fände. Mögen daher auch einige Bestandtheile des Referats der frühesten Periode der Valentinianischen Gnosis entstammen (was in Betreff der Christologie die Uebereinstimmung mit Clemens wahrscheinlich macht), so wird dasselbe im grofsen und ganzen dem Valentin abzusprechen sein, und wir müssen uns von neuem zu dem trüben Resultat des Tertullian bekennen: Ita nusquam jam Valentinus, et tamen Valentiniani, qui per Valentinum.

Eigenthümlich gliedert Secundus, der auch die Sophia nur als Geschöpf der Abkömmlinge der 30 Aeonen kennt (vrgl. Pseudotert. c. 13), die höchste Ogdoas in eine rechte und linke Tetras. Wahrscheinlich ist das so zu verstehen, dafs die linke Tetras als Folie der rechten ein wenn auch nothwendiges doch umzubildendes Element des Pleroma ausmacht, gleichwie es Ziel des weiblichen ist, zum männlichen sich umzugestalten (ἀπανδρίζεσθαι).

Tertullian berichtet von Ptolemäus, er hätte die Aeonen, die Valentin modalistisch fafste, als persönliche Substanzen von der Gottheit unterschieden[1]). Dagegen erheben die Nachrichten

---

[1]) Adv. Val. 4: Ptolemaeus ...., nominibus et numeris Aeonum distinctis in personales substantias, sed extra Deum determinatas, quas Valentinus in ipsa summa divinitatis ut sensus et affectus motus incluserat.

43

dieses Abschnitts einen doppelten Einspruch. Die Aeonologie des Valentin unterscheidet sich hiernach nicht von der gewöhnlichen Lehre, während grade Ptolemäus nach 12. 1. dem Bythos zwei $\sigma\acute{v}\zeta\upsilon\gamma o\iota$ zugesellte, die er $\delta\iota a\vartheta\acute{\epsilon}\sigma\epsilon\iota\varsigma$ nannte. Eins kann nur richtig sein; und hier scheint Tertullian der treuere Referent zu sein, da die ptolemäischen Quellen des Irenäus mit ihm übereinstimmen (vrgl. c. 1, 1).

Die Lehre vom Pleroma, wie sie in bunter Mannigfaltigkeit in diesem Abschnitt vorliegt, beschäftigt sich ausschliefslich mit der Bestimmung des Wesens und der Beziehungen des schöpferischen Urgrundes. Jn Bezug auf den ersten Punkt machten sich entgegengesetzte Strömungen geltend, von denen die eine in die wüste Zahlen- und Buchstabenmystik des Markus mündet, die andere sich dem sinnlichen Realismus des Fragments bei Epiphanius nähert.

Der Bythos konnte nicht erhaben und vergeistigt genug gedacht werden; so wurde die $\mathring{a}\varrho\chi\acute{\eta}$ zu einer $\pi\varrho o a\varrho\chi\acute{\eta}$, die $\sigma\iota\gamma\acute{\eta}$ zur $\acute{\epsilon}\nu\acute{o}\tau\eta\varsigma$, welcher sich die $\mu o\nu\acute{o}\tau\eta\varsigma$ gesellt, denen beiden die $\mu o\nu\acute{a}\varsigma$ entstammt, die sich mit dem $\mathring{\epsilon}\nu$ verbindet[1]). Ja in noch luftigere und abstractere Regionen klettert die speculirende Vernunft, wenn sie eine neue Ogdoas über dem Bythos entfaltet, dessen erste Tetras die Proarche, der unausdenkbare, der unsagbare und der unsichtbare war (11, 5). Andrerseits nennt eine Partei den Bythos $\mathring{a}\nu\vartheta\varrho\omega\pi o\varsigma$, den Soter $\upsilon\grave{\iota}\grave{o}\varsigma\ \mathring{a}\nu\vartheta\varrho\acute{\omega}\pi o\upsilon$, vielleicht dieselbe, die nach Epiphanius (haer. 31, 5) den $\mathring{a}\nu\vartheta\varrho\omega\pi o\varsigma$ aus der sinnlichen Vermischung des $\mu\acute{\epsilon}\gamma\epsilon\vartheta o\varsigma$ und der $\sigma\iota\gamma\acute{\eta}$ als $\pi a\tau\grave{\eta}\varrho\ \tau\tilde{\eta}\varsigma\ \mathring{a}\lambda\eta\vartheta\epsilon\acute{\iota}a\varsigma$ ableitete.

Dem gegenüber steht die Speculation der Berichte, welche mit der Verhältnifsbestimmung der Aeonen sich beschäftigen und das innere Leben des Pleroma in einen phänomenologischen

---

[1]) 11, 3. In offenbarer Verwandtschaft hiemit verkündet die allweise Sophia dem Markus also den Ursprung der 24 $\sigma\tau o\iota\chi\epsilon\tilde{\iota}a$. Mit der $\mu o\nu\acute{o}\tau\eta\varsigma$ zugleich existire die $\acute{\epsilon}\nu\acute{o}\tau\eta\varsigma$, aus ihnen entspringen $\mu o\nu\acute{a}\varsigma$ und $\mathring{\epsilon}\nu$, beide multiplicirt ergeben die erste Tetras (I, c. 15).

Procefs verwandeln. Ptolemäus bildet den Uebergang dazu, wenn er die διαθέσεις des Bythos ἔννοια und θέλημα nennt, die in ihrer Vermischung den νοῦς und die ἀλήθεια emanirten (12, 1); an ihn schliefsen sich fortbildend diejenigen, welche „für klüger gehalten werden“ als er und seine Anhänger. Der προπάτωρ und die ἔννοια hätten nicht in stufenweiser Folge, sondern gleichzeitig und auf einmal die Aeonen emanirt. „Als er über die die Emanation sann, wurde dieser Act πατήρ genannt; als er sie vollzog, wurde sein Handeln ἀλήθεια; als er sich offenbaren wollte, nannte man diesen Act ἄνθρωπος; als er endlich diejenigen, die er vorher gedacht hatte (οὓς προελογίζετο), emanirte, nannte man es ἐκκλησία. Und der Mensch sprach den λόγος, der der erstgeborene Sohn ist, dem λόγος aber folgte auch die ζωή. So ist die erste Ogdoas vollendet“.

Es ist bedeutsam, dafs der ἄνθρωπος hier sowohl wie in der oben erwähnten Fassung eine so wichtige Stelle einnimmt. Hier ist er aufgerückt in der Reihenfolge der Aeonen, dort ist er der Schöpfer des Alls; dazu kommt noch die Zurückführung des Soter auf ihn (12, 4). Dafs auf die letztangeführte Relation christliche Elemente eingewirkt haben, zeigt die Terminologie[1]); ob jedoch der υἱὸς ἀνθρώπου der Evangelien dem ἄνθρωπος im Pleroma dies Ansehen verliehen habe, wird sich schwer entscheiden lassen.

So schwankt die gnostische Speculation unter dem Einflufs entgegengesetzter Einwirkungen, die sie bald bis an das Grenzgebiet der in Sinnenglut getauchten Götterlehre Syriens, bald bis in die dem Wesen abgewandte Zahlenwelt des Neopythagoräismus drängen. Auch die christlichen Elemente können den Zug zur letzteren nicht unterdrücken, so dafs nach den eben erörterten Mittheilungen des Irenäus Markus die gebotenen Consequenzen einfach gezogen hätte, wenn er die Zahlenmystik der

---

[1]) Vrgl. πρωτότοκος Röm. 8, 19; Col. 1, 15. Die ἐκκλησία als Inbegriff derer, οὓς προελογίσατο ὁ πατήρ.

Neopythagoräer, die Lehren des Christentums und die Kunststücke eines Goeten in einem wirren Labyrinth zu vereinen bestrebt ist[1]). Das Interesse jedoch, daſs die Schule an der Christologie und gerade an der Feststellung des Verhältnisses des Erlösers zur Leiblichkeit nahm, läſst von vorne herein noch andere Elemente, welche, auf mehr realistischer Basis ruhend, die Fortentwicklung bestimmten, vermuthen. Jene Nachricht, die sich bei Hippolytus über die Schultrennung findet, wird formell bestätigt durch Tertullian. Derselbe spricht c. 11 von der Lehrthätigkeit des pleromatischen Christus und des πνεῦμα ἅγιον und fährt dann fort: ab ejus officii — procurandae concinationis Aeonum — societate duae scholae protinus duae cathedrae, inauguratio quaedam dividendae doctrinae Valentini. So käme es nach Hippolytus zur Spaltung in Folge des Streits über die irdische Erscheinung des Soter; nach Tertullian wäre die Ursache derselben ins Pleroma hinauf verlegt, trotzdem der Christus des Pleroma von den erörterten Relationen übereinstimmend nach seiner Wirksamkeit dargestellt wird. In wie weit es wirklich zu tiefgreifenden Spaltungen kam, läſst sich nach den unvollständigen Nachrichten, von denen die erste, wie die Excerpte des Clemens lehren werden, in ihrer ganzen Ausdehnung nicht aufrecht erhalten werden kann, nicht mehr bestimmen. Da Epiphanius, der sicher derartige Selbstuntergrabungen der inneren Einheit mit Vergnügen registrirt haben würde, nichts davon weiſs, scheinen sie nicht von gröſserer Tragweite gewesen zu sein, als die überlieferten Differenzen in der Aeonenlehre. Doch ehe wir diesen Untersuchungen weiter nach-

---

[1]) **Markus**, den Tertullian auch unter den Schülern des Valentin nennt, wird von ihm gleich anderen abgethan mit der Schluſsbemerkung: Atque ita insolescentes doctrinae Valentinianorum in silvas jam excoluerunt gnosticorum (c. 39). Auch wir schlieſsen die Markosische Gnosis aus unseren Untersuchungen aus, da sie mit der Pistis Sophia eine ganz eigentümliche und dazu bei aller Verwilderung systematisch durchgeführte Auffassung der Valentinianischen Principien darstellt.

gehen, müssen die Fragmente in Betracht gezogen werden. Vorerst wenden wir uns zur Erörterung der Schriftbenutzung.

Irenäus vervollständigt das Gesammtbild der Valentinianischen Speculation, das er thetisch und polemisch in den ersten 10 Capiteln seiner Häresiologie entwirft, durch eine Uebersicht über die Schriftstellen, welche von den Gnostikern zur Bestätigung und Begründung ihrer Lehren herbeigezogen wurden; und während er gelegentlich der Darstellung schon eine Reihe derselben angeführt hat, widmet er ganz im Charakter dieser gruppirenden Methode zwei Capitel, das dritte und achte, der Zusammenfassung sämmtlicher Beweisstellen der Gnosis, die das System sich angeeignet hatte. Einen Versuch dieser Art lassen die Philosophumena vermissen, welche nur vereinzelte Aussprüche der Schrift ihrer Darstellung einreihen, ohne je den Nachweis des inneren Zusammenhangs zu geben, welchen die Gnostiker zwischen Satzung und Autorität annehmen. Doch ergiebt die Betrachtung der Schriftverwerthung in beiden Relationen das gleiche Resultat: man erkennt durchweg das Bestreben, die Gnosis auf biblischen Boden zu verpflanzen, ohne daſs dasselbe über eine veräuſserlichte Verknüpfung von Schrift und Gnosis thatsächlich sich zu erheben vermag. In derselben Weise, 'wie eine Reihe von Gelehrten des vorigen Jahrhunderts die sprachlichen Erscheinungen des neuen Testaments durch Zusammenstellung verwandter oder identischer Redewendungen und Ausdrücke, die sie aus classischen und hellenistischen Autoren sammelten, aufzuklären bemüht waren, wo dann natürlich jede Rücksicht auf den Zusammenhang der angezogenen Parallelstelle zurücktrat, begnügt sich der Gnostiker, nachdem er seinen Lehrsatz ausgesprochen, mit einem apodictischen: *τοῦτό ἐστι τὸ γεγραμμένον ἐν τῇ γραφῇ* (Phil. 193, 54) oder einem: *τοῦτό ἐστι τὸ εἰρημένον* (193); und auch die causale Verknüpfung: *διὰ τοῦτο λέγει ὁ* σωτήρ (194, 37) hat keinen anderen Grund, als den regellos combinirenden Willen.

In dieser Weise charakterisirt Irenäus wiederholentlich das Verfahren der Gnostiker. Sie handelten dem thörichten Seiler gleich, der Stricke aus Sand zu drehen gedachte, wenn sie ihren Lehren den Schein der Zuverlässigkeit durch die Berufung auf die Parabeln des Herrn und die Aussprüche der Propheten zu geben suchen, während sie doch durch Umstellung und Umbildung die „Glieder der Wahrheit" auflösen und verwirren. So könnte man mit denselben Strichen aus dem Mosaikbild eines Königs das Bild eines Fuchses herstellen; thöricht wäre es dann nur, zu behaupten, daſs das häſsliche Bild des Fuchses dem schönen Bild des Königs gleiche[1]).

Wurde demnach nicht das System nach der Schrift, sondern die Schrift nach dem System normirt, so gab es ein doppeltes Mittel, die Schrift zu beugen, Isolirung[2]) und Umdeutung[3]). Jene befreite von der Rücksicht auf den Zusammenhang, diese von der Rücksicht auf den Inhalt; jene vereinigt getrenntes und fremdes auf Grund des Gleichklangs der Worte[4]), diese trennt gewaltsam die naturwüchsige Vereinigung von Kern und Schale, um die Schale mit einem neuen Kern zu versehen. In letzterer Beziehung bot die Typik eine bequeme Handhabe, die in Zahlen, Namen und einfach historischen Mittheilungen die Hindeutung auf die Mysterien des Pleroma nicht vergebens suchte. Der Soter lebte 30 Jahre im verborgenen um der 30 Aeonen willen (c. 1, 3); um ihretwillen sprach er in der Parabel vom Weinberge von 30 Arbeitern (c. 3, 1). Die Dodekas der von dem Anthro-

---

[1]) c. 8, 1, c. 3, 6.

[2]) 9, 4: λέξεις καὶ ὀνόματα σποράδην κείμενα συλλέγοντες μεταφέρουσι ἐκ τοῦ κατὰ φύσιν εἰς τὸ παρὰ φύσιν.

[3]) 8, 1: μεταφέρουσι δὲ καὶ μεταπλάττουσι καὶ ἄλλο ἐξ ἄλλου ποιοῦντες ἐξαπατοῦσι πολλοὺς τῇ τῶν ἐφαρμοζομένων κυριακῶν λογίων κακοσυνθέτῳ σοφίᾳ.

[4]) Iren. I, 3, 1: ὅπου ἂν αἰὼν ἢ αἰῶνες ὀνομάζονται, τὴν ἀναφορὰν εἰς ἐκείνους εἶναι θέλουσι.

pos und der Ecclesia emanirten Aeonen würde dargestellt durch den zwölfjährigen Jesus, der im Tempel lehrt, die übrigen 18 durch die 18 Monate, welche Jesus nach seiner Auferstehung auf der Erde zubrachte; auf die Dekas gehe der erste Buchstabe des Namens Ἰησοῦς, der den Zahlwerth von zehn hat, und in diesem Sinne habe Jesus gesprochen, kein ἰῶτα solle vergehen, bis dafs alles geschehe (3, 2). Der Verräther Judas, der der zwölfte Apostel war, sei der Typus für die Leiden des abtrünnigen Aeon, ebenso das Leiden Christi im zwölften Monat seiner irdischen Wirksamkeit[1]) und die zwölfjährige Dauer der Krankheit, welche das blutflüssige Weib zu Jesus führte (3, 3). Hanna hinwiederum, die Prophetin, die sieben Jahre mit ihrem Gatten lebte, nach seinem Tode aber Wittwe blieb, bis sie den Erlöser sah, weise auf das deutlichste hin auf die vom gestaltenden Christus im Ort der Mitte verlassene Achamoth, die den Soter und mit ihm die Herstellung ihrer Syzygie erwartet (8, 4). Ihre erfüllte Sehnsucht sei dargestellt in der Erweckung der zwölfjährigen Tochter des Jairus (Luc. 8, 41), ihr Leiden selbst durch das Leiden Christi (8, 2). Auch der Demiurg erhält seinen Typus in Symeon, der sich wie ein treuer Diener über das Kommen seines Herrn freut (8, 3).

Dafs einer Lehre, welche auf diese Weise die Auctorität der Schrift sich dienstbar zu machen suchte, die Parabeln Jesu eine willkommene Ausbeute gaben, würden wir auch ohne die bestimmte Versicherung des Irenäus annehmen dürfen[2]), der die verkehrte Anwendung derselben für so gefährlich und bestrickend

---

[1]) Sowohl aus dieser, wie aus anderen Stellen geht hervor, dafs in Betreff der messianischen Thätigkeit Christi die Valentinianer nicht der Johanneischen, sondern der synoptischen Tradition gefolgt sind. Sie suchen nach einer Notiz des Irenäus (II, 22) diese Annahme aus Luc. 4, 19 zu begründen, wo von dem ἐνιαυτὸς δεκτὸς τοῦ κυρίου die Rede ist.

[2]) II, 10, 1: Quia autem parabolas, quae quaeruntur et ipsae quomodo dictae sint, male ad eum (scil. Deum), qui adinventus est ab ipsis, *transfigurantes*, alium nunc, qui ante nunquam quaesitus est, generant, manifestum est.

hält, dafs er nicht nur principiell[1]), sondern auch in exegetischer Erörterung die richtige Weise des Schriftgebrauchs klar zu legen bestrebt ist[2]). Trotzdem theilt er uns über die inhaltliche Ausbeute derselben nur in drei Fällen näheres mit. Die Parabel nämlich von dem Weibe, das den Sauerteig unter die drei Mafs Mehl mengt, deuten die Valentinianer auf die Sophia, die dem dreifach gearteten Geschlecht der Menschen den Soter mittheilt;. sie ferner sei in ihren Leiden das irrende Schaf, in ihrer Sehnsucht das Weib, welches das Haus kehrt, um die verlorene Drachme zu suchen[3]).

So ist es durchweg die willkürliche Unterschiebung neuer Subjecte, wodurch die Aussprüche Jesu und der Apostel ihrer genuinen Bedeutung entfremdet werden, und es giebt kein Theologumenon, das auf diese Weise nicht seine Bestätigung in der Schrift fände, keine Schwierigkeit, die dies Mittel nicht zu beseitigen vermöchte. Der Soter, der herabkommt, um die Sophia und ihre Geschöpfe zu erlösen, gestattet keine Trübung seines pleromatischen, leidensunfähigen Wesens; wenn er daher am Kreuze ausruft: mein Gott, warum hast du mich verlassen, so ist es dem Pneumatiker offenbar, dafs er die Sophia im Sinne hat, die der Horos hindert, ihre Sehnsucht nach dem Licht zu sättigen. Der Soter kann nicht Trauer oder Freude empfunden haben; spricht er: „Meine Seele ist betrübt bis zum Tode", oder: „Vater, ist es möglich, so gehe dieser Kelch von mir", oder: „Und was ich sagen soll, weifs ich nicht", so geht das auf die Trauer, die Furcht und die Rathlosigkeit ($\dot{\alpha}\pi o\varrho\dot{\iota}\alpha$) der Sophia[4]). Sein Leiden hat durchaus nur typische Zwecke. Da-

---

[1]) Sein hermeneutischer Kanon: Omnis autem quaestio non per aliud, quod quaeritur, habebit resolutionem, nec ambiguitas per aliam ambiguitatem solvetur apud eos, qui sensum habent, aut aenigmata per aliud majus aenigma, sed ea, quae sunt talia, ex manifestis et consonantibus et claris accipiunt absolutiones. Cf. II, c. 27.

[2]) IV, c. 27, 7 u. 8.

[3]) c. 8, 3 u. 4; vrgl. Luc. 13, 21. 15, 4 u. 8.

[4]) 8, 2.

gegen ist sein eigenes Wesen beschrieben in den Aussprüchen
der Schrift, die von der göttlichen Fülle und Machtvollkommen-
heit Christi handeln. Alle Aeonen trugen bei zu seiner Ge-
staltung, darum ist er das All ($\tau\grave{o}$ $\pi\tilde{\alpha}\nu$)[1]), das alles in sich vereint. Als solcher vermochte er das Sehnen der Sophia nach dem
Pleroma zu klären, es von der den Zug zum Pleroma nieder-
haltenden. Rathlosigkeit zu befreien und zum Durchbruch zu
bringen; als solcher ist er, weil allumfassend und in sich Genüge findend, männlichen Wesens[2]), indem er in seiner Person
die Erstlinge[3]) alles erlösungsfähigen mit dem Pleroma vereinigt.
Die Grenze des erlösungsfähigen erkenne man aus dem Ausspruch des Paulus: Fleisch und Blut wird das Reich Gottes nicht
ererben (V, 9. 1. Cor. 15, 50). Alle Passivität, alles thatsächliche Leiden dagegen berühre allein den psychischen Christus,
der das Gefäfs des Soter sei (VII, 2).

Der Soter wendet sich zunächst an die Achamoth, deren
Zustand vor der Erlösung nach paulinischem Sprachgebrauch
durch $\check{\varepsilon}\varkappa\tau\varrho\omega\mu\alpha$ (1. Cor. 15, 8) charakterisirt wird (IV, 1; 8, 2).
Der Apostel spreche im Namen der Achamoth: „Zuletzt von
allen erschien er auch mir gleich als der unzeitigen Geburt“.
Dafs dann die Achamoth in Freude und Bangen erbebt und
ehrfurchtsvolle Scheu sie erfüllt bei dem Kommen des Soter und
seiner Engel, deutet sowohl der Apostel an, wenn er dem Weibe

---

[1]) Hiefür beruft man sich auf Col. 1, 16. 3, 2. 9; Röm. 11, 36; Eph.
1, 10; vrgl. cap. III, 4.

[2]) Beide Beziehungen sucht der Gnostiker in Exod. 3, 2 (Luc. 2, 23)
$\pi\tilde{\alpha}\nu$ $\check{\alpha}\varrho\varrho\varepsilon\nu$ $\delta\iota\alpha\nu o\tilde{\iota}\gamma o\nu$ $\mu\acute{\eta}\tau\varrho\alpha\nu$. Vrgl. III, 4.

[3]) $^{\prime}\Omega\nu$ $\check{\eta}\mu\varepsilon\lambda\lambda\varepsilon$ $\sigma\acute{\omega}\zeta\varepsilon\iota\nu$ $\tau\grave{\alpha}\varsigma$ $\dot{\alpha}\pi\alpha\varrho\chi\grave{\alpha}\varsigma$ $\alpha\grave{\upsilon}\tau\grave{o}\nu$ (wie wohl statt $\alpha\grave{\upsilon}\tau\tilde{\omega}\nu$ zu
lesen ist) $\varepsilon\grave{\iota}\lambda\eta\varphi\acute{\varepsilon}\nu\alpha\iota$ $\varphi\acute{\alpha}\sigma\varkappa o\upsilon\sigma\iota\nu$. VI, 1. Der Ausdruck $\dot{\alpha}\pi\alpha\varrho\chi\alpha\acute{\iota}$ ist in der
Weise des Paulinischen Sprachgebrauchs benutzt, und wird c. 8, 3 durch
Röm. 11, 16 erklärt. Hier wird jedoch die $\dot{\alpha}\pi\alpha\varrho\chi\acute{\eta}$ nur auf das pneuma-
tische Element bezogen und der Soter mit dem psychischen nur so in Ver-
bindung gebracht, dafs er sich dazu verhalte wie die $\zeta\upsilon\mu\acute{\eta}$ zum $\varphi\acute{\upsilon}\varrho\alpha\mu\alpha$; als
Bestandtheil seines Wesens erscheint dasselbe aber trotz der bestimmten
Affirmation von VI, 1 hier nicht.

befiehlt, einen Schleier auf dem Haupte zu tragen um der Engel willen (1. Cor. 11, 10), als auch Moses, der sein Angesicht, auf dem das Auge Gottes geruht hatte, verdeckte (l. c.). Auch ihr Name findet sich in der heiligen Schrift an zwei Stellen, einmal in jenem dunkeln Ausspruch des Herrn: die Sophia ward gerechtfertigt von ihren Kindern (Matth. 11, 16. Luc. 7, 35), sodann bei Paulus (1. Cor. 2, 6): Wir reden Weisheit, oder nach gnostischer Auffassung: Wir verkünden die Sophia unter den Vollkommenen (VIII, 4).

Die Aussprüche Jesu werden weiter dazu benutzt, die dreifache Menschennatur zu charakterisiren. Er fordert Nachfolge, aber auf verschiedene Weise. Den Hyliker weist er zurück, weil er auf seine Bitte antwortet: des Menschen Sohn hat nicht, wo er sein Haupt hinlege. Dem schwankenden Psychiker, der erst seinen Hausgenossen Valet sagen will, hält er entgegen: niemand, der die Hand an den Pflug legt und zurückschaut, ist geschickt für das Himmelreich. Folge er nicht, so gleiche er dem reichen Jüngling, der sich traurig von Jesus abwandte. Zum Pneumatiker endlich spricht der Soter: Laſs die Todten ihre Todten begraben, du aber gehe hin und verkünde das Reich Gottes. Er wird durch den Zöllner Zakchaios dargestellt, in dessen Hause Jesus weilen muſs[1]). Die pneumatische Natur ist das Salz und das Licht der Welt (Matth. 5, 13. 14). So schildere der Soter in seinem Verkehr mit den Menschen ihr innerstes Wesen, welches auch das alte Testament schon kennt, das Kain, Abel und Seth als Stammväter der verschieden gearteten Naturen nenne[2]), und in seiner Darstellung der Schöpfung des Menschen nicht nur von einer Erschaffung dem Bilde und der Aehnlichkeit nach spreche, sondern auch von dem $\pi\nu\epsilon\tilde{\nu}\mu\alpha$ $\zeta\omega\tilde{\eta}\varsigma$[3]),

---

[1]) Luc. 9, 57 folg. 19, 5. Vrgl. c. 8, 3. Die Wiedergabe der Citate schlieſst sich nicht an den Text des neuen Testaments, sondern an die Relation des Irenäus.　　　[2]) 7, 5.

[3]) V, 5: $\kappa\alpha\tau$' $\epsilon\hat{\iota}\kappa\acute{o}\nu\alpha$ $\kappa\alpha\grave{\iota}$ $\kappa\alpha\vartheta$' $\acute{o}\mu o\acute{\iota}\omega\sigma\iota\nu$. Gen. 1, 26. 2, 8, wo die LXX. nicht $\pi\nu\epsilon\tilde{\nu}\mu\alpha$ $\zeta\omega\tilde{\eta}\varsigma$, sondern $\pi\nu o\grave{\eta}$ $\zeta\omega\tilde{\eta}\varsigma$ übersetzen.

dessen Ausfluſs (*ἀπορροία*) das pneumatische Wesen sei. Das Abbild hat keinen Theil an der Substanz des Urbildes, darum ist der Mensch nach dem Bilde der Hyliker, während die Wesensähnlichkeit auf gemeinsamen substanziellen Ursprung hinweist. Das Kleid von Fellen endlich (Gen. 3, 21) bezeichnet das sinnliche Fleisch.

Und auch die Erlösung in beiden Welten, zwischen denen der Horos vermöge seiner Doppelkraft festigend und sondernd weilt[1]), wird im Anschluſs an Ausdrücke und Bilder des neuen Testaments dargestellt. Von den Aeonen des Pleroma spricht Paulus Eph. 3, 21; die Harmonie ihrer Syzygien habe er im Auge, wenn er in der irdischen Ehe das Bild des Geheimnisses der Syzygie zwischen Christus und der Kirche findet (Eph. 5, 32)[2]). Der *θεὸς τοῦ αἰῶνος τούτου*, von dem er 2. Cor. 4, 4 redet, nöthigt zur Trennung verschiedener Gottheiten[3]). — Auf der anderen Seite wird die Vollendung und der Abschluſs der Erlösung der Welt mit *συντέλεια* bezeichnet (VI, 1), das im neuen Testament in derselben Weise vom Ende und der Vollendung der Zeit gebraucht wird[4]), während die classische Gräcität vielmehr die active Seite des Begriffs: „das gemeinsame Streben nach einem Ziel“ betont[5]). Die Bilder, unter welchen die Vollen-

---

[1]) Die *δύναμις ἑδραστική* wird hineingedeutet in Luc. 14, 27 und Marc. 10, 21. Wie das Tragen des Kreuzes zur Nachfolge Christi stärkt, da das Kreuz vor Abirrungen bewahrt, so befestigt der Ὅρος als σταυρός die pneumatische Natur und begeistert den Apostel Paulus zu dem 1. Cor. 1, 18 und Gal. 6, 14 ausgesprochenen Bekenntniſs. Die *δύναμις διοριστική* begründe Matth. 10, 34 und Luc. 3, 17. c. 3, 5.

[2]) c. III, 1. c. IV, 4.

[3]) Irenäus sucht (lib. III, c. 7, 1) diese Annahme zu widerlegen, indem er den Gen. *τοῦ αἰῶνος* durch Annahme eines Hyperbaton von *ὁ θεός* abtrennt und mit dem folgenden verbindet.

[4]) Vrgl. z. B. Hebr. 9, 26, wo *ἐπὶ συντελείᾳ τῶν αἰώνων* dem *ἀπὸ καταβολῆς κόσμου* gegenübersteht.

[5]) Cf. Steph. thes. unter *συντέλεια* und z. B. Plato legg. 905 *b*: *οὐκ εἰδὼς αὐτῶν τὴν συντέλειαν ὅπη ποτὲ τῷ παντὶ ξυμβάλλεται.*

dung dargestellt wird, entnimmt man derselben Quelle; die er-
löste Sophia ist die Braut, der Soter der Bräutigam, das ganze
Pleroma das Brautgemach. Auch liegt es nicht fern, an die ähnliche Ausführung des Apostel Paulus zu denken, wenn von den
Pneumatikern gelehrt wird, daſs sie ihre Seelen auszögen und
vernünftige Geister würden, um als Bräute den Engeln, die den
Soter begleiteten, beigegeben zu werden[1]).

Ebensowenig wie in dem bisherigen ein Versuch ernsten
Eingehens auf die als Auctorität verwandten Stellen der Schrift
sich zeigt, findet sich ein solcher in den bei weitem spärlicheren
Schriftcitaten der Philosophumena. Es bedurfte nicht der aus-
drücklichen Versicherung, daſs die Quelle des Systems sich nicht
in den Evangelien finde (VI, 29), da wir nur zwei Citaten aus
den Evangelien begegnen, in deren erstem die Erscheinung des
psychischen Christus, des Sohnes der Jungfrau, nach Luc. 1, 35
beschrieben wird, wo *πνεῖμα ἅγιον* die Sophia, die *δύναμις
ὑψίστου* den Demiurg repräsentire, jene als Schöpferin der Substanz, diesen als Bilder des Körpers; in deren zweitem der
schneidige Gegensatz zwischen der Oeconomie des alten und
neuen Testaments hervorgehoben werden soll, wenn Christus
spreche: Alle, die vor mir gekommen sind, sind Diebe und
Räuber[2]). Eben diese Auffassung bestätige der Apostel durch
den Ausspruch: „das Mysterium, das den früheren Geschlechtern
nicht kund ward[3]), sei offenbar geworden“.

---

[1]) VII, 1: *τοὺς δὲ πνευματικοὺς ἀποδυσαμένους τὰς ψυχὰς καὶ πνεύ-
ματα νοερὰ γενομένους* u. s. w. Vrgl. 2. Cor. 5, 1 ff., wo dann allerdings,
wenn die Vorstellungen verwandte bleiben sollen, im 3. Verse *ἐκδυσάμενος*
und nicht *ἐνδυσάμενος* zu lesen wäre.

[2]) Cf. 35, p. 194; Joh. 10, 8; die Relation der Phil. liest: *πάντες οἱ
πρὸ ἐμοῦ ἐληλυθότες,* der recipirte Text: *πάντες ὅσοι ἦλθον πρὸ ἐμοῦ.*

[3]) Der Ausdruck: *τὸ μυστήριον ὃ ταῖς προτέραις γενεαῖς οὐκ ἐγνωρίσθη*
ist combinirt aus der freien Verbindung von Eph. 3, 3. 9. 10. Ein Ausspruch des Apostels, der so lautet, findet sich sonst nicht, wie auch
der Ausdruck *προτέραι γενεαί* im Sprachgebrauch des neuen Testaments
nicht nachweisbar ist.

Die meisten Citate der Philosophumena sind dem alten Testament und den apostolischen Briefen entnommen. „Die Furcht des Herrn ist die ἀρχὴ σοφίας“, nämlich ihrer Leiden, deren Ursprung die Furcht war (VI, 32. S. 191), lehrten die Gnostiker nach Psalm 110, 10. Daſs der Demiurg, der auch der Alte der Tage (Dan. 7, 9) genannt wird, ein feuriger (πυρώδης) Gott sei, offenbart Moses dem Volke Israel, denn er spricht: der Herr dein Gott ist ein brennendes und verzehrendes Feuer[1]); seine Beschränktheit wieder sprach er selbst aus, als er zu sagen begann: Ich bin der Gott, und auſser mir ist kein anderer[2]); die durch die Sophia ihm mitgetheilte Offenbarung bescheidet ihn sodann zu dem Bekenntniſs: ich bin der Gott Abrahams (der nach c. 34, S. 193 Repräsentant der Psychiker ist), und der Gott Isaaks und der Gott Jakobs, und meinen Namen habe ich ihnen nicht verkündigt[3]).

In ähnlicher Weise begründet auch die Relation des Irenäus den Charakter und die Beschaffenheit des Demiurg aus der heiligen Schrift. Die beschränkte Ueberhebung des Weltschöpfers wird gleichfalls aus dem frei citirten Wort erschlossen: „Ich bin Gott, auſser mir keiner“ (5, 4), jedoch wird sein Wesen nicht als thöricht und sinnlos (μωρὸς καὶ ἄνους), sondern vielmehr als schwach (ἄτονος) gedacht. Hieraus ergiebt sich für ihn und

---

[1]) Deut. 9, 3, wo die LXX. nur lesen: πῦρ καταναλίσκον ἐστίν. Das πῦρ φλέγον könnte von einer Reminiscenz an das πῦρ φλογός des Busches stammen (Exod. 3, 2).

[2]) Deut. 4, 35. 32, 39. Beide Stellen lauten nach dem Text der LXX. anders, die letztere, welche unserem Citat am nächsten steht: ἐγώ εἰμι καὶ οὐκ ἔστι θεὸς πλὴν ἐμοῦ. Vrgl. Jes. 45, 5. c. 36, p. 196.

[3]) Frei nach Exod. 6, 2 u. 3 citirt. Die LXX. lesen: ἐγὼ κύριος καὶ ὤφθην πρὸς Ἀβραὰμ   θεὸς ὢν αὐτῶν, καὶ τὸ ὄνομά μου κύριος οὐκ ἐδήλωσα αὐτοῖς. Hier steht an Stelle des ἐδήλωσα — ἀνήγγειλα. Die Stelle ist nach l. VII, c. 25 (S. 238) auch von den Basilidianern benutzt, wo der ἄρχων τῆς ἐβδομάδος den Moses darüber aufklärt, daſs er ihm den Namen des höchsten Gottes nicht offenbart habe, καὶ τὸ ὄνομα τοῦ θεοῦ οὐκ ἐδήλωσα αὐτοῖς. Οὕτως γὰρ θέλουσι γεγράφθαι fügt die Relation hinzu.

die seinen eine freundlichere Stellung zu dem, was da kommen soll; wie er hier mit dem Symeon und dem Ekatontarchen verglichen wird, so ist diese Relation fern davon, die Propheten als die vom Herrn verurtheilten Räuber und Diebe sich zu denken. Demnach tritt in den beiden Relationen ein bemerkenswerther Unterschied in der Stellung zum alten Testament uns entgegen; der Schleier, der dem Gott des alten Testaments die Vollkommenheit des Pleroma verhüllt, erscheint nach der einen weniger dicht, denn der Demiurg liebt nach Irenäus unbewufst die Pneumatiker und wählt sie zu Priestern, Königen und Propheten, welche vermöge ihrer höheren Natur und ihrer Verbindung mit der $\sigma o\varphi i\alpha$ vieles verkündigt haben (VII, 3). Jedoch lehrten auch die Philosophumena den willig sich fügenden Gehorsam des Demiurg (c. 36) und denken ihn als Schöpfer der Menschen und Begründer der alttestamentlichen Oeconomie, wobei sie gleichfalls auf die Genesis zurückgreifen, um an deren Schöpfungsgeschichte ihre Anthropologie anzuknüpfen (c. 34, 193). Jene Unterscheidung der abbildlichen und wesensähnlichen Schöpfung kennen sie freilich nicht, sondern begnügen sich mit der Anführung von Gen. 2, 7, in der sie das hylische und psychische Wesen des Menschen gelehrt finden, während eine verstümmelte Stelle des Epheserbriefes das Wesen des Pneumatikers darstellen soll[1]). Der Vater des Alls, lehre der Ausspruch des Apostels, gebe Christus Wohnung in dem inneren, d. h. dem psychischen Menschen und kräftige ihn dadurch zur Erkenntnifs der erlösenden Wahrheit[2]).

---

[1]) L. c. Eph. 3, 14—18. Tisch. liest v. 14: $\tau o\acute{v}\tau o\upsilon$ $\chi\acute{\alpha}\rho\iota\nu$ $\varkappa\acute{\alpha}\mu\pi\tau\omega$ $\tau\grave{\alpha}$ $\gamma\acute{o}\nu\alpha\tau\acute{\alpha}$ $\mu o\upsilon$ $\pi\rho\grave{o}\varsigma$ $\tau\grave{o}\nu$ $\pi\alpha\tau\acute{\epsilon}\rho\alpha$; fast ebenso gut beglaubigt ist die Lesart: $\pi\alpha\tau\acute{\epsilon}\rho\alpha$ $\tau o\tilde{\upsilon}$ $\varkappa\upsilon\rho\acute{\iota}o\upsilon$ $\dot{\eta}\mu\tilde{\omega}\nu$ $\mathrm{'}I\eta\sigma o\tilde{\upsilon}$ $X\rho\iota\sigma\tau o\tilde{\upsilon}$, die gnostische Lesart dagegen lautet aus naheliegenden Gründen: $\pi\rho\grave{o}\varsigma$ $\tau\grave{o}\nu$ $\vartheta\epsilon\grave{o}\nu$ $\varkappa\alpha\grave{\iota}$ $\pi\alpha\tau\acute{\epsilon}\rho\alpha$ $\varkappa\alpha\grave{\iota}$ $\varkappa\acute{\upsilon}\rho\iota o\nu$ $\tau o\tilde{\upsilon}$ $\varkappa\upsilon\rho\acute{\iota}o\upsilon$ V. 15 fällt in dem Citat fort, V. 16 bis auf das $\tilde{\iota}\nu\alpha$ $\delta\acute{\omega}\eta$ gleichfalls; dann wird V. 17 dem: $\varkappa\alpha\tau o\iota\varkappa\tilde{\eta}\sigma\alpha\iota$ $\tau\grave{o}\nu$ $X\rho\iota\sigma\tau\grave{o}\nu$ $\delta\iota\grave{\alpha}$ $\tau\tilde{\eta}\varsigma$ $\pi\acute{\iota}\sigma\tau\epsilon\omega\varsigma$ $\dot{\epsilon}\nu$ $\tau\alpha\tilde{\iota}\varsigma$ $\varkappa\alpha\rho\delta\acute{\iota}\alpha\iota\varsigma$ $\dot{\upsilon}\mu\tilde{\omega}\nu$ untergeschoben: $\varkappa\alpha\tau o\iota\varkappa\tilde{\eta}\sigma\alpha\iota$ $\tau\grave{o}\nu$ $X\rho\iota\sigma\tau\grave{o}\nu$ $\epsilon\dot{\iota}\varsigma$ $\tau\grave{o}\nu$ $\ddot{\epsilon}\sigma\omega$ $\ddot{\alpha}\nu\vartheta\rho\omega\pi o\nu$. Das ganze schliefst mit einer willkürlichen und unvollständigen Exegese des 18. Verses.

[2]) Charakteristisch für die gnostische Willkür ist die Erklärung von

Diese Beispiele der schrankenlosen Willkür im Citiren, welche keine andere Rücksicht und Regel kennt, als den Wunsch, eine Auctorität für die zu begründende Lehre sich zu schaffen, und die bald abschneidet, bald hinzufügt, bald umstellt, bald durch fremde Begriffe den Schriftsinn verändert, begegnen uns auf jedem Schritt in den Relationen beider Kirchenväter. Da der Gnostiker $\sigma\tilde{\omega}\mu\alpha$ und $\psi\nu\chi\acute{\eta}$ substanziell von einander schied, wird der Ausspruch des Paulus Röm. 8, 11 dadurch ergänzt, daſs man an $\tau\grave{\alpha}\ \vartheta\nu\eta\tau\grave{\alpha}\ \sigma\acute{\omega}\mu\alpha\tau\alpha - \varkappa\alpha\grave{\iota}\ \tau\grave{\alpha}\ \psi\nu\chi\iota\varkappa\acute{\alpha}$ anfügt[1]). Dagegen wird Col. 2, 9 $\sigma\omega\mu\alpha\tau\iota\varkappa\tilde{\omega}\varsigma$ einfach weggelassen, da alles somatische der Reinheit des Pleroma widerstrebt[2]). Ebendaselbst wird Eph. 1, 10 durch $\delta\iota\grave{\alpha}\ \tau\sigma\tilde{\nu}\ \vartheta\varepsilon\sigma\tilde{\nu}$ erweitert und unter die Bestimmungen der Herrlichkeit Christi, welche der Colosserbr. 1, 16 angiebt, $\vartheta\varepsilon\acute{\sigma}\tau\eta\tau\varepsilon\varsigma$ eingefügt[3]). Scharfsinnig ist Matth. 11, 27 (Luc. 10, 22) corrumpirt. Man liefs die Worte unverändert und stellte nur die beiden Vordersätze um, indem man statt: „Niemand erkennet den Sohn als der Vater, und niemand erkennet den Vater als der Sohn und wem es der Sohn will offenbaren“, folgendermaſsen schrieb: „Niemand erkennet den Vater als der Sohn und niemand den Sohn als der Vater u. s. w.“ Hieraus ergiebt sich der dem ursprünglichen Gedanken völlig fremde Sinn: der Vater ist für alle mit Ausnahme des Sohnes unerkennbar,

---

$\beta\acute{\alpha}\vartheta\sigma\varsigma$ in der angeführten Stelle, das wohl wegen des Anklangs an $\beta\nu\vartheta\acute{\sigma}\varsigma$ bestimmt wird als $\acute{\sigma}\ \pi\alpha\tau\grave{\eta}\rho\ \tau\tilde{\omega}\nu\ \acute{\sigma}\lambda\omega\nu$ (c. 30, Z. 81 stellen sie $\beta\acute{\alpha}\vartheta\sigma\varsigma\ \varkappa\alpha\grave{\iota}$ $\beta\nu\vartheta\acute{\sigma}\varsigma$ als Wesensbestimmungen des Vaters neben einander), $\tau\grave{\sigma}\ \pi\lambda\acute{\alpha}\tau\sigma\varsigma$ erinnere an den breiten Gürtel des $\acute{\sigma}\rho\sigma\varsigma$, $\tau\grave{\sigma}\ \mu\tilde{\eta}\varkappa\sigma\varsigma$ soll $\tau\grave{\sigma}\ \pi\lambda\acute{\eta}\rho\omega\mu\alpha\ \tau\tilde{\omega}\nu\ \alpha\grave{\iota}\acute{\omega}\nu\omega\nu$ bestimmen, $\tau\grave{\sigma}\ \ddot{\nu}\psi\sigma\varsigma$ endlich wird mit Stillschweigen übergangen.

[1]) Phil. c. 35, p. 115. Hiermit hätten wir sämmtliche erwähnenswerthe Citate der Phil. besprochen. Aufserdem findet sich noch 1. Cor. 2, 14 verwandt, um das Wesen des Psychikers zu bestimmen, und Gen. 3, 19, das von der Hyle, die unter dem Fluch steht, handle (p. 194 u. 195), ferner Gen. 1, 2; Exod. 3, 8 (33, 3), um die Sophia zu charakterisiren.

[2]) Iren. III, § 4.

[3]) IV, 5. Auch Theodoret schreibt den Valentinianern diese Lesart zu mit dem Bemerken „$\dot{\omega}\varsigma\ \alpha\dot{\nu}\tau\sigma\grave{\iota}\ \lambda\acute{\varepsilon}\gamma\sigma\nu\sigma\iota\nu$“ (I, 7).

der Sohn wird vom Vater und den Pneumatikern, denen er sich offenbart, erkannt[1]). So findet sich kaum eine der benutzten Schriftstellen treu wiedergegeben; bewufst oder unbewufst wird der Ausdruck und auch oft der Sinn verschoben und verändert[2]).

Abgesehen von directen Citaten ist die Relation der Philosophumena bei weitem reicher an biblischen Anklängen als Irenäus. Es ist schon oben auf die verschiedene Terminologie beider hingedeutet worden; wir dürfen hinzufügen, dafs die Philosophumena die ihrige, in so weit sie eine selbständige ist, zum gröfsten Theil dem biblischen Sprachgebrauch entlehnt haben. Der psychische Christus wird $\varkappa\alpha\iota\nu\grave{o}\varsigma\ \mathring{\alpha}\nu\vartheta\rho\omega\pi o\varsigma$ genannt (vrgl.

----

[1] Iren. IV, 6, 1. Irenäus schreibt diese Verdrehung Häretikern zu, qui peritiores apostolis volunt esse, und giebt zwei ihnen eigentümliche Lehren an; sie behaupten die Unerkennbarkeit Gottes vor Christi Erscheinung und leugnen den Zusammenhang zwischen Christus und dem Gott des alten Testaments. Beide Lehren könnten auch den Marcioniten eigen sein, gegen die Irenäus an der citirten Stelle gleichfalls polemisirt, jedoch weist schon Valesius in einer Note darauf hin, dafs Epiphanius von der Benutzung dieser Stelle, Tertullian von ihrer Corruption nichts weifs (Epiph. haer. 42; Tert. contra Marc. IV, 23). Dagegen citirt Irenäus sie als Beweisstelle der Markosier (I, 20, 3), welche aus einer Reihe von Schriftworten die Unerkennbarkeit Gottes zu erweisen sich bemühten. Dafür, dafs auch die Valentinianer die Stelle in derselben Weise ausgenutzt, spricht die Formel, mit der Irenäus das zweite Mal sie citirt (vrgl. I, 12, 3).

[2] Viele Verstöfse gegen die durch die Handschriften festgestellten Lesarten erklären sich wohl aus der Ungenauigkeit, die das Citiren nach dem Gedächtnifs mit sich bringt. So z. B. konnte sich leicht dem: $\mathring{\varepsilon}\rho\chi\varepsilon\tau\alpha\iota\ \mathring{o}\pi\acute{\iota}\sigma\omega\ \mu o\nu$ (Luc. 14, 27) $\mathring{\alpha}\varkappa o\lambda o\acute{\nu}\vartheta\varepsilon\iota\ \mu o\iota$ substituiren (Iren. III, 5). Gleichfalls erscheint es unverfänglich, wenn in den Aufforderungen zur Nachfolge (Luc. 9, 57 u. 59; Iren. I, 8, 3), durch welche die verschiedenen Naturen vom Soter bezeichnet werden, das erste Mal aus dem Gelübde: $\mathring{\alpha}\varkappa o\lambda o\nu\vartheta\acute{\eta}\sigma\omega\ \sigma o\iota\ \mathring{o}\pi o\nu\ \mathring{\varepsilon}\grave{\alpha}\nu\ \mathring{\alpha}\pi\acute{\varepsilon}\rho\chi\eta$ (v. 57) die Frage: $\mathring{\alpha}\varkappa o\lambda o\nu\vartheta\acute{\eta}\sigma\omega\ \sigma o\iota$; wird, das zweite Mal (v. 59) Worte des Jüngers und des Meisters in durchaus veränderter Wortstellung angeführt sind. Einige Abweichungen (vrgl. das Citat 1. Cor. 2, 14; I, 3, 3) entsprechen den Lesarten der Peschito, auf welche, wie Lipsius nach Harvey bemerkt, mehrfach die Citate des Irenäus hindeuten.

Eph. 2, 15. 4, 24. Phil. c. 35, S. 195); und kommt auch die Verbindung λόγος ἐπουράνιος im neuen Testament nicht vor, so sind doch ihre beiden Glieder entschieden demselben entnommen. Die gestaltete Schöpfung der Sophia, die Ogdoas, ist das himmlische Jerusalem (vrgl. Hebr. 12, 22; c. 30, S. 188. c. 32, S. 191), während die Sophia selbst den Namen Jerusalem davonträgt (c. 34, S. 193). Gleichfalls im Anschluſs an den Hebräerbrief wird die Frucht des ganzen Pleroma „der groſse Hohepriester" genannt (c. 32, S. 190). An den Geist neutestamentlicher Lehre ferner erinnert es, wenn die ἐπιστροφὴ καὶ δέησις καὶ ἱκετεία der Sophia ὁδὸν καὶ μετάνοιαν καὶ δύναμιν[1]) ψυχικῆς οὐσίας erzeugen (32, 191). Paulinisch sind die Bezeichnung des Psychikers als ὁ ἔσω ἄνθρωπος (Röm. 7, 22. Eph. 3, 16), die Ausdrücke τέλος und κτίσις, die Verbindung κάλυμμα ἔχειν ἐπὶ τὴν καρδίαν, ἀποκάλυψις τῶν υἱῶν τοῦ θεοῦ, der Gebrauch von μυστήριον als Offenbarungsgeheimniſs (sämmtlich c. 35, S. 194), die Beschreibung des Vaters als keines σύμβουλος bedürftig (c. 29, S. 185). Sodann scheint der Satz: ἀγάπη ἦν ὅλος (ὁ πατήρ), durch den die Selbstentfaltung des Vaters begründet wird, auf 1. Joh. 4, 8. 16 hinzuweisen, wo zweimal Gott die Liebe genannt ist (c. 29, S. 185); dem Johannesevangelium endlich entstammt der ἄρχων τοῦ κόσμου τούτου (vrgl. Joh. 12, 31. 14, 30 und öfter) und der διάβολος (vrgl. c. 33, 192 Z. 6 und 20).

Nach den bisher betrachteten Berührungen mit der Schrift scheint der Gnostiker kurzab die biblischen Aussprüche als Be-

---

[1]) δύναμις, das in der Bedeutung: wirkende Kraft dem Paulinischen Sprachgebrauch eignet (z. B. Röm. 1, 16; 1. Cor. 1, 18. 4, 20), wird in der Relation der Phil. häufig gebraucht. So ist hier die δύναμις der psychischen Substanz die Kraft, das pneumatische sich anzueignen; c. 34, S. 194: μωρία δέ, φησίν, ἔστιν ἡ δύναμις τοῦ δημιουργοῦ; c. 39, S. 187 die δύναμις ἀγεννήτου die Kraft, welche in dem Vermögen der Gestaltung besteht. Die classische Gräcität verwendet allerdings das Wort in derselben Weise, doch berechtigt die Verwandtschaft unserer Relation mit dem Sprachgebrauch des neuen Testaments auch hier zur Annahme directer Einflüsse desselben. Irenäus verwendet das Wort seltener, vrgl. jedoch c. III, 5.

weisstellen verwandt zu haben, ohne über die Berechtigung dieses Verfahrens Rechenschaft zu geben, da man jedweden Versuch einer Interpretation vermifst. Dafs er jedoch eine solche Rechenschaft nicht von der Hand wies, beweist uns ein ausführliches Fragment, welches sich mit dem Prolog des vierten Evangeliums beschäftigt (Iren. I, 8, 5). Hätte Irenäus uns dasselbe nicht aufbewahrt, so bliebe seine Notiz über den Gebrauch der Evangelien von Seiten der verschiedenen Ketzerparteien unverständlich. In einer Uebersicht nämlich belehrt er uns, die Ebioniten hätten vorzugsweise das Evangelium Matthäi, Marcion das verstümmelte Lucasevangelium, eine andere Partei, die den leidenden Jesus von dem des Leidens unfähigen Christus trenne, das Evangelium Marci ausgebeutet; die Valentinianer endlich hätten sich am meisten des Johannesevangeliums bedient, um ihre Aeonenverbindungen daraus zu rechtfertigen[1]). Die letzte Bemerkung blickt auf das im ersten Buch mitgetheilte Commentarfragment zurück. Sonst finden wir in dieser Relation nur eine, höchstens zwei Stellen des Evangeliums benutzt[2]).

Nach der · gnostischen Erklärung offenbart der Prolog des Johannesevangeliums die Entstehung des Pleroma und das Geheimnifs der ersten und zweiten Tetras. Dem Wortlaut nach schliefsen sich die gnostischen Anführungen dem recipirten Texte im allgemeinen an; nur im dritten Verse wird: „$\varkappa \alpha i \; \chi \omega \varrho i \varsigma \; \alpha \dot{v} \tau o \tilde{v} \; \gamma \acute{\epsilon} \gamma o \nu \epsilon \nu \; o \dot{v} \delta' \; \acute{\epsilon} \nu$", gelesen und $\dot{o} \; \gamma \acute{\epsilon} \gamma o \nu \epsilon \nu \; \dot{\epsilon} \nu \; \alpha \dot{v} \tau \tilde{\omega}$ durch Einschiebung von $\dot{\alpha} \lambda \lambda \acute{\alpha}$ vom vorhergehenden getrennt. Dadurch wird einmal im Logos der Ursprung alles erschaffenen gefunden, sodann alles erschaffene seinem Wesen nach als $\zeta \omega \acute{\eta}$ bestimmt; da aber die $\zeta \omega \acute{\eta}$ in ihm subsistirt als seine Genossin und die

____

[1]) l. III, 11, § 7: Hi autem, qui a Valentino sunt, eo quod est secundum Johannem plenissime utentes ad ostensionem conjugationum suarum, ex ipso detegentur nihil recte dicentes.

[2]) cap. VIII, 2. Joh. 12, 27. Cap. VI, 4 ist $\dot{o} \; \dot{\epsilon} \nu \; \varkappa \acute{o} \sigma \mu \omega \; \gamma \epsilon \nu \acute{o} \mu \epsilon \nu o \varsigma$ dem $\dot{\alpha} \pi \grave{o} \; \varkappa \acute{o} \sigma \mu o v \; \gamma \epsilon \nu \acute{o} \mu \epsilon \nu o \varsigma$ entgegengesetzt. Vrgl. Joh. 17, 11. 14, wo in letzterer Stelle jedoch $\dot{\epsilon} \varkappa \; \tau o \tilde{v} \; \varkappa \acute{o} \sigma \mu o v$ gelesen wird.

Darstellung seines Wesens, so begründet diese Lesart sowohl die gnostische Syzygie als auch die Thätigkeit derselben.

Johannes will nach der Ansicht der Valentinianer die Entstehung des Alls darstellen. Gott der Vater erschuf zuerst den Ursprung und das Princip aller Dinge ($\dot{\alpha}\varrho\chi\dot{\eta}$, $\mu o\nu o\gamma\varepsilon\nu\dot{\eta}\varsigma$, $\vartheta\varepsilon\acute{o}\varsigma$), dieser den Logos und in ihm alle Aeonen ihrer Substanz nach ($\tau\dot{\eta}\nu$ $\ddot{o}\lambda\eta\nu$ $\tau\tilde{\omega}\nu$ $\alpha\iota\acute{\omega}\nu\omega\nu$ $o\dot{v}\sigma\acute{\iota}\alpha\nu$). Eben weil der Evangelist von der Entstehung des Pleroma rede, beginne. er zweckgemäfs mit der $\dot{\alpha}\varrho\chi\dot{\eta}$, um die Einheit und die Verschiedenheit von $\vartheta\varepsilon\acute{o}\varsigma$, $\dot{\alpha}\varrho\chi\dot{\eta}$ und $\lambda\acute{o}\gamma o\varsigma$ aufzuzeigen. Sie seien dem Wesen nach eins mit dem Vater und unter einander, unterschieden sich aber je nach der Ordnung ihrer Emanation. Für die Einheit ihres Wesens bürge das Axiom: Was aus Gott entstanden ist, ist Gott. Der Evangelist nenne sodann den Logos und die Zoë das Licht des Menschen, d. h. des Menschen und seiner Genossin, die mit ihm eins und dasselbe sei, der Ekklesia. Das Licht aber bezeichne die Kraft der Zoë, die im Gestalten und Erleuchten sich bethätige[1]). Auf diese Weise sei der Umfang und das Wesen der zweiten Tetras umschrieben. Die schöpferische Thätigkeit des Pleroma finde jedoch ihren vollkommenen Abschlufs erst im Soter und seinem Werk. Seine Ausstattung zum Erlöserberuf bereiteten ihm die Aeonen; passend deute daher der Evangelist in der Beschreibung seines Wesens auf die oberste Tetras, wenn er von seiner $\delta\acute{o}\xi\alpha$ spreche, die gleich ist der $\delta\acute{o}\xi\alpha$ des „$\mu o\nu o$-$\gamma\varepsilon\nu\dot{\eta}\varsigma$ $\pi\alpha\varrho\dot{\alpha}$ $\pi\alpha\tau\varrho\acute{o}\varsigma$, $\pi\lambda\acute{\eta}\varrho\eta\varsigma$ $\chi\acute{\alpha}\varrho\iota\tau o\varsigma$ $\varkappa\alpha\dot{\iota}$ $\dot{\alpha}\lambda\eta\vartheta\varepsilon\acute{\iota}\alpha\varsigma$[2])“.

So forschten die Gnostiker in der Schrift und fanden, was

---

[1]) $\pi\varepsilon\varphi\omega\tau\acute{\iota}\sigma\vartheta\alpha\iota$ $=$ $\mu\varepsilon\mu o\varrho\varphi\tilde{\omega}\sigma\vartheta\alpha\iota$ $\varkappa\alpha\dot{\iota}$ $\pi\varepsilon\varphi\alpha\nu\varepsilon\varrho\tilde{\omega}\sigma\vartheta\alpha\iota$.

[2]) Auch Tertullian ist ein Zeuge für die Benutzung und Corrumpirung des Johannes. Er theilt uns mit (de carne Christi c. 19), dafs Val., denn dafs ér es ist, geht aus dem Zusammenhang hervor, Joh. 1, 13: „welche nicht von dem Geblüt noch von dem Willen eines Mannes, sondern von Gott geboren sind“ an Stelle des Plural den Sing. gelesen habe: welcher   geboren ist, um dadurch die doketische Leiblichkeit des Soter zu begründen.

sie finden wollten.. Die Aeonologie, welche Irenäus an die Spitze seiner Darstellung stellte (vrgl. I, 1), wird in den Prolog des vierten Evangeliums ebenso hineingezeichnet wie in die Erzählung vom geheilten blutflüfsigen Weibe die Leiden der Sophia; die Trennung des Soter und des Logos wird durch Zerreifsen des Zusammenhangs von v. 1—5 und v. 14 ebenso erwiesen wie der vielgetheilte Ursprung Jesu aus der Zerspaltung des Berichts von Mariä Empfängnifs (Luc. 1, 35). Wir haben in diesem gröfseren, wörtlich erhaltenen Fragment, wie es die Uebereinstimmung der Relation c. 1 mit dieser Schrifterklärung wahrscheinlich macht, ein exegetisches Product der Ptolemäischen Schule, und dürfen annehmen, dafs die exegetische Praxis derselben die allgemein gebilligte und nicht etwa von dem Uebelwollen der referirenden Kirchenväter den Glaubensfeinden angedichtet war. Das ungekürzte Bruchstück erschliefst uns keine neuen Gesichtskreise, man kämpft hier mit denselben Waffen, die schon oben bei der Verwendung der einzelnen Schriftcitate charakterisirt wurden. Die gnostische Exegese erscheint daher als eine dogmatische im üblen Sinne des Wortes; sie ist baar aller Rücksicht auf den Schriftzusammenhang und frei von jeder Ehrfurcht gegen den wohlverbürgten Wortlaut. Sie zündet ein Feuer an aus den Trümmern der Schrift, das Rauch, aber kein Licht bringt, wenn sie geheimnifsvoll schweigt, wo sie sprechen sollte und wieder durch prunkendes Wortgeklingel die Stimme der Wahrheit übertönt; aalglatt[1]) weifs sie jeder Schwierigkeit zu entschlüpfen; jeder nimmt für sich den Besitz der Wahrheit in Anspruch, ohne einen anderen Rechtstitel darauf zu besitzen als sein: sic volo sic jubeo. Irenäus pflegt ironisch und sarkastisch zu werden, so oft er auf die Schilderung ihrer hochmüthigen Praxis zurückkommt. Wenn man sie erproben will und unter vier Augen ihre Häupter um Auskunft über ein Schriftwort bittet, so bezieht es der eine auf

---

[1]) Iren. III, 2, 3. More serpentum lubrici.

den Bythos, der zweite auf den Monogenes, der dritte auf den Logos, der vierte auf einen der übrigen Aeonen. Ein anderer, der erfahrener ist, behauptet nach langem Schweigen, es sei vom Horos gesagt, ein anderer wieder will es der Sophia zuerkennen[1]. Der tiefere Grund dieser Praxis liegt in dem Bestreben, das System in die Schrift hineinzutragen. Sollte der trichotomische Christus bestehen vor der einheitlichen Gestalt des fleischgewordenen Logos, so mußte alles widersprechende, welches das Auftreten Jesu zu haben scheint, den Grund dafür hergeben, die Schrift als Offenbarungsurkunde der τρεῖς Χριστοί anzusehen; sollte ferner der Demiurg das im System normirte Verhältnifs zum Soter, die Welt der Psychiker ihre absolut secundäre Stellung zur Welt der Pneumatiker nicht aufgeben, so mußten die Bindeglieder zwischen dem alten und neuen Testament, wo nicht zerrissen, doch gelockert werden. Und wo diese Grundsätze vor der klaren Bestimmtheit des Schriftworts nicht verfingen, blieb noch der Gewaltschritt übrig, Fälschungen der Schrift anzunehmen. Entweder war Jesus, sagten sie, in einem Fall Organ des Demiurg, im anderen Organ der Sophia, im dritten Organ des Pleroma, oder die Apostel haben alles gesetzliche, das sich in den Reden Christi findet, denselben beigemischt[2].

[1] Iren. IV, 35, 4.
[2] Iren. III, 2, 3.

ZWEITER ABSCHNITT.

Die Fragmente.

———

Die Relationen der Kirchenväter werden von einer Reihe von Fragmenten ergänzt, welche directe Quellen der Valentinianischen Gnosis sind. Die umfang- und inhaltreichsten haben uns Clemens von Alexandria und Origenes erhalten, welche in ihrem Streben, gegenüber der häretischen Gnosis eine feste Basis der Gotteserkenntnifs zu begründen, eine eindringende Auseinandersetzung mit ihren Gegnern nicht umgehen konnten. Bei Clemens finden sich die Fragmente zum kleineren Theil in den Stromateis zerstreut, zum gröfseren Theil in den Excerpten aus Theodot und der orientalischen Lehre[1]). Als Origenes seine Tomoi zum Johannesevangelium schrieb, gewann er eine nicht geringe Anzahl seiner Erklärungen durch die Polemik gegen Herakleon, dessen Meinungen er bald wörtlich, bald referirend anführt, und zwar grade an Punkten, die den Valentinianern als Beweisstellen besonders wichtig sein mufsten[2]). Abgesehen von jenen Fragmenten des Theodot und des Herakleon ist weitaus die wichtigste Urkunde über die Lehre der Brief des Ptolemäus an die Flora, den Epiphanius vollständig in sein Panarion ein-

———

[1]) Bunsen, Analecta Ante-Nicaena, Vol. I, London 1854, S. 205—278. Clem. Al. op. ed. Koch. Bd. IV, S. 1—31.

[2]) Die Fragmente finden sich zusammengedruckt bei Grabe, spicilegium II, S. 83—117.

gefügt hat[1]). Die übrigen berühren nur beiläufig diese oder jene
Ansicht oder geben vereinzelte Bemerkungen der Häretiker wieder. Eine eigentliche Beweisführung findet sich nur noch in
jener als „ὅρος Οὐαλεντίνου" bezeichneten Untersuchung über
den Ursprung des Uebels, welche in dem Dialog über den rechten Glauben von dem überzuversichtlichen Valentinianer Valens
als unwiderlegliche Wahrheit vorgelesen wird[2]); jedoch enthält
der Dialog das Fragment ebenso wenig in ursprünglicher Gestalt, als er es mit Recht auf Valentinus zurückführt. Jenen
ὅρος Οὐαλεντίνου nämlich lesen wir gleichfalls in einem Dialog
des Methodius über die Freiheit[3]), der gewandt und scharfsinnig
die zu Gott führende Schönheit der Natur und die einen ·aufser-
göttlichen Grund fordernde Schlechtigkeit der Menschen einander
gegenüberstellt. Letztere drängt den Valentinianer, der mit dem
befreundeten Orthodoxen disputirt, zur Annahme einer ewigen
qualitätslosen Materie, aus der das Uebel erwachse, worauf der
Widerpart die unlösbaren Widersprüche dieser Behauptung vom
Gottesbegriff und dem Begriff der Materie aus nachweist[4]). Der
klar gegliederte Bau und die innere Zusammengehörigkeit der
beiden Ausführungen des Valentinianers sprechen dafür, dafs der
Dialog über den rechten Glauben, der in seinem vierten Ab-

---

[1]) Vrgl. Grabe, spic. II, S. 69 folg.

[2]) (Origenis) dialogus contra Marcionitas sive de recta in Deum
fide etc., ed. Wetstein, Basel 1674, S. 85.

[3]) Meursii variorum divinorum liber unus, Lugd. Bat. 1619, S. 91—100.

[4]) Der letzte Theil des Dialogs, der abrupt endet, ist verwachsen
mit einem Fragment, das Eusebius in seine praep. ev. VII, 22 eingereiht
hat (ὅτι μὴ ἀγέννητος ἡ ὕλη μηδὲ κακῶν αἰτία); verwachsen, sage ich, und
deshalb dazu gehörig, weil die Widerlegung des Valentinianers mit eben-
demselben der Philokalia des Origenes (cap. 24) entlehnten Passus an-
fängt, mit dem Eusebius beginnt (vrgl. Euseb. l. c. mit Meur. S. 104). Der
Dialog de recta fide bringt gleichfalls beide Stücke in Zusammenhang,
indem er sie in möglichst ungeschickter Weise excerpirt (S. 92 folg.).
Vrgl. Neander, genet. Entwicklung der gnostischen Systeme S. 205 folg.,
der das Fragment auf den christlichen Philosophen Maximus zurückführt.

schnitt die zweite Hälfte des Fragments wie einen deus ex machina einführt, dasselbe aus Methodius entlehnt hat. Wenn dieser daher das Stück nicht dem Valentin zuschreibt, werden wir kaum wagen dürfen, der kritiklosen Auctorität des Adamantius oder Eutropius[1]) zu folgen, obwohl innere Gründe es nicht aus dem Gebiet der Valentinianischen Gnosis ausschliefsen.

In einer doppelten Beziehung sind die Fragmente für die Kenntnifs des Systems von Wichtigkeit: sie enthalten einmal verschiedene Auffassungen der Lehren, sodann die Begründungsversuche derselben theils durch Deduction, theils durch Auctorität. Zwar ist, was letztere anlangt, auch Irenäus mit diplomatischer Treue bemüht, die canonischen Beweisstellen zu registriren, jedoch ergiebt selbstverständlich seine Tendenz, vielmehr den mit der Schrift getriebenen Mifsbrauch seinem ganzen Umfange nach ins hellste Licht zu stellen, als die Methode seiner Gegner zu erörtern, für die Einsicht in die Schriftbenutzung der Valentinianer eine geringere Ausbeute als ihre eigene Praxis. — In der Betrachtung der Fragmente folgen wir der Reihenfolge, welche nach der Tradition die wahrscheinlichste ist.

Die Nachrichten der Kirchenväter schreiben übereinstimmend dem Valentinus eine aufserordentlich reiche literarische Thätigkeit zu. Hat er auch, wie Pseudotertullian von ihm zu erzählen weifs[2]), keine eigene Evangelienschrift hinterlassen, so ist er doch unbezweifelt der Verfasser von Psalmen, Homilien und Briefen, von denen allen uns einige Bruchstücke erhalten sind[3]), vielleicht auch eines gröfseren Werkes, das er Sophia nannte[4]). Schon dafs es Briefe, Homilien, Psalmen sind, in deren

---

[1]) Cf. dial. de recta fide S. 85.

[2]) C. 13 am Ende. Wir kommen im Verfolg unserer Untersuchungen auf diese Frage zurück.

[3]) Sie sind zusammengedruckt bei Grabe II, S. 50 folg. Erwähnt sind die Psalmen, abgesehen von Clemens, noch von Tert. de carne Christi c. 20 und den Phil. VI, 37.

[4]) Tert. adv. Val. c. 2. Docet ipsa Sophia non quidem Valentini sed

spärlichen Resten wir die Denkweise des Schulstifters zu erkennen uns mühen, muſs uns vorsichtig machen in der Bestimmung des eigentümlichen Typus seiner Lehre, der in den
vorhandenen Bruchstücken nur in beschränkter und einseitiger
Weise sich darstellen konnte. Der Psalm will nicht belehren,
sondern erbauen und das Herz erheben; der vertrauliche Charakter des Briefes ist ebenso wenig geeignet für tiefgrabende
Forschung oder systematische Darstellung, als der ungebundene,
an erster Stelle weitherzige Popularität fordernde Ton der Homilie: so liegen die erhaltenen Bruchstücke sämmtlich mehr in
der Peripherie der Darstellung des geistigen Lebens, sie sind
Blüthen desselben, unmittelbare Aeuſserungen des Verkehrs oder
des religiösen Bedürfnisses, und man darf sich nicht wundern,
in ihnen kaum eine Spur der reichen Terminologie des Systems,
keine Beziehung auf die Doppelketten der Aeohenwelt, keine
Parallele für die zerspaltende Christologie anzutreffen. Sie zeigen die der groſsen Welt zugewandte Seite der Metaphysik,
von der man auf den verhüllten Unterbau nur zurückschlieſsen
kann, wie man von den Gesichtszügen auf das Leben der Seele
schlieſst. Daſs ein derartiges Verfahren, welches in möglichst
enger Annäherung an die bestehende, aber zu überwindende
Denkweise den Schleier, der das Allerheiligste verbarg, nur lüf-
tete, um durch die Undeutlichkeit der Umrisse die Neugier zu
reizen und zugleich sich vor unwillkommener Kritik zu sichern,
der Gnosis eignete, dafür sprechen die Klagen der Kirchenväter über eine zu viel versprechende Schweigsamkeit und eine
dunkle, zweideutige Ausdrucksweise[1]), dafür spricht ferner der
Brief an die Flora, der nach der Absicht seines Verfassers nur

---

Salomonis. Unsicher bleibt die Vermuthung allerdings, da mit Sophia,
oder, wie andere Codd. lesen: Sapientia, ebenso der Aeon Sophia bezeichnet sein kann. Bunsen hoffte einst auf die Entdeckung dieser Haupt-
schrift Valentins, als die Kunde von der koptischen πίστις σοφία, welche
der Markosischen Gnosis angehört, auftauchte.

[1]) Tert. adv. Val. c. 1. Iren. prooem. zum ersten Buch.

die Präliminarien zu vertiefender Aufklärung über die Geheimnisse der Gnosis enthalten soll.

Die formale Seite der Fragmente charakterisirt kurz und treffend Hippolytus, wenn er bei Anführung eines Psalms, dessen Inhalt Plato dem Valentinus supponirt hätte, das Verfahren des Valentinus im Gegensatz zu Plato als ein κάτωθεν ἄρξασθαι bezeichnet. Er deutet damit auf den von unten aufsteigenden Weg der Deduction, auf die Anknüpfung an das reale, die Verhüllung der Idee in einem Bilde, welche in den Fragmenten durchweg uns entgegentritt. Die Elemente geben ein Bild des Weltzusammenhangs; die Sophia ist der Maler, der ein Abbild des Pleroma entwirft, das Menschenherz die rücksichtslos zerstampfte Herberge widerstreitender Mächte. Dem entspricht es, was den Inhalt betrifft, wenn der Mensch, nicht der Soter, in den verschiedenen Beziehungen zu seinem Ausgang und seinem Ziel den Mittelpunkt bildet. Doch treten wir dem Inhalt der Fragmente näher.

Valentinus führte die Stellung des Gnostikers auf einen verliehenen Antheil an der Welt des Pleroma zurück, wie dies eine von Clemens angeführte Stelle aus seiner Homilie „περὶ φίλων" beweist[1]). Clemens will die Gemeinsamkeit des Heils für Heiden und Juden durch die Berufung auf die allen gleichmäfsig zukommende geistige Anlage, die alle gleich empfänglich für die Wahrheit mache, darthun. Auch Valentinus, fährt er fort, der Chorführer derer, die für die Gemeinsamkeit eintreten, spreche sich dafür aus. „Vieles, was geschrieben ist in den allen zugänglichen Schriften, wird geschrieben gefunden in der Kirche Gottes; denn das gemeinsame sind die Worte aus dem Herzen, das in dem Herzen geschriebene Gesetz; das ist der Logos des geliebten (der es ins Herz schrieb), der geliebt wird (von dem, der ihn sandte) und ihn (den sendenden) liebt"[2]). Demnach

---

[1]) Strom. VI, 6, § 52.

[2]) Der gewonnene Sinn des sonst unverständlichen Fragments ergiebt sich, wenn man statt κενά: κοινά liest, was dem Zusammenhange

findet der innigste Wechselverkehr zwischen dem Pleroma und dem Gnostiker Statt, der von oben her die Bürgschaft seiner Zugehörigkeit durch den ihm ins Herz gesandten λόγος empfing [1]).

Als Ausgangspunkt der Speculation des Valentinus nennt Hippolytus, der vorher mit der gröfsten Beflissenheit das System in der referirten Gestaltung auf den Pythagoräismus zurückgeführt hat, einen Brief Plato's an den Dionysus, der Gott als Mittelpunkt und Zweck alles Seins und als Urheber alles Guten darstellt [2]). Dabei drängt sich dem Philosophen die Frage nach dem Ursprung alles Uebels entgegen, auf deren Beantwortung er jedoch verzichtet. Die Lehre von dem König des Alls und seiner Welt habe Valentin erfalst und auf Grund derselben in einem seiner Psalmen alles Wesen dargestellt als verbunden durch das Doppelband des Haltens und Hangens: „Im Geiste schau ich

---

angemessen ist, dann statt λαός, wie auch Grabe vorschlägt, λόγος. Hierzu berechtigt nicht sowohl die von demselben angezogene Stelle aus den Eclogae proph.: νόμος καὶ λόγος αὐτὸς ὁ σωτὴρ λέγεται, ὡς Πέτρος ἐν κηρύγματι, als die Anthropologie der Valentinianer in den Phil. S. 193, nach welcher in den Menschen von dem Soter und der Sophia, also von oben her, die λόγοι gestreut werden, die ihn zum Pneumatiker machen. Beide Stellen mit einander zu verbinden, berechtigt auch die Bezeichnung des Menschen als πανδοχεῖον, welche dem Valentin gleichfalls geläufig ist. Was aus dem Herzen kam, in dem die λόγοι Wurzel geschlagen hatten, gehört dem γένος ἐκλεκτόν oder der ἐκκλησία (vrgl. D. a. § 26. § 4) an, die auch eine das psychische anziehende und zu sich erhebende Seite besafs. — Αἱ δημόσιαι βίβλοι im Gegensatz zu τὰ ἐν ἐκκλησίᾳ τοῦ θεοῦ γεγραμμένα sind nach Clemens entweder die jüdischen Schriften oder die Schriften der Philosophen.

[1]) Die Markosier kennen folgende Ueberlieferung: Valentin habe ein kleines Kind gesehen, das er gefragt hatte, wer es wäre. Es hatte geantwortet: „Ich bin der Logos", und ihm verdanke Valentin seine Gnosis (Philosoph. VI, c. 42). In der oben angeführten Stelle ist es der mitgetheilte λόγος, hier die Mittheilung, die Offenbarung des Logos, welche den Pneumatiker auf die Höhe seiner aristokratischen Weltstellung hebt.

[2]) VI, c. 37: περὶ τὸν πάντων βασιλέα πάντα ἐστὶ κἀκείνου ἕνεκα πάντα· κἀκεῖνος αἴτιος πάντων τῶν καλῶν.

alles hangend am Aether, alles erkenne ich gehalten¹) durch den Geist; die Seele gehalten von der Luft ($\grave{\alpha}\acute{\eta}\varrho$), die Luft hangend am Aether, vom Bythos Früchte hervorgebracht, vom Mutterleib hervorgebracht Leibesfrucht". Hat Hippolytus Recht, wenn er die der Natur entnommenen Bezeichnungen der Bestandtheile des Alls als Umhüllungen der gnostischen Kunstwörter ansieht, so verbindet das Gesetz der Einheit die vielgestaltigen Glieder der Welt zu einer harmonischen Gesammtheit, die sich dem Pneuma des Gnostikers offenbare.

Nach einer Beleuchtung des zweiten Problems, der Frage nach dem Ursprung des Uebels, suchen wir in den von der Kritik unbeanstandeten Fragmenten vergebens, jedoch giebt uns ein kurzer Abschnitt aus einer Homilie über das Verhältnifs der unteren Welt .zum Pleroma Auskunft. „Um wie viel das Bild geringer ist als das lebende Angesicht, um so viel geringer ist der Kosmos als der lebendige Aeon. Was ist nun die Ursache des Bildes? Die Majestät des Angesichts, welche dem Maler das Modell ($\tau\acute{\upsilon}\pi o\varsigma$) darbietet, damit er durch ihren Namen geehrt werde. Denn nicht im Original ($\alpha\grave{\upsilon}\vartheta\varepsilon\nu\tau\iota\varkappa\tilde{\omega}\varsigma$) ward die Gestalt erfunden, sondern der Name ergänzte das Mangelhafte des gebildeten; und es wirkt auch das unsichtbare Wesen Gottes zur Beglaubigung des Gebildes mit". Wir sind hier in den Mittelpunkt des Systems versetzt. Die gestaltete Sophia will alles, wie Irenäus (I, 5, 1) mittheilt, zur Ehre der Aeonen schaffen und schafft daher Abbilder derselben, nachdem sie vorher schon, befruchtet in seligem Anschauen der Engel, den pneumatischen Samen geboren (c. 4, 5). Letzterer wiederum bedarf gleichfalls der Gestaltung, die er mit dem $\check{o}\nu o\mu\alpha$ empfängt²), welcher ihm

---

¹) Statt $\acute{o}\chi o\acute{\upsilon}\mu\varepsilon\nu\alpha$ und $\grave{\varepsilon}\xi o\chi o\upsilon\mu\acute{\varepsilon}\nu\eta\nu$ ist nach Z. 87 ($\grave{\alpha}\grave{\eta}\varrho$ $\delta\grave{\varepsilon}$ $\alpha\check{\iota}\vartheta\varrho\eta\varsigma$ $\grave{\varepsilon}\xi\acute{\varepsilon}$-$\chi\varepsilon\tau\alpha\iota$) wahrscheinlich zu lesen: $\grave{\varepsilon}\chi\acute{o}\mu\varepsilon\nu\alpha$ und $\grave{\varepsilon}\xi\varepsilon\chi\acute{o}\mu\varepsilon\nu\alpha$. Der Cod. hat an erster Stelle $\delta o\chi o\acute{\upsilon}\mu\varepsilon\nu\alpha$, an zweiter $\grave{\varepsilon}\xi\varepsilon\iota\chi o\upsilon\mu\acute{\varepsilon}\nu\eta\nu$.

²) Die D. a. spricht von dem $\check{o}\nu o\mu\alpha$, das in Gestalt der Taube zu Jesus herabkam (§ 22), und erklärt, wo sie die Leiden der Sophia darstellt, $\sigma\varkappa\iota\grave{\alpha}$ $\tau o\tilde{\upsilon}$ $\acute{o}\nu\acute{o}\mu\alpha\tau o\varsigma$ durch $\varkappa\acute{\varepsilon}\nu\omega\mu\alpha$ $\gamma\nu\acute{\omega}\sigma\varepsilon\omega\varsigma$ (§ 31). Die Leiden der

das Siegel seiner Zugehörigkeit zum Pleroma aufdrückt. Wenn ferner Irenäus sagt, dafs nicht sowohl die Sophia, sondern der Soter durch sie in verborgener Mitwirkung bei der Weltbildung thätig war, so erhalten dadurch die Schlufsworte des Fragments ihr Licht[1]).

In ähnlicher Weise deutet die Lehre von der Schöpfung des Menschen auf die Nachrichten des Irenäus hin, die an dieser Stelle von Valentinus ergänzt werden. Derselbe lehrt nämlich, Adam sei von den weltbildenden Engeln des Demiurg geschaffen, und zwar auf den Namen des Aeon Anthropos. Hiedurch mit dem Pleroma verbunden und ausgestattet mit dem Samen der höheren (wörtlich: der von obenher kommenden) Substanz hätte er seinen Bildnern Furcht eingeflöfst, so wie Götterstatuen und Bilder den Menschen, die sie gemacht haben, zur Furcht gereichen. Daher hätten sie schnell ihr Werk beseitigt ($\dot\eta\varphi\acute\alpha\nu\iota\sigma\alpha\nu$). Die letzte Bemerkung führt auf die Annahme, dafs Valentinus den Sitz der ersten Menschen in's Paradies verlegte, welches als vierter Engel über dem dritten der sieben Himmel sich befand. Hier hätte Adam geweilt und von ihm einen Theil seines Wesens empfangen. Wahrscheinlich hat man unter Adam den psychischen Menschen zu verstehen, der nach der Aehnlichkeit des Demiurg geschaffen ist und später ($\mathring{v}\sigma\tau\varepsilon\varrho o\nu$) mit dem sinnlichen Fleisch umkleidet wird[2]). Weshalb später? Das Fragment des Valentinus giebt die Antwort darauf. Die Engel des Demiurg, welche „die Furcht vor dem Aeon zu Nachstellern ($\dot\epsilon\pi\iota\beta o\acute\nu\lambda o\nu\varsigma$) ihres Geschöpfs machte“, hatten kein Verständnifs für die Hoheit des Pneumatikers und suchten ihn deshalb zu stürzen. Ihr Einflufs

---

Sophia bestanden in der unüberwundenen Unvollkommenheit der Erkenntnifs, welche durch die Mittheilung und Aneignung des $\mathring{o}\nu o\mu\alpha$ beseitigt wird. Ebenso ergänzt hier das $\mathring{o}\nu o\mu\alpha$ $\tau o\tilde{v}$ $\pi\varrho o\sigma\acute\omega\pi o\nu$ die Unvollkommenheit ihres Gebildes.

[1]) Grabe II, S. 53. Vrgl. auch Baur, die christliche Gnosis, S. 145.

[2]) Vrgl. Iren. I, 5, 2 und 5. Grabe II, S. 50. Grabe's Emendationen sind benutzt.

ist stark genug, es dem Menschen unmöglich zu machen, seine ursprüngliche Reinheit zu bewahren, denn er ist nicht mehr Herr seiner selbst, sondern schroff entgegengesetzten Mächten unterworfen. Sein Herz wird zur Wohnstätte vieler Geister, von denen jeder sein Werk vollendet, mag es auch noch so schmählich sein. Wie rücksichtslose und übermüthige Gäste in einer Herberge walten die Dämonen im Herzen, so lange es nicht unter die Vorsorge des allein guten Vaters kommt. Doch wenn dieser es gnädig ansieht, ist es geheiligt und lichtvoll. „Und so wird selig gepriesen, wer solch ein Herz hat, dafs er Gott schauen wird[1])".

Entsprechend dem Ausschlufs jeder Mitthätigkeit bei der Aufnahme des Lichts, das die Macht der Dämonen im Herzen bricht, lehrt Valentinus ein von Natur erlöstes Geschlecht[2]), das von Anbeginn unverlierbare Unsterblichkeit besitzt und deshalb in der Welt die Aufgabe hat, den Tod zu vernichten. Insofern der Gnostiker an der Leiblichkeit Theil hat, hat er auch Theil am Tode, aber der Tod stirbt ihm ab, er löst die Welt auf, ohne aufgelöst zu werden und wird Herr der Schöpfung[3]). Demnach ist der Gnostiker ein Kind der Erwählung, den die zur Natur gewordene Geistigkeit über die Kategorien von Schuld und Unschuld erhebt.

Ueber den Weg und die Mittel, durch die der Pneumatiker seinem Ziele entgegengeführt wird, finden wir aufser den betrachteten Aeufserungen des Valentinus, welche an erster Stelle den

---

[1]) Grabe II, S. 51.

[2]) Φύσει σωζόμενον γένος. Clem. IV, 13. § 91. Grabe II, S. 53.

[3]) Wie das zu denken ist, lehrt Iren. I, 6, 4 in einem wörtlich citirten Bruchstück. Wer in der Welt lebt (ὁ ἐν κόσμῳ γενόμενος), stammt so lange nicht von der Welt (ἀπὸ κόσμου), als er über der Begierde steht, sondern behauptet die χάρις als eine ἰδιόκτητος. Ein Aufgeben in die Begierde würde das καταλύεσθαι einschliefsen, dagegen ist die Herrschaft über dieselbe auch im Genufs und trotz des Genusses zugleich die Vernichtung der Begierde.

factischen Zustand der geknechteten und erlösten Natur im Auge haben, keinen Aufschlufs, und jene aphoristische Notiz über Jesus ist wenig geeignet, die Lücke auszufüllen. Er schreibt an Agathopus: „Alles duldend, voll Selbstbeherrschung erwarb Jesus die Göttlichkeit. Er afs und trank auf eine eigene Weise, ohne die Speisen wieder auszusondern. So grofs war die Kraft seiner Selbstbeherrschung, dafs nicht einmal die Speise in ihm verdarb, weil er selbst der Vergänglichkeit nicht theilhaftig war" ($\tau\grave{o}$ $\varphi\vartheta\epsilon\iota\rho\epsilon\sigma\vartheta\alpha\iota$ $\alpha\grave{v}\tau\grave{o}\varsigma$ $o\grave{v}\varkappa$ $\epsilon\check{\iota}\chi\epsilon\nu$)[1]. Das Fragment spricht einerseits von einer Thätigkeit Jesu, dem $\grave{a}\pi\epsilon\rho\gamma\acute{a}\zeta\epsilon\sigma\vartheta\alpha\iota$ $\tau\grave{\eta}\nu$ $\vartheta\epsilon\acute{o}\tau\eta\tau\alpha$, andererseits von der unvergänglichen Kraft seines Wesens, die in einer eigentümlichen Leibesbeschaffenheit sich äufsert. Diese findet ihre nähere Bestimmung in der Lehre von einem psychischen Leibe, der, mit unsagbarer Kunst bereitet, fühlbar und leidensfähig war (Iren. I, c. 6, 1. c. 9, 3). Dieser Leib ward das Kleid des Soter und litt mit dem psychischen Christus (c. 7, 2). Hier ist er Jesus zugeschrieben, welche Benennung nach dem Irenäus nur dem Soter zukommt. Eine substanzielle Zusammengehörigkeit des Soter und seiner leiblichen Erscheinung kann Valentinus nicht angenommen haben, da von jenem nicht ein Erwerben der Göttlichkeit ausgesagt werden durfte; man wird daher entweder eine ungenaue Terminologie annehmen, oder sich auf Hippolytus berufen müssen, der als dritten Erlöser den Jesus der Maria nennt[2]) (VI, 35). Im letzteren Falle neigte die Chri-

---

[1]) Grabe II, S. 52. Anstatt $\grave{\epsilon}\gamma\varkappa\rho\alpha\tau\grave{\eta}\varsigma$ $\check{\eta}\nu$ ist wohl zu lesen: $\grave{\epsilon}\gamma\varkappa\rho\alpha\tau\grave{\eta}\varsigma$ $\check{\omega}\nu$.

[2]) Das Erwerben der Göttlichkeit ist gleichbedeutend mit Vergottung. Diese Bestimmung würde an die Lehre anklingen, welche Irenäus (XI, 1) dem Valentin zuschreibt: Christus sei von der Sophia $\mu\epsilon\tau\grave{a}$ $\sigma\varkappa\iota\tilde{a}\varsigma$ $\tau\iota\nu o\varsigma$ erzeugt; diesen Schatten hätte er abgethan und sich ins Pleroma erhoben. Aber ob an beiden Stellen dasselbe Subject anzunehmen, oder das Abthun des Schattens mit jener Selbstbeherrschung, die sich sogar auf die vom Willen sonst unabhängige Leibesthätigkeit bezog, in Verbindung gebracht werden darf, läfst sich bei den unvollständigen Nachrichten nicht entscheiden.

stologie des Valentinus zur occidentalischen Schule, die einen psychischen Leib Christi annahm.

Dem ganzen Charakter der Darstellung nach steht jene als ὅρος Οὐαλεντίνου bezeichnete Untersuchung über den Ursprung des bösen den Fragmenten nahe. Auch sie vermeidet jede strenge Terminologie und benutzt zur Darstellung die Exemplification in ähnlicher Weise, wie sie auch das Problem im Geiste des Systems löst. Daſs das böse da sei, so wird darin ausgeführt, lehre die Erfahrung, wenn die schmähliche Grausamkeit und die pietätslose Lieblosigkeit des Verbrechens sich ihr entgegendrängt; darf dasselbe aber auf Gott, der gut und der Schöpfer des guten ist, auf Gott, der die Uebelthäter verwirft und will, daſs wir seine Nachahmer seien, zurückgeführt werden? Und wenn nicht, hätte er, der alles was da ist aus dem Nichtsein zum Sein geschaffen hat, nicht die Macht gehabt, es zu vernichten. „Deswegen halte ich dafür, daſs mit ihm zugleich etwas vorhanden war, das Hyle genannt wird, woraus er die Dinge erschuf, sie in kunstvoller Weisheit von einander sondernd und schön gestaltend, woher aber auch das Uebel stammt". Denn was sich seiner schöpferischen Einwirkung entzog, ließ er als schlammige, ungeformte Masse zurück, aus der dann die Uebel über die Menschheit kamen[1]).

Auf den ersten Blick scheint hier ein Dualismus gelehrt zu sein, welcher in so schroffer Form den bisher betrachteten Relationen des Systems fremd war; und dürften wir nicht das Recht in Anspruch nehmen, in derselben Weise wie bei den Fragmenten des Valentinus die Metaphysik des Systems in die allgemein gehaltene Darstellung hineinzuzeichnen, so müſsten wir mit Baur seine Zugehörigkeit zu demselben bestreiten. Die Beweisführung geht von dem Satze aus: Gott hat nicht alles aus nichts geschaffen, und stützt sich auf die Annahme einer coëxistirenden Hyle, die das Substrat der Schöpfung wurde. An

---

[1]) Grabe II, S. 55.

sich *ἀποίητος, ἀσχημάτιστος, ἀτάκτως φερομένη* erhielt sie ihre Form durch die sichtende und sondernde Thätigkeit des Bildners, in so weit sie bildungsfähig war; das übrige blieb sich selbst überlassen. Der Unterschied zwischen der geformten Hyle und der schlammigen — hefenartigen — Masse, die als giftiger Bodensatz zurückblieb, ist daher kein absoluter; sie verhält sich in derselben Weise zur höheren Einwirkung, wie die Erzeugnisse der leidenden Sophia, deren niedrigstes von keinem Bindegliede mit dem Pleroma zusammengehalten wird, während doch die psychische und hylische Substanz, das rechte und linke, derselben Mutter entstammt. Wird ferner Gott der Bildner der Materie genannt, während sonst der *ἄνω Χριστός* die zuständlich gewordenen *πάϑη* trennt, vermischt und festigt, um dadurch ihre Umbildung in feste Körper zu ermöglichen (Iren. I, 4, 5), so stimmt das mit dem Verfahren des Valentinus überein, der in derselben Weise die erlösende Wirksamkeit des Soter einfach dem allein guten Gott zuschreibt (vrgl. oben S. 71). Die innere Verwandtschaft, der eine ähnliche Form der Darstellung entspricht, weist daher dem Bruchstück seinen Platz innerhalb der Valentinianischen Gnosis an, und es ist nicht unwahrscheinlich, daſs es zum Theil Schriften des Sectenhauptes entnommen ist. Dürfte man dasselbe direct auf Valentinus zurückführen, so träte es ergänzend neben das von Hippolytus aufbewahrte Psalmfragment, welches die Frage nach dem inneren Zusammenhang der Schöpfung beantwortet, die gleichfalls aufgeworfene Frage nach dem Ursprung des Uebels aber unberührt läſst.

Vergeblich wäre der Versuch, den eigentümlichen Lehrtypus des Valentinus aus den Fragmenten vollständig herzustellen. Nur den allgemeinen, dem System entsprechenden Charakter desselben vermochten wir zu constatiren, der an einigen Punkten der Anthropologie und der Christologie auf selbständige Erweiterungen des systematischen Grundbaus, welchen die Kirchenväter uns darstellen, schlieſsen lieſs. Als neues Kunstwort tritt das in den Excerpten des Clemens viel gebrauchte *ὄνομα* hervor (S. 50. 53); sonst entnimmt die Darstellung ihre Terminologie zum gröfsten Theil dem neuen Testament. Zwar nur eine Stelle desselben ist frei citirt[1]), aufserdem aber findet sich der *νόμος γραπτὸς ἐν καρδίᾳ* (S. 54. Röm. 2, 15), der eigentümliche, der classischen Gräcität unbekannte Gebrauch von *ἐπισκέπτεσθαι* in der Bedeutung: „gnädig ansehen“ (S. 52. Luc. 1, 68. 78. Hebr. 2, 6). Die *τέκνα ζωῆς αἰωνίας* erinnern an die bei Paulus und Johannes häufig wiederkehrende Verbindung von *τέκνα τοῦ θεοῦ* (S. 53. Joh. 11, 52. Röm. 8, 16); auch *φθορά* und *κτίσις* (S. 53) sind dem Paulinischen Sprachgebrauch entlehnt[2]).

Was wir bei den Mittheilungen, die Irenäus und Hippolytus über den Schriftgebrauch machten, constatiren durften, findet bei den angeführten Anklängen an die heilige Schrift nicht Statt. Dieselbe wird nicht als Auctorität herbeigezogen oder als Arsenal für Beweisstellen ausgebeutet, sondern einfach benutzt wie von einem, der in langem Umgang mit ihrer Sprache sich vertraut gemacht hat. Diese Beobachtung bestätigt die Nachrichten der Kirchenväter, welche den Valentinus in nahe Beziehungen zum Christentum setzen, andererseits jedoch bezeugt der Inhalt seiner Fragmente zur Genüge die Berechtigung ihrer Polemik.

Ein neues Gebiet gnostischer Denkweise erschliefst uns des **Ptolemäus Brief an die Flora**, der sich mit der Erörterung des Verhältnisses der Gnosis zur alttestamentlichen Oekonomie beschäftigt. Die Aechtheit desselben ist von Stieren[3]) bestritten

---

[1]) S. 52: *καὶ οὕτω μακαρίζεται ὁ ἔχων τὴν τοιαύτην καρδίαν, ὅτι ὄψεται τὸν θεόν.* Matth. 5, 8.

[2]) *Λύειν* in der Bedeutung auflösen, vernichten kommt im classischen Sprachgebrauch zwar häufig vor, doch liegt es nahe, es mit Redewendungen wie *λύειν τὸ σάββατον*, *λύειν τὸν νόμον* (Joh. 5, 13. 7, 23) in Verbindung zu bringen, da die Ausdrücke, welche es umgeben, der neutestamentlichen Gräcität entnommen sind. Vrgl. noch *εἷς δέ ἐστιν ἀγαθός* mit Matth. 19, 17 nach der lect. rec.

[3]) De Ptolemaei Valentiniani ad Floram epistola. Jena 1843.

worden, der auf Grund der Unzuverlässigkeit des Epiphanius und der mangelnden Uebereinstimmung mit den Berichten des Irenäus, ferner mit Berufung darauf, daſs niemand auſser Epiphanius vor dem achten Jahrhundert den Brief erwähne, behaupten zu dürfen glaubte, derselbe sei untergeschoben. Den Mangel an Evidenz, welchen die dem Stillschweigen der Väter entnommenen Gründe haben, suchte er durch den Nachweis innerer Widersprüche aufzuheben. Der Brief zerfalle in zwei nur äuſserlich aneinander gereihte Stücke: c. 1 — 4 und c. 5, von denen allerdings beide Elemente der Gnosis in sich enthalten, aber Person und Wesen des Demiurg so verschieden bestimmen und so verschiedene Tendenzen in ihrer Beweisführung verfolgen, daſs sie aus dem Geiste desselben Verfassers nicht entsprungen sein können.

Es wäre bedauerlich, wenn die Kritik Stierens das einzige apologetische Dokument der Valentinianischen Schule, das lichtvoll und klar einige dem Christen anstöſsige Lehren des Systems als übereinstimmend mit den Aussprüchen Christi zu erweisen bestrebt ist, mit Recht zu einem unächten Machwerk gestempelt hätte. Vollkommen könnte man zwar die Tragweite seiner Aufstellungen erst ermessen, wenn die positive Untersuchung über die Autoren der beiden Stücke, die er am Ende seiner Abhandlung versprochen hat[1]), von ihm geliefert worden wäre; jedoch sind seine Angriffe gegen die Aechtheit und Einheit des Briefes von Rossel[2]) schon in so schlagender Weise zurückgewiesen worden, daſs das Vertrauen auf die Beweiskraft der positiven Gründe des Kritikers dadurch von vorne herein erschüttert ist. Wir dürfen uns daher darauf beschränken, aus der Darstellung und Untersuchung des Lehrinhalts den in sich geschlossenen Charakter des Briefes nachzuweisen.

Veranlassung desselben ist der Wunsch, eine angesehene christliche Frau, welche in enger Verbindung mit dem Verfasser

---

[1]) p. 47.

[2]) Neander, Kirchengesch. 2. Aufl. II. Nachtrag.

steht[1]), für die Gnosis zu gewinnen. Zu dem Zweck knüpft Ptolemäus, denn wir haben keinen Grund, der Ueberlieferung, welche ihm die Autorschaft zuschreibt, zu mifstrauen, an die Bedenken an, die ihm von christlicher Seite nothwendig entgegengehalten werden mufsten: Hebt eure Lehre die Einheit Gottes nicht auf, wenn der Weltschöpfer von dem höchsten Gott gesondert und diese Scheidung sogar in die heilige Schrift hineingetragen wird? Nöthigen euch nicht die Aussprüche Christi dazu, das mosaische Gesetz demselben Gott zuzuschreiben, der den Erlöser in die Welt sandte? Weder das eine noch das andere, antwortet der Gnostiker. Die Einheit des Weltprincips sowohl als die Scheidung desselben in den höchsten Gott und den Weltschöpfer ist festzuhalten, denn beides wird durch die Aussprüche Christi bestätigt[2]). Dies zu beweisen, ist die Aufgabe des Briefs. Er sucht sie zu lösen durch die Erläuterung der Worte Christi, welche die einzig sichere Quelle der Erkenntnifs sind[3]), und stellt als Thema dieser Untersuchung die Frage nach dem Wesen des Gesetzes und des Gesetzgebers auf. Den ersten Theil derselben erörtert die gröfsere Hälfte des Briefs (c. 2—5), den letzten der Schlufsabschnitt (c. 5). Vorauf geht die Abweisung zweier falscher Auffassungen der Gesetzgebung, deren eine Gott dem Vater, deren andere dem „verderbenstiftenden Widersacher", dem Teufel die Urheberschaft des Gesetzes zuschreibt. Jenes verbiete die Unvollkommenheit des Gesetzes, verglichen mit der Vollkommenheit Gottes; dieses wiederum die relative Vollkommenheit des Gesetzes, verglichen mit der Ungerechtigkeit des Widersachers, der sich durch die Verbote desselben in sein eigenes Fleisch geschnitten hätte.

Das Wesen des Gesetzes, das der Pentateuch enthält, nöthigt zu einer doppelten Dreitheilung, welche die Rücksicht auf

---

[1]) ἀδελφή μου καλὴ Φλώρα.   [2]) c. 5 i. f.

[3]) c. 1 i. f. ῥηθησομένων ἡμῖν τὰς ἀποδείξεις ἐκ τῶν τοῦ Σωτῆρος ἡμῶν λόγων παριστῶντες, δι᾽·ὧν μόνον ἐστὶν ἀπταίστως ἐπὶ τὴν κατάληψιν τῶν ὄντων ὁδηγεῖσθαι.

die ewigen Normen des Handelns und auf die Forderungen des Zeitbedürfnisses an die Hand gab. Zunächst besteht es aus Gottes — des Demiurgs — Gebot und aus Menschensatzung, welche die Herzenshärtigkeit und die Schwäche des Volks berücksichtigte, um durch ein kleineres Uebel dem gröfserem vorzubeugen[1]), oder auch in eitlen Ueberlieferungen sich erging. Es scheiden sich daher von dem Gesetze Gottes die Gesetze, welche Moses aus eigenem Antrieb gab[2]), und die Traditionen der Aeltesten, die nach dem Ausspruch des Jesaias zu beurtheilen sind: „Dies Volk ehret mich mit seinen Lippen, aber ihr Herz ist ferne von mir". Zu jenen gehören die Vorschriften über die Ehescheidung, die der Soter aufhob und dadurch bezeugte, dafs Gottes Gesetz von den Satzungen des Moses zu trennen sei (Matth. 19, 6 ff.); auf diese zielt jene Rüge wegen der Corrumpirung des Gebots der Elternliebe, die Jesus (Matth. 15, 3) den Pharisäern ertheilt, welche um der Ueberlieferung der Aeltesten willen das Gesetz Gottes aufser Geltung setzten. Diese Eintheilung erst ergiebt das Kriterium für das wahre im Gesetz.

Doch auch das Gesetz Gottes selbst bedarf einer ähnlichen Zergliederung, zu der gleichfalls die Aussprüche des Soter berechtigen. Seine Stellung zum Gesetz nämlich war eine dreifache: er erfüllte es entweder, oder er hob es auf, oder er offenbarte die wahre Grundidee der Symbolik desselben. Der Soter erfüllte es, in soweit es im eigentlichen Sinne des Wortes Gesetz genannt zu werden verdient und ohne Berührung mit der Schlechtigkeit absolute Geltung beanspruchen darf. Diese Würde gebührt dem Dekalog, der die „reine Gesetzgebung" enthält, jedoch der Erfüllung bedarf, weil er das vollkommene zwar kennt, aber nicht besitzt[3]). Anders verhält es sich zu jenem

---

[1]) (Μωϋσῆς) ὡς κατὰ περίστασιν ἧττον κακὸν ἀντὶ μείζονος ἀντικαταλλασσόμενος. c. 2.

[2]) ἀπὸ τῆς ἰδίας ἐννοίας ὁρμώμενος.

[3]) (οἱ δέκα λόγοι) οἱ καίπερ καθαρὰν ἔχοντες τὴν νομοθεσίαν, μὴ ἔχοντες δὲ τὸ τέλειον, ἐδέοντο τῆς παρὰ τοῦ Σωτῆρος πληρώσεως.

Theil des Gesetzes, „der mit der Ungerechtigkeit verflochten ist", von Abwehr und Widervergeltung spricht und Auge mit Auge, Zahn mit Zahn, Mord mit Mord zu büfsen vorschreibt; denn der widervergeltende unterscheidet sich thatsächlich von seinem Beleidiger nur durch die Reihenfolge der geübten Unthat. Gerecht im weiteren Sinne sind allerdings auch diese Vorschriften, weil sie die Schwachheit der Gehorchenden vor Uebertretungen des reinen Gesetzes schützen sollen; aber dem Wesen und der Güte des höchsten Gottes sind sie nicht angemessen[1]). Darum wurde dieser Theil des Gesetzes von dem Sohn aufgehoben, obwohl er anerkannte, dafs derselbe auch von Gott stammt[2]). Endlich dient das Gesetz zum Typus und Symbol; es ward gegeben als Abbild des pneumatischen und vollkommenen und nach der Offenbarung der Wahrheit nicht eigentlich aufgehoben, sondern mit anderem Inhalt erfüllt. Die alten Formen verklärte ein neuer Geist, und Vergeistigung ist der Gnosis das Ende der Wege Gottes. Schaut man daher nur auf die Erscheinung, auf die, so zu sagen, materielle Erfüllung (τὸ σωματικῶς ἐκτελεῖσθαι) der Ceremonialgesetze, so darf man sagen, sie sind aufgehoben; sieht man dagegen auf ihren geistigen Gehalt, so sind sie erhoben, d. h. in ihrer Wahrheit verwirklicht[3]). Daher sollen auch die Gnostiker Opfer darbringen, aber keine Thier- und Räucheropfer, sondern Opfer geistigen Lobes, Rühmens und Dankens, Opfer der Nächstenliebe und der Barmherzig-

---

[1]) Interessant ist die Anwendung dieser Grundsätze auf die Todesstrafe: „Wenn der, welcher einen Mord verbietet, indem er spricht: du sollst nicht tödten, wiederum in einem zweiten Gesetz befiehlt, den Mörder mit dem Tode zu bestrafen und so für zwei Morde sich entscheidet (δυσὶ φόνοις βραβεύων), nachdem er den einen verboten, so vergifst er sich, irre geführt durch den zwingenden Druck (ἀνάγκη) der Verhältnisse". Diese Ausführungen führen consequent zur Aufhebung jeder Strafe und damit zur Aufhebung jedes Staatslebens. Der Gnostiker lebt vermöge seiner pneumatischen Natur nicht auf dieser Erde.

[2]) Jedenfalls ist dies mit Rücksicht auf Matth. 5, 21 folg. gesagt.

[3]) ἀναιρεῖν und ἀναλαμβάνειν bilden den besprochenen Gegensatz.

keit; daher sollen auch sie sich beschneiden lassen, aber am geistigen Herzen, nicht an der leiblichen Vorhaut, den Sabbath heiligen durch feiern von bösen Werken und fasten in Enthaltung von allem schlechten[1]). Das ist auch die Bedeutung, welche der Apostel Paulus den Cultusvorschriften giebt, wenn er den Erlösertod das wahre Passahopfer nennt.

Der Soter erfüllt das Gesetz, indem er entweder aufhebt, was davon seinem Wesen fremd ist, oder das leibliche ins geistige umbildet. Dem mit dem bösen verflochtenen Gesetz stellte er deshalb sein: „Ich aber sage euch" entgegen und ersetzte den Satz durch seinen Gegensatz, dem Ceremonialgesetz dagegen, das eine typische Weissagung auf ihn war, trat er als die Wahrheit selbst gegenüber, oder, mit Paulus zu reden: er hob auf das Gesetz der in Satzungen bestehenden Gebote (Eph. 2, 15), erfüllte aber jenes, das ohne Berührung mit der Schlechtigkeit heilig, gerecht und gut ist (Röm. 7, 12).

Ist so das Gesetz nach seinen verschiedenen Elementen, nach seinem Ursprung und Endzweck bestimmt, um dadurch die scharfe Sonderung einer Welt des höchsten Gottes und einer Welt des Demiurg, die Trennung der alttestamentlichen und neutestamentlichen Oekonomie dem christlichen Bewufstsein zu empfehlen; sind ferner die Bezüge zwischen beiden Welten mit unverkennbarer Sorgfalt in den Aussprüchen Jesu und des Apostel Paulus aufgedeckt: so bleibt die Stellung des Gesetzgebers selbst noch zu erörtern. Nach dem Gehalt des Gesetzes konnte er seiner Substanz nach nicht böse, aber ebenso wenig gut sein;

---

[1]) Entsprechend dem Worte Luthers: „Fasten und leiblich sich bereiten ist eine feine äufserliche Zucht", hebt Ptolemäus aber auch die Wichtigkeit des äufserlichen Fastens für die Reinheit der Seele hervor. Doch soll dasselbe nicht von Tagen abhängen, und nicht durch Nachahmung anderer bedingt sein, sondern „μετὰ λόγου" geschehen und zur „Erinnerung an das wahre Fasten", damit diejenigen, welche dasselbe nicht kennen, durch die äufsere Uebung wenigstens darauf gewiesen werden.

sein Gesetz bedurfte zwar der Erfüllung, doch war es vollkommen genug, der Erfüllung gewürdigt zu werden: wie also ist er beschaffen? Negativ ist die Frage schon beantwortet; ein anderer als der höchste Gott und ein anderer als der Teufel hat das Gesetz gegeben; der Weltschöpfer oder Demiurg ist deshalb zugleich Gesetzgeber. Ist er jedoch von jenen beiden der Substanz nach verschieden, steht er höher als der eine und niedriger als der andere, so kommt ihm eine Mittelstellung zu. Güte ist die Signatur des vollkommenen Gottes, Bosheit das Wesen des Widersachers; der Mittelbegriff zwischen Güte und Bosheit ist die Gerechtigkeit. Der gerechte Demiurg ordnet sich ferner dem vollkommenen, der allein unerschaffen alles geschaffen hat, als erschaffenes Wesen, als sein Abbild unter, wie er andererseits über dem Widersacher steht, dessen Substanz Verderben und Finsternifs, also der absolute Gegensatz zu dem Wesen des unerschaffenen Vaters ist; jener hylisch und vielgetheilt ($\pi o\lambda v\sigma\chi\iota\delta\dot\eta\varsigma$), dieser lichte Asëität ($\varphi\tilde\omega\varsigma\ a\dot v\tau\delta o v$), einfach und einheitlich ($\mu o\nu o\varepsilon\iota\delta\dot\eta\varsigma$).

Doch damit scheint die Einheit der Welt zerstört zu sein, auch wenn noch so dringend ihr Ursprung aus einem unvergänglichen, guten Princip behauptet wurde; denn kann das gute unvollkommenes und böses hervorbringen? Das ist das Problem, unter dessen Voraussetzung Ptolemäus seine Untersuchung begann und mit dem er dieselbe beschliefst. Er hat für die Schwester Flora keinen anderen Trost, als den Hinweis auf zukünftige Unterweisung in einer apostolischen Ueberlieferung, in deren Besitz zu sein er sich rühmt, und die Versicherung, in derselben Weise wie hier durch die Lehre des Soter alles zu regeln. —

Die ganze Farbe der Darstellung im Brief an die Flora ist durch die apologetischen Absichten des Verfassers bestimmt. Er schreibt an eine Christin, deren Glaube auf der Anerkennung einer organischen Einheit zwischen der alten und neuen Offenbarung ruht, und es liegt ihm daran, gerade an diesem Punkte einzusetzen, um durch den Erweis, dafs das alte Testament einen anderen Urheber fordere, als den vollkommenen Gott, auf die Geheimnisse der gnostischen Theologie vorzubereiten. Dieselben sollten der lernbegierigen Schülerin vorläufig noch verborgen bleiben, darum erfahren wir nichts von dem Pleroma oder den Leiden der Sophia und vermissen jede Verwendung der Terminologie des Systems. An Stelle des Bythos tritt die Bezeichnung: der vollkommene Gott und Vater, der Vater des Alls; der Kosmokrator wird einfach Widersacher, verderbenstiftender Gott oder Teufel, der Demiurg der Gott der Gerechtigkeit genannt[1]. Vielleicht war es auch die Rücksicht auf die Christin, welche die energische Sprache des aristokratischen Erwählungsbewuſstseins der Gnosis, die das dürftige Thun dem dürftigen Glauben überläſst (Iren. I, 6. 2), zu einer achtungsvollen Empfehlung auch äuſserlicher religiöser Gebräuche herabdrückt.

Doch stehen die Anschauungen des Briefes zum Christentum nicht anders, als die der übrigen Dokumente der Gnosis. Unter verwandten Worten verbirgt sich ein fremder Sinn, der dadurch einen Schein der Wahrheit erhält, daſs jenes Zertrennen der Schrift ($\tau\acute{\epsilon}\mu\nu\epsilon\iota\nu$), welches Irenäus den Gnostikern zum Vorwurf macht, auf das geschickteste ausgeübt wird. Das vollkommene kann nur vollkommenes hervorbringen, das Gesetz enthält unvollkommenes, denn viele seiner Gebote sind der Güte Gottes widersprechend und von der nothgedrungenen Rücksicht auf die Schwachheit und Thorheit der Menschen dictirt, also dürfen sie nicht auf den vollkommenen Gott zurückgeführt werden. Das Fundament des Gesetzes ist die Gerechtigkeit. Die Gerechtigkeit kommt in der Anwendung auf die gegebenen Verhältnisse zur Darstellung; sie ist aber an sich, in ihrer Reinheit eine andere, als in ihrer Vermischung mit den Bedürfnissen menschlicher Schwachheit, in der sie zu Zugeständnissen gedrängt werden kann, die ihrem innern Wesen fremd sind. Sind diese nun thatsächlich vorhanden, so fordert das Gesetz einen Urheber, der einerseits gutwillig genug ist, nicht absichtliche Ungerechtig-

---

[1]) Vrgl. Grabe II, S. 70. 71. 75.

keit zu üben und die Welt vom höchsten Gott loszureifsen, andererseits beschränkt genug, in der Rücksicht auf das einzelne den Zusammenhang des ganzen bisweilen zu vergessen[1]). Diese Postulate gewähren dem Demiurg dieselbe Stellung, welche er nach Irenäus bei den Valentinianern einnahm. Er ist gutwillig, voll der besten Absichten, unbewufst zum pneumatischen sich neigend, und doch wieder in der Beschränktheit seiner psychischen Natur voll Unsicherheit und nicht frei von Irrtum. Auch hier ist er zwar der δίκαιος und μισοπόνηρος, der die Welt geschaffen und das Gesetz gegeben hat, obwohl es ihm begegnen kann, dafs er bethört vom Druck der Nothwendigkeit sich selbst betrügt[2]). In jedem Fall steht er in freundlichem Verhältnifs zu den höheren Mächten, denn wie der Soter die Bestandtheile der erlösungsfähigen Natur in sich vereinigt und der Erlösung theilhaftig macht, so bestätigt und beseelt er auch den Theil des Gesetzes, welcher den reinen Begriff der Gerechtigkeit darstellt. Jener schneidige Gegensatz, durch den die Valentinianer des Hippolytus altes und neues von einander trennten[3]), liegt ihm fern, vielmehr wird der typische die Wahrheit vorbereitende Charakter des Gesetzes und das Wesen des Demiurg als eines Abbildes des höchsten Gottes ausdrücklich betont[4]). Ganz klar jedoch scheidet sich seine Thätigkeit nicht von dem Wirken des höchsten Gottes, sondern es bleibt unbestimmt, wo die Thätigkeit des einen beginnt und die des anderen aufhört. Von dem unerschaffenen Vater wird gesagt, ihm entstamme alles in eigentlichem Sinne (ἰδίως) und alles hänge von ihm ab (c. 5); dann

---

[1]) Die Gerechtigkeit an sich wird auch Gott zugeschrieben; vrgl. c. 5: Der Demiurg ist τῆς ἑαυτοῦ δικαιοσύνης βραβευτής, καὶ ἔσται μὲν καταδεέστερος τοῦ τελείου θεοῦ καὶ τῆς ἐκείνου δικαιοσύνης ἐλάττων. Das Wesen dieser Gerechtigkeit schildert c. 3, S. 75. Anders scheidet Marcion den guten und den gerechten Gott. Vrgl. Iren. III, c. 25, 3.

[2]) Vrgl. c. 1 und 5.

[3]) Hip. VI, c. 35.

[4]) c. 5: αὐτὸς δὲ τοῦ κρείττονός ἐστιν εἰκών; vrgl. Iren. I, 5, 1.

wieder wird die Annahme einer dualistischen Entstehung der Welt durch den Hinweis auf den Demiurg widerlegt[1]). Allein diese Amphibolie entspricht dem System, welches ein latentes Wirken des Pleroma bis in die Welt des Demiurg annahm, und daſs diese Lehre hier nicht scharf hervortritt, erklärt der Zweck des Briefes. Ebenso ist die dreifache substanzielle Sonderung alles Seins, welches stillschweigend der Trichotomie des Gesetzes zu Grunde liegt, nur angedeutet, wenn der Aseität des πατὴρ ἀγέννητος als untergeordnete Substanzen die φύσις τῆς φθορᾶς (Hyle) und die φύσις τῆς μεσότητος[2]) (das psychische) entgegengesetzt werden, und dabei ihr Ursprung aus einem und demselben Grundprincip behauptet wird.

Im ganzen schlieſst sich, wie es ja auch der Gegenstand erforderte, die Beweisführung so eng als möglich an das neue

---

[1]) Der Zusammenhang des corrumpirten Textes c. 1, S. 70 fordert als Subject den Demiurg. Das Gesetz, so wird ausgeführt, kann nicht vom Teufel stammen, weil derselbe sonst sich selbst dadurch vernichtet hätte. Dann wird als neuer Grund gegen diese Ansicht die Weltschöpfung angeführt, und zwar mit Berufung auf Joh. 1, 3. Vollständig plan wäre der Sinn, wenn man läse: ἔτι γε τὴν τοῦ κόσμου δημιουργίαν ἰδίαν λέγει εἶναι ὁ ἀπόστολος, προαποστερήσας τὸν τῶν ψευδηγορούντων ἀνυπόσιατον σοφίαν, καὶ οὐ φθοροποιοῦ θεοῦ, ἀλλὰ δικαίου καὶ μισοπονήρου. Dann bestünde die Eigentümlichkeit der Schöpfung in der Zurückführung auf den Demiurg. Nun aber fragt es sich, wo spricht der Apostel davon? und unvermittelt wird hinter ἰδίαν λέγει εἶναι die Beweisstelle: ἅτε πάντα δι’ αὐτοῦ γεγονέναι καὶ χωρὶς αὐτοῦ γεγονέναι οὐδέν eingefügt. Herakleon erklärt diese Stelle folgendermaſsen: Der Logos habe nicht unter Einwirkung eines anderen geschaffen, sondern unter seiner Einwirkung schuf ein anderer; er habe nämlich dem Demiurg „die Ursache der Erschaffung der Welt dargeboten“ (Grabe II, S. 87). Demnach wäre, ganz so wie bei Irenäus, sowohl der Logos als auch der Demiurg, ein jeder in eignem Sinne (ἰδίως), Schöpfer der Welt.

[2]) Der Ausdruck μεσότης für das psychische und den Demiurg, der im 5. Cap. wiederholt gebraucht wird, ist dem Irenäus fremd, welcher der Sophia vor der Erlösung ihren Sitz im τόπος μεσότητος, der sich über der ἑβδομάς befindet, anweist (I, 5, 3).

Testament. Besonders liefern die Paulinischen Briefe und das Evangelium Matthäi das frei benutzte Beweismaterial, dessen Auctorität von vorn herein feststeht. Mit Sorgfalt sind in dem Brief alle Aussprüche Jesu gesammelt, welche den Mifsbrauch des Gesetzes geifseln, oder jene antithetischen Weisungen, in denen er die äufserliche, gleiches mit gleichem vergeltende Gerechtigkeit durch das Gebot der Gesinnung aufhebt (Matth. 5, 22. 28. 39. Matth. 19, 8. 15, 3 folg.). Die Bedeutung der gottesdienstlichen Vorschriften wird im Sinne des Paulus vergeistigt mit Berufung auf 1. Cor. 5, 7 und in Anknüpfung an eine Reihe seiner darauf bezüglichen Mahnungen[1]). Abgesehen von den genannten und schon oben erwähnten Citaten findet sich noch als Beweisstelle für das an sich gute Wesen Gottes Matth. 19, 17[2]), zum Erweis der Einheit der Gesetzgebung Matth. 12, 25 und Joh. 1, 3 benutzt (c. 1).

Eine Scheu vor dem ursprünglichen Wortlaut des Textes kennt Ptolemäus nicht, sondern fügt die Worte der heiligen Schrift mit willkürlichen Veränderungen in seine Deductionen ein, obwohl er es nicht vergifst, sie durch die Citationsweise als Auctorität zu kennzeichnen. Mit: Ὁ σωτὴρ ἡμῶν ἀπεφήνατο führt er Matth. 12, 5 ein, indem er die directe Rede in die indirecte

---

[1]) Vrgl. c. 3 die Warnung vor äufserlichem Fasten, das Nachahmung, Gewohnheit oder Tagewählerei veranlafst, mit Gal. 4, 10. Col. 2, 16; die Ausdrücke: ἀκροβυστία οὐ σωματικὴ ἀλλὰ καρδίας τῆς πνευματικῆς, πνευματικὴ νηστεία, πνευματικοὶ αἶνοι mit Röm. 7, 14. Col. 3, 16. Die Bestimmung des höchsten Gottes als φῶς αὐτόον dagegen scheint eher dem Johanneischen als dem Paulinischen Sprachgebrauch entlehnt zu sein (vrgl. Joh. 1, 4. 9; 8, 12 mit Röm. 13, 12. Eph. 5, 8).

[2]) c. 5, S. 78: ἕνα γὰρ μόνον εἶναι ἀγαθὸν θεὸν τὸν ἑαυτοῦ πατέρα ὁ σωτὴρ ἡμῶν ἀπεφήνατο. Die Stelle ist frei reproducirt mit Einschiebung des μόνον, es wird aber zweifelhaft, ob τὸν ἑαυτοῦ πατέρα von Ptolemäus als nähere Bestimmung hinzugefügt ist, oder ob er vielleicht gelesen hat: εἷς γὰρ μόνος ἐστὶν ἀγαθὸς θεὸς ὁ πατήρ μου, da im Dialog gegen die Marcioniten (Sectio I, S. 3) eine ähnliche Entstellung gerügt wird, die auch Epiphanius (haer. 42, S. 339) kennt.

verwandelt und das erste Glied des Ausspruchs fortläfst; die
λόγοι τοῦ σωτῆρος (Matth. 19, 6 folg. 15, 3 folg.) fordern die
Dreitheilung des Gesetzes; ὁ ἀπόστολος Παῦλος δηλοῖ oder auch
ὁ ἀπόστολος ἔδειξε Παῦλος sind die Einleitungsformeln für die
Citate aus dem Römer-, 1. Corinther- und Epheserbrief, λέγει
ὁ ἀπόστολος die Formel für Joh. 1, 3. Die Paulinischen Citate
sind im ganzen am treusten wiedergegeben, denn Röm. 7, 12
stimmt wörtlich mit dem Grundtext überein und Eph. 2, 15 hat
nur um des Satzgefüges willen eine Veränderung erfahren[1]);
rücksichtsloser jedoch geht Ptolemäus mit dem dritten Ausspruch
des Apostels um, den er benutzt[2]). Die angeführten Stellen der
Evangelien, die zum Theil in ähnlicher Weise wie bei Valentinus
mit den selbständigen Ausführungen verwoben sind, haben, insoweit sie als Citate hervortreten, ausnahmslos Verstümmelungen
oder Erweiterungen oder Umstellungen erfahren. In dem Citat
Matth. 19, 6 und 8 (cap. 2) ist zunächst der 8. Vers im wesentlichen dem Sinn des Grundtextes entsprechend[3]), der darauf folgende 6. Vers hat dagegen durch neue Einfügungen eine ganz
andere Gestalt erhalten[4]). Auf dieselbe Weise ist Matth. 15,
4 folg. theils durch Zusätze, welche dem alten Testament ent-

---

[1]) κατηργῆσθαι statt καταργήσας.

[2]) 1. Cor. 5, 6. 7. Das Citat entspricht weder dem Sinne noch dem
Wortlaut des Grundtextes. Paulus ermahnt v. 6, den alten Sauerteig aus-
zukehren u. s. w., und begründet seine Ermahnung v. 7 durch καὶ γὰρ τὸ
πάσχα ἡμῶν ἐτύθη Χριστός. Ptolemäus stellt diesen Satz in der Form:
τὸ δὲ πάσχα u. s. w. an die Spitze und läfst den Apostel fortfahren: ἵνα
ἦτε ἄζυμοι (Text: καθώς ἐστε ἄζυμοι) μὴ μετέχοντες ζύμης (fehlt im Text),
ἀλλ' ἦτε νέον φύραμα (Text: ἵνα ἦτε u. s. w.). So sind alle Glieder umgestellt und willkürlich verändert.

[3]) Text: ὅτι Μωϋσῆς πρὸς τὴν σκληροκαρδίαν ὑμῶν ἐπέτρεψεν ὑμῖν, —
Ptolemäus läfst ὑμῖν fort; — Text: ἀπολῦσαι τὰς γυναῖκας ὑμῶν, — Ptol.:
τὸ ἀπολύειν τὴν γυναῖκα αὐτοῦ; — Text: ἀπ' ἀρχῆς δὲ οὐ γέγονεν οὕτως, —
Ptol.: ἀπ' ἀρχῆς γάρ ...

[4]) Text: ὃ οὖν θεὸς συνέζευξεν, ἄνθρωπος μὴ χωριζέσθω, — Ptol.: θεὸς
γὰρ συνέζευξε ταύτην τὴν συζυγίαν· ὃ συνέζευξε ὁ κύριος ἄνθρωπος

nommen sind[1]), theils durch willkürliche Amplificationen[2]) erweitert.

Die angeführten Beispiele charakterisiren zur Genüge das Verfahren des Ptolemäus. Die Schrift ist ihm zwar Auctorität, aber er hält sich an den Wortlaut nicht gebunden; sie ist ihm ferner nicht in ihrem organischen Zusammenhang Auctorität, sondern er findet in ihr verschiedene, streng von einander zu sondernde Offenbarungsschichten, welche der Soter die seinen erkennen lehrt. Wichtig ist hiebei, daſs die Verbindlichkeit des Dekalogs aufrecht erhalten wird. Wie der Demiurg unbewuſst die Pneumatiker bevorzugt (Iren. I, 7, 3), so konnte auch das reine, der Erfüllung harrende Gesetz in seinem Reiche eine Stelle finden. Eine antinomistische Strömung, die principiell aus der Gnosis nicht ausgeschlossen war, ist daher den im Brief an die Flora entwickelten Lehren fremd. In welcher Weise aber der Soter das reine Gesetz erfüllt hat, bleibt hier wie in sämmtlichen Documenten der Valentinianischen Gnosis eine offene Frage.

Das Verhältniſs von Gesetz und Glaube, von Verheiſsung und Erfüllung beschäftigt Paulus im Römerbrief; auch Ptolemäus sucht im Interesse der Gnosis das Verhältniſs der alten und neuen Offenbarung klar zu legen. Paulus dringt ein in die allmählich sich enthüllenden Rathschlüsse der göttlichen Pädagogie, um ihre Einheit zu bewahren; Ptolemäus zerstört ihre Einheit, um die einzigartige Würde der Gnosis darzuthun. Paulus weist nach, daſs das Gesetz zum Ergreifen der Gnade führt und eben deshalb in seiner unantastbaren Heiligkeit bestehen bleibt; Ptolemäus erniedrigt im Vertrauen auf den Vollbesitz der Gnade dasselbe zu einem in sich widerspruchsvollen Flickwerk eines wohlwollenden aber beschränkten Weltschöpfers; er rechnet mit

---

[1]) Zum Text: τίμα τὸν πατέρα (σου) καὶ τὴν μητέρα (σου) fügt Ptolemäus aus Exod. 20, 12: ἵνα εὖ σοι γένηται.

[2]) Zu δῶρον (v. 5) fügt er hinzu τῷ θεῷ, zu παράδοσιν: τῶν πρεσβυτέρων. Das darauf auch bei Matthäus folgende Citat aus Jesaias (29, 13) ist wörtlich wiedergegeben.

den Voraussetzungen seines Systems, Paulus mit den Thatsachen
der Offenbarung. So enthüllt die Behandlung eines heilsgeschicht-
lichen Problems, das den Christen und Gnostiker in gleicher
Weise angeht, die vollständige Unfähigkeit der Gnosis, dem
„Gott in der Geschichte" gerecht zu werden.

Behandelte der Brief an die Flora nur die Lehre vom Demiurg, so verbreiten sich die Excerpte aus Theodot und der
orientalischen Lehre über das ganze System. Wir finden
in ihnen eine dem Charakter des Excerpts entsprechende lose
Aneinanderreihung mannigfacher Ausführungen, die bald mit
$\varphi\eta\sigma\iota$, bald mit $\varphi\alpha\sigma\iota$, bald mit $o\dot{\iota}$ $\delta\dot{\epsilon}$ $\dot{\alpha}\pi\dot{o}$ $O\dot{v}\alpha\lambda\epsilon\nu\tau\dot{\iota}\nu o v$ $\varphi\alpha\sigma\iota,$ bald
unter Nennung des Theodot als Gewährsmann angeführt sind.
Ganz vereinzelt stehen einige kurze Notizen über die Basilidianer[1]), sonst bezieht sich alles auf die Valentinianische Schule.
Die Mittheilungen des Clemens sind verschiedener Art. Bisweilen gleichen sie gesammelten Gedächtnifszetteln, welche Auskunft
über gewisse Termini oder die Interpretation bestimmter Schriftstellen wiedergeben[2]), dann wieder enthalten sie eingehende Lehr-
darstellungen, welche in sich zusammenhängend den Einblick in
die gnostische Beweisführung uns erschliefsen[3]), oder endlich sind
sie mehr Reproductionen, als Relationen. Der Berichterstatter
fühlt sich zum Gegensatz herausgefordert und verknüpft seine
kurzen kritischen Bemerkungen oder seine ausführlicheren Widerlegungen mit der Darstellung[4]). Dann stellt er entweder sein:
$\dot{\eta}\mu\epsilon\tilde{\iota}\varsigma$ $\delta\dot{\epsilon}$ der angeführten Irrlehre entgegen und sucht aus Vernunft und Schrift die eigene Ansicht zu erhärten[5]), oder weist
beiläufig auf einzelne Inconcinnitäten des referirten hin[6]). So
hat das ganze einen wenig einheitlichen Charakter; bald ist es
einfache Relation, bald von subjectiver Opposition gefärbte Darstellung, bald in zusammenhängender Entwicklung fortschreitend,
bald unterbrochen durch Bemerkungen, die in keinem Zusam-

<table>
<tr><td>[1]) §§ 16. 28.</td><td>[4]) §§ 1. 8—20. 33. 35.</td></tr>
<tr><td>[2]) Vrgl. §§ 25. 26. 28. 66. 67.</td><td>[5]) Vrgl. § 8 folg.</td></tr>
<tr><td>[3]) §§ 1—3. 35—63. 69—85.</td><td>[6]) §§ 24. 29 folg.</td></tr>
</table>

menhang mit dem vorhergehenden und folgenden stehen. Es scheint vielmehr einer, der sich unterrichten will und deshalb die Früchte seiner Studien je nach subjectivem Bedarf fixirt, als jemand, der andere belehren will, Verfasser der Excerpte zu sein. Auch die Gegenbemerkungen zeugen dafür, dafs der Verfasser noch zu sehr unter der Macht der gnostischen Auctorität steht, als dafs er an den Principien selber und den Knotenpunkten des Systems seine Kritik zu üben gewagt hätte. Mit einer gewissen Unsicherheit sucht er in einer längeren Entwicklung gegenüber dem Idealismus der gnostischen Speculation eine realere Basis zu gewinnen (§ 8—20). Vorauf geht (§ 6—7) die gnostische Interpretation der Johanneischen Logoslehre, welche die Prädicate des Logos in Hypostasen des Urgrundes verwandelt und den erstgeborenen der Schöpfung von dem eingeborenen des Pleroma trennt. Dagegen hält Clemens an der absoluten Einheit des Logos für diese und für jene Welt fest und sucht die Erwählung auf einen ethischen Act, nicht auf einen psychischen Zustand zurückzuführen[1]). Wichtig mufste ihm ferner die Lehre von der realen Leiblichkeit Christi sein, welche in der doketischen Christologie der Gnosis nicht zu ihrem Rechte kam. So läfst er sich denn auf eine Untersuchung derselben ein und gewinnt das Resultat, den Engeln sowohl als den Dämonen, der Seele, dem Geist, ja dem heiligen Geist und selbst Gott komme Leiblichkeit zu, deshalb dürfe Christus ohne dieselbe nicht gedacht werden. Abgesehen von dieser gröfseren polemischen Erörterung verweilen die Excerpte ausschliefslich im Gebiet der Gnosis; nur zuweilen wird der Flufs der Entwicklung durch kurze Zwischenbemerkungen unterbrochen. Die Anordnung läfst im ganzen einen Fortschritt erkennen, indem die Hauptstücke der gnostischen Lehre nach einander abgehandelt werden, wobei jedoch häufig auf vorhergehende Bemerkungen zurückgegriffen wird, um sie entweder in anderem Zusammenhange zu beleuchten oder weiter auszuführen[2]).

---

[1]) Vrgl. §§ 1 u. 9.   [2]) Vrgl. z. B. §§ 1. 21. 26. 34. 40. 41.

Zunächst werden lose aneinandergereiht in einer Gruppe wichtige Bestimmungen über das Wesen des Soter und der Pneumatiker aufgestellt (§ 1—7. 21—27). Darauf folgt nach einer Bemerkung über die Erklärung von Deut. 5, 9 der Haupttheil der Excerpte, der eine Uebersicht über das ganze System enthält (§ 29—65). Zum Schlufs tritt in einem dritten zusammenhängenden Stück (§ 69—85) die Frage nach der Aneignung des Heils in den Vordergrund, welche in der Lehre von dem *λουτρόν* und seinen Wirkungen entwickelt wird. Zwischen den beiden letzten Gruppen gnostischer Lehren sind wiederum vereinzelte Notizen eingeschoben (§ 66. 67. 68); das Ende des ganzen bildet die Exegese von Matth. 22, 20, deren Zugehörigkeit zu den Excerpten zweifelhaft erscheint. Der Gläubige, so wird dort ausgeführt, trage durch Christus den Namen Gottes als Aufschrift und das Pneuma gleich einem Abbild. Das Wesen des Gnostikers aber besteht gerade darin, dafs er das Pneuma bewufst und selbständig in sich aufgenommen hat und besitzt, wogegen der *ἄνθρωπος κατ᾽ εἰκόνα* keinen Antheil an der Substanz seines Urbildes hat (§ 50).

Diesen drei Gruppen haben als Quellen die Schriften des Theodot und nicht bestimmt genannter Valentinianer zum Grunde gelegen. Clemens hat sie so in einander verarbeitet, dafs in der ersten Gruppe theils Theodot, theils die Valentinianer als Gewährsmänner gröfserer Abschnitte bezeichnet, in der zweiten dagegen die Ansichten Theodots der Hauptdarstellung, mit der sie nicht in Widerspruch stehen, eingefügt werden. Die Stücke der ersten Gruppe beschäftigen sich fast ausnahmslos mit der Interpretation neutestamentlicher Aussprüche, welche zum Theil an die Spitze gestellt, zum Theil mit einem *διὸ λέγει ὁ σωτήρ* eingefügt werden. Auch wenn Theodot selbständig entwickelt, lehnt er sich eng an die biblische Lehre, welcher er die Farben der Darstellung entnimmt[1]). Gemeinsam ist beiden Abschnitten

---

[1]) Vrgl. § 27, welcher um des engen Zusammenhangs mit § 26 willen dem Theodot zuzuschreiben ist.

das Eingehen auf die Terminologie des Systems und das Zurückführen derselben auf die Schrift, jedoch berechtigt die verschiedene Form der Schriftbenutzung zu der Annahme, daſs die erste Gruppe, mit der § 67 und 68 zu verbinden ist, Bruchstücke aus exegetischen Schriften der Valentinianer enthält, die zweite dagegen ihren systematischen Lehrschriften entlehnt ist[1]).

Ueber die Quellen der dritten Gruppe fehlt jede Andeutung. Dieselbe enthält Bestimmungen über die Taufe, welche an die Markosischen ἀπολυτρώσεις erinnern (Ir. I, 21) und in den bisher betrachteten Quellen der Valentinianischen Gnosis zwar Anknüpfungspunkte aber keine Analogien finden; auch ihre Dämonologie und Angelologie ist viel enger mit astrologischen Speculationen verknüpft, als wir es sonst wahrnehmen. Abgesehen von diesen neuen Elementen, hat der Inhalt des Stücks eine so nahe Verwandtschaft mit den vorhergehenden Lehren, daſs wir ihn im Zusammenhange mit denselben betrachten dürfen.

Vergleichen wir den Inhalt der Excerpte mit den Relationen der Kirchenväter, so finden wir zwischen diesen und der ersten und dritten Gruppe nur vereinzelte Beziehungen. Für

---

[1]) Aeuſserlich ordnen sich die Quellen nach folgender Uebersicht. Erste Gruppe (§ 1—28): § 1 Theodot (Th.) Interpretation von Luc. 23, 46; § 2 u. 3 die Valentinianer (V.); § 4 u. 5 ohne Angabe der Quelle, die Darstellung aber entspricht den aus Theodot entnommenen Stücken; § 6—7 V. Interpretation von Joh. 1, 1; § 21 V. Interpretation von Gen. 1, 27; § 22 Th. u. V. Interpretation von 1. Cor. 15, 29; § 23—24 V.; § 25 Th. u. V.; § 26 u. 27 Th.; § 28 V. Interpretation von Deut. 5, 9. In der zweiten Gruppe (§ 29 — 65) gehören folgende Stücke dem Theodot an: im § 30 eine kurze Begründung der Ansicht vom πατήρ; im § 32 eine vorher (§ 23) den Valentinianern zugeschriebene Lehre von Christus; § 35 die Bezeichnung des Soter als ἄγγελος, entsprechend der Valentinianischen Terminologie (§ 25), und die Wiederholung seiner Lehre von der λύτρωσις (§ 22); der Anfang von § 41; § 58 eine Notiz über die Leiblichkeit Christi. Vollständig gehört ihm § 67, die Interpretation von Röm. 6, 7, an.

Theile der zweiten stellt sich das Resultat anders; sowohl die Christologie als die Lehre von der Schöpfung sind entweder die Quellen für Irenäus oder denselben Quellenschriften entnommen, aus denen dieser geschöpft hat; jedenfalls spricht die Form der Darstellung und der festere Zusammenhang der Entwicklung den Excerpten die Priorität zu.

Die in den Excerpten aufbewahrten Bruchstücke der Valentinianischen Gnosis tragen eine durchweg selbständige Färbung. Auch in den Punkten, wo sie mit Irenäus übereinstimmen, ergänzen und erweitern sie die Mittheilungen desselben so wesentlich, daſs eine Erwähnung ihrer Lehre nicht überflüssig ist. Wir wenden uns daher zunächst zu einer Darstellung des Lehrinhalts, den wir der Uebersichtlichkeit wegen unter bestimmte Gesichtspunkte zusammenordnen. Die beiden Probleme, mit denen die Excerpte sich beschäftigen, sind die Möglichkeit und Wirklichkeit der Erlösung. Jenes führt zur Schöpfung der Welt und des Menschen, dieses zur Lehre von der Person und dem Werk des Soter. Wir betrachten daher die Kosmologie, die Anthropologie und die Soteriologie der Gnosis, wie sie in den Excerpten vorliegen. Die Theilung ist allerdings nur in bedingter Weise durchzuführen, da die gnostische Kosmologie und Anthropologie zugleich Soteriologie und die Soteriologie wiederum Kosmologie und Anthropologie ist.

Die erste und dritte Lehrgruppe der Excerpte steht zu der mittelsten in dem Verhältniſs innerer Abhängigkeit. Die Grundlehren kommen sämmtlich in der letzteren zur Sprache, werden aber durch die Bemerkungen der ersten Gruppe vielfach ergänzt und zum Theil in anderer Fassung gelehrt, durch die Ausführungen der dritten wesentlich erweitert. Jedoch wird, was den Fortschritt der Darstellung anlangt, die Klarheit des Zusammenhangs dadurch getrübt, daſs die Lehren in drei, so zu sagen, concentrischen Kreisen entwickelt werden, deren jeder theils frühere Gesichtspunkte wiederholt, theils neue hinzubringt, ohne mit den vorhergehenden Lehren in principiellen Widerspruch zu kommen. Zuerst tritt die Sophia, ihr Verhältnifs zum Pleroma und ihre unmittelbaren Schöpfungen in den Vordergrund (§ 29—35), sodann Christus, der Demiurg und die Pneumatiker (§ 35—41), endlich Jesus Christus und der Kosmos in seiner Entstehung und seinem ganzen Bestand und Umfang (§ 42—65).

Im ganzen fällt der Schwerpunkt der Untersuchung in zwei, von den Kirchenvätern weniger berücksichtigte Probleme: das Verhältnifs des Pneumatikers zum Pleroma und das Verhältnifs des Psychikers zum Pneumatiker; und gerade in dieser Beziehung enthalten die Excerpte eine Reihe wichtiger Bestimmungen, durch welche das innere Getriebe der gnostischen Denkweise klarer erkennbar wird. Es sind das vorzugsweise die Unterscheidung eines doppelten pneumatischen Samens, ferner die Zurückführung des Ursprungs Christi auf die ἔννοια der Sophia und die daraus sich ergebenden Consequenzen, endlich die vollständige Beschreibung seiner erlösenden Thätigkeit in der Welt aufserhalb des Pleroma. Dagegen wird die Lehre vom Pleroma nur insoweit berücksichtigt, als sie auf den Soter oder die Sophia Bezug hat[1]). Doch wir gehen zur Darstellung des Inhalts über.

Das Leiden · der Sophia ist die Ursache der bewufsten Harmonie des Pleroma und der Welt aufserhalb desselben. Ihr Leiden ward verursacht durch die Begierde, die Schranken ihrer Erkenntnifs zu durchbrechen, denn indem sie dieselben durchbrach, gerieth sie in Erkenntnifs- und Gestaltlosigkeit. Ihr Thun ist das Gegenbild zu der Selbstoffenbarung des Bythos, der, an sich starr und unfähig der Mittheilung, seine Unendlichkeit beschränkte, um sich mittheilbar zu machen. Als er sich Schranken gab, litt auch er, so wie die Sophia litt, als sie die Schranken ihrer Gnosis nicht achtete. Der Zusammenhang des Pleroma führte die Aeonen zur Theilnahme an dem Leiden des Bythos

---

[1]) §§ 6. 7. 29 folg.

und der Sophia, die Offenbarung und Selbstmittheilung des Bythos wieder löste das Leiden in Harmonie (§ 30. 31)[1]).

Indem die Sophia an ihrem Theil die Harmonie zerstört
hatte und dadurch das Licht ihrer Erkenntnifs in Schatten und
Leerheit verwandelt worden war, vermochte sie nur Abbilder,
nicht vollkommene Aeonen zu erzeugen, wie sie nur die vereinte
Kraft der Syzygie hervorbringt[2]). Ihr erstes und vollkommenstes
Geschöpf entstammt ihrer Ennoia; es ist Christus, das Abbild
des Pleroma. Wie es möglich war, dafs sie trotz ihrer selbstverschuldeten Depotenzirung überhaupt noch schöpferisch wirken
konnte, lassen die Excerpte dahingestellt. Man könnte an die
$\mu\acute{o}\varrho\varphi\omega\sigma\iota\varsigma\ \varkappa\alpha\tau^{\prime}\ o\grave{v}\sigma\acute{\iota}\alpha\nu$ denken, die der Achamoth die Kraft der
Hinwendung zum Pleroma verlieh, jedoch hatte diese keine andere Folge als die leidensvolle Erkenntnifs der eigenen Unkraft.
Die rehabilitirte Sophia andererseits ist auch nicht Mutter dieses
Christus, da sie in seliger Vereinigung mit dem Pleroma keiner
Verbitterung mehr zugänglich sein konnte (§ 33). Ihre verschuldete Beschränkung und die unvollkommene Schöpferkraft ist
hier daher bedingt durch ihre Trennung vom Syzygos, in welcher sie nur die $\check{\epsilon}\nu\nu o\iota\alpha,$ das Gedenken an das Pleroma, zu bewahren vermochte, das sich zu einem Abbilde desselben verdichtete[3]). Aber das einzige vollkommene Geschöpf verläfst seine

---

[1]) Es sind an der betreffenden Stelle (§ 30. 31) heterogene Elemente
von Clemens vereinigt, um die Gottlosigkeit der Gnostiker, welche von
Gott ein Leiden aussagten, zu rügen. Der Gedanke, dafs jede Selbstbeschränkung ein Leiden ist, erscheint als die Consequenz jeder physischen Fassung des Begriffs der Unendlichkeit. Die Valentinianer des Irenäus und Hippolytus hatten dieselbe nicht gezogen. Dafür, dafs die
Aeonen Theil hatten an dem Leiden der Sophia, findet sich eine Parallele bei Hippol. VI, c. 31. — Aufserhalb des Zusammenhangs steht § 29,
worin der Theil des Vaters, der von der Sige erkannt wird, entsprechend
Iren. I, 11, $\mathit{A}\varkappa\alpha\tau\acute{a}\lambda\eta\pi\tau o\nu$ genannt wird.

§ 32. $\epsilon\grave{\iota}\varkappa\acute{\omega}\nu^{\cdot}$ und $\pi\lambda\acute{\eta}\varrho\omega\mu\alpha$ sind einander entgegengesetzt. Zur
Sache vergleiche **Hip. VI, c. 30.**

Dem Valentinus legt Irenäus (I, 11, 1) dieselbe Christologie bei:

Mutter, um sich mit seinem Urbilde zu vereinigen, und dieselbe trägt, von neuem vereinsamt, die Folgen ihrer Schuld. Denn war auch ihre Schöpferkraft noch nicht erloschen, so erzeugte sie doch nichts vollkommenes[1]; sie erkannte, dafs sie nicht fähig war, das pleromatische, das sie noch besafs, festzuhalten, und in ihr wirkt deshalb nur noch die Sehnsucht nach dem, der sie floh, und die Begierde[2]. Aus beiden, dem edleren und dem unreinen Affect, entsteht der Demiurg oder Topos, ein unvollkommener, der Mutter selbst widerwärtiger Typus des Allvaters, und die „linken Kräfte“, jener in der Zuwendung zum Pleroma, der kraftlosen Erinnerung, diese in der Abwendung davon. Ihr Geschick bleibt deshalb dem Demiurg überlassen; sie haben mit dem Pleroma nichts gemeinsam.

Doch Christus[3] hat die Mutter zwar verlassen, aber nicht vergessen. Wie er in das Pleroma kommt, bittet er für die Mutter, und die Aeonen emaniren den Parakletos zu Gunsten ihrer schuldbeladenen Genossen[4]. Vorher war er selbst befreit von dem Gedanken an seinen unvollkommenen Ursprung, indem er sich mit dem Pleroma und insbesondere mit dem Paraklet vermischte, so dafs er, der als erste Emanation der Sophia der erstgeborene der Schöpfung ($\pi\varrho\omega\tau\acute{o}\tau\omega\varkappa\omicron\varsigma$ $\tau\tilde{\omega}\nu$ $\grave{\varepsilon}\nu\vartheta\acute{a}\delta\varepsilon$ $\pi\varrho\alpha\gamma\mu\acute{a}\tau\omega\nu$)

$\tau\grave{o}\nu$ $X\varrho\iota\sigma\tau\grave{o}\nu$ ... $\grave{\upsilon}\pi\grave{o}$ $\tau\tilde{\eta}\varsigma$ $\mu\eta\tau\varrho\grave{o}\varsigma$ $\xi\xi\omega$ $\gamma\varepsilon\nu\omicron\mu\acute{\varepsilon}\nu\eta\varsigma$ $\varkappa\alpha\tau\grave{a}$ $\tau\grave{\eta}\nu$ $\mu\nu\acute{\eta}\mu\eta\nu$ (andere Lesart: $\gamma\nu\acute{\omega}\mu\eta\nu$) $\tau\tilde{\omega}\nu$ $\varkappa\varrho\varepsilon\iota\tau\tau\acute{o}\nu\omega\nu$ $\grave{a}\pi\omicron\varkappa\varepsilon\varkappa\upsilon\tilde{\eta}\sigma\vartheta\alpha\iota$ $\mu\varepsilon\tau\grave{a}$ $\sigma\varkappa\iota\tilde{a}\varsigma$ $\tau\iota\nu\omicron\varsigma$. Der Sophia als Aeon kam die $\varepsilon\nu\nu\omicron\iota\alpha$ zu, denn die verschlossene Erkenntnifs des Vaters hatte den pädagogischen Zweck, die Aeonen $\varepsilon\grave{\iota}\varsigma$ $\varepsilon\nu\nu\omicron\iota\alpha\nu$ $\varkappa\alpha\grave{\iota}$ $\pi\acute{o}\vartheta\omicron\nu$ $\zeta\eta\tau\acute{\eta}\sigma\varepsilon\omega\varsigma$ zu führen (Iren. I, 2, 1).

[1] § 39. $O\grave{\upsilon}\delta\grave{\varepsilon}\nu$ $\pi\varrho\omicron\acute{\varepsilon}\beta\alpha\lambda\varepsilon\nu$ $\grave{o}\lambda\acute{o}\varkappa\lambda\eta\varrho\omicron\nu$, $\grave{a}\lambda\lambda\grave{a}$ $\tau\grave{a}$ $\delta\upsilon\nu\alpha\tau\grave{a}$ $\pi\alpha\varrho$’ $\alpha\grave{\upsilon}\tau\tilde{\eta}$ $\varkappa\alpha\tau\acute{\varepsilon}\sigma\chi\varepsilon\nu$.

[2] $\grave{\varepsilon}\pi\iota\pi\acute{o}\vartheta\eta\sigma\iota\varsigma$ und $\grave{\varepsilon}\pi\iota\vartheta\upsilon\mu\acute{\iota}\alpha$. § 33. 34.

[3] Bisweilen wird der Christus der Sophia inconsequent Jesus genannt; vrgl. § 22.

[4] § 23: $\grave{\varepsilon}\xi$ $\varepsilon\grave{\upsilon}\delta\omicron\varkappa\acute{\iota}\alpha\varsigma$ $\tau\tilde{\omega}\nu$ $\alpha\grave{\iota}\acute{\omega}\nu\omega\nu$ wird der Paraklet emanirt. Die $\varepsilon\grave{\upsilon}\delta\omicron\varkappa\acute{\iota}\alpha$ bezieht sich auf die wiederhergestellte Harmonie, die sie zur Emanation befähigte (§ 31). Demnach stimmt diese Motivirung der Emanation mit Hip. VI, 31 zum Theil überein, wogegen Irenäus sie nicht kennt.

und gleichsam die Wurzel und das Haupt der Pneumatiker war, die Sohnschaft des Pleroma empfing[1]).

Damit ist das Band zwischen dem Pleroma und dem abtrünnigen Aeon zwar von neuem angeknüpft, aber die Schöpfungen der sich selbst überlassenen Begierde der Sophia waren nicht mehr zu vernichten, zu denen, nachdem ihre Bitte um Licht erhört worden, noch die Emanation der zurückgehaltenen pleromatischen Bestandtheile, der σπέρματα τῆς ἐκκλησίας[2]), gekommen war. Die letzteren erfahren zuerst die Vorsorge des Pleroma, denn, um sie zur Vollendung zu führen, werden τὰ ἀῤῥενικά oder ἀγγελικά emanirt, die zu ihrer Erfüllung der weiblichen Natur, deren Halt sie sind, bedürfen. Sie sind die erwählten, jene die berufenen. Sie erheben die berufenen zur Erwählung, denn sie werden mit ihnen eins und das weibliche wird vermännlicht[3]).

---

[1]) §§ 32. 33. 22. 23. Die Adoption Christi scheint auf zwiefache Weise gedacht zu sein. Nach § 22 erhielt er seine Befreiung von der ἔννοια τοῦ ὑστερήματος durch Jesus, der in Gestalt der Taube zu ihm herniederstieg (vrgl. Iren. I, 7, 2), nach § 32 schwang er sich zum Pleroma empor und wurde hier υἱόθετος (vrgl. Iren. I, 11, 1: (Χριστὸν) ἀποκόψαντα ἀφ᾽ ἑαυτοῦ τὴν σκιὰν ἀναδραμεῖν εἰς τὸ πλήρωμα). In beiden Fällen ist die Befreiung der Mutter Ziel seines Thuns und die Vereinigung mit dem Soter ermöglicht die Ausführung derselben.

[2]) §§ 39. 40. Die δεξιά — der Demiurg und die ihm zugehörigen Wesen — sind προ τῆς τοῦ φωτὸς αἰτήσεως aus der ἐπιπόθησις entstanden, die σπέρματα τῆς ἐκκλησίας (σπέρματα διαφέροντα [§ 2], οἱ τοῦ διαφέροντος σπέρματος [§ 26], ἡ κλῆσις und als solche von dem vollendeten γένος ἐκλεκτόν als der Vollkommenheit fähig, aber noch der Vollendung bedürftig — τὰ θηλυκά unterschieden) μετὰ τὴν τοῦ φωτὸς αἴτησιν.

[3]) §§ 40. 36. 21 folg. Die σπέρματα ἀγγελικά (ἄγγελοι τοῦ διαφέροντος σπέρματος) sind von dem ἄῤῥην emanirt, und zwar ἐν ἑνότητι, ὡς ἀπὸ ἑνὸς προελθόντος. Der ἄῤῥην ist entweder der Soter (Iren. I, 4, 5), der zu der θήλεια φύσις der Sophia kam, oder (Iren. I, 11, 1) der Christus der Sophia, der mit dem Soter sich vereinigte. Wie sie aus der Einheit kommen, sollen sie zur Einheit führen. § 21 schreibt auch die Emanation der ἀῤῥενικά der Sophia zu, setzt sie aber zu den θηλυκά in dasselbe Verhältniß. Sie hätten sich mit dem Logos (dem Christus der Sophia) ins Ple-

Der Soter also in seiner Vereinigung mit dem Christus der Sophia und in Begleitung der Engel ist berufen, die Verbindung der Welt mit dem Pleroma, insoweit sie möglich blieb, wiederherzustellen. Bestand der Welt waren die Erzeugnisse des leidenden Aeon, welche entweder als von ihm selbst ohne Beihülfe des Soter hervorgebracht oder als in Folge der Freude über die Erscheinung desselben entstanden gedacht sind.

Die erste Ansicht wird folgendermaßen entwickelt. Jesus kommt als Bote des Pleroma[1]) mit den männlichen Engeln zur Sophia, die während seiner Entfernung den Demiurg (Topos) und die linken Kräfte emanirt hat, herab. Er selbst bringt die Erlösung ($\lambda\acute{v}\tau\varrho\omega\sigma\iota\varsigma$) des Pleroma und führt die Engel zur Vollendung ($\delta\iota\acute{o}\varrho\vartheta\omega\sigma\iota\varsigma$) der pneumatischen Geschöpfe der Sophia mit sich. Diese sind in sich getheilt, jene werden durch die Taufe Jesu gleichfalls getheilt, um sich mit dem ihnen entsprechenden weiblichen Samen zu vereinigen und ihn zur Einheit und Vermischung mit dem Pleroma zu erheben. Hindernd tritt der Topos ihrem Streben in den Weg, dessen Feuerreich bis zur unendlichen Leere der Gehenna sich ausbreitet, und der sein feuriges Angesicht verschleiert, um nicht alles zu vernichten. Seine finstere Abgeschiedenheit wird nur vom Erzengel aufgesucht, nach dessen Bilde der Hohepriester einmal im Jahre das Allerheiligste betritt. Neben ihn setzt sich Jesus und besänftigt ihn, damit der pneumatische Samen unbehinderten Durchgang zum Pleroma habe, welchen der Christus der Sophia dadurch, daß er zuerst die Erlösung im Pleroma empfing und in ihm dynamisch alle pneumatischen Geschöpfe der Sophia gereinigt wurden[2]), möglich gemacht hat. In Christus sind dieselben daher vor der Gründung der Welt erwählt. Auf die linken Ge-

---

roma erhoben ($\sigma\upsilon\nu\varepsilon\sigma\tau\acute{a}\lambda\eta$, vrgl. § 33: $X\varrho\iota\sigma\tauο\tilde{v}\ \sigma\upsilon\sigma\tau\alpha\lambda\acute{\varepsilon}\nu\tauο\varsigma\ \varepsilon\dot{\iota}\varsigma\ \tauὸ\ \pi\lambda\acute{\eta}\varrho\omega\mu\alpha$), um sodann $\tauὰ\ \vartheta\eta\lambda\upsilon\varkappa\acute{α}$ mit sich zu führen. Die Function der $\sigma\pi\acute{\varepsilon}\varrho\mu\alpha\tau\alpha$ bleibt beide Male dieselbe.

[1]) $\ddot{α}\gamma\gamma\varepsilon\lambdaο\varsigma = \lambdaό\gammaο\varsigma\ \dot{α}\pi\alpha\gamma\gamma\varepsilon\lambda\acute{\iota}\alpha\nu\ \ddot{\varepsilon}\chi\omega\nu\ \tauο\tilde{v}\ \ddot{ο}\nu\tauο\varsigma$. § 25.

[2]) $\sigma\upsilon\nu\delta\iota\upsilon\lambda\acute{\iota}\sigma\vartheta\eta\ \varkappa\alpha\tauὰ\ \delta\acute{v}\nu\alpha\mu\iota\nu$. § 41.

walten bezieht sich die erlösende Wirksamkeit des Pleroma nicht, sondern aus ihnen bildet der Topos eine selbständige Welt. Derselbe erschuf auch den Adam am Ende der Schöpfung, nachdem er ihn vorher schon im Gedanken vorgebildet hatte. Adam und seine Nachkommen, die Gerechten[1]), werden bei ihm zurückgehalten, die übrigen Geschöpfe weilen in der Finsternifs[2]).

Die Taufe Jesu und seiner Engel macht also die Erlösung möglich. Jesus wird getauft, damit das untheilbare getheilt werde (§ 36); die Engel wieder werden getauft, um durch die Taufe mit der weiblichen Natur der Pneumatiker vereint zu werden. Die Engeltaufe ferner, so theilt eine anders gefärbte Relation mit, geschieht auf den Namen dessen, der auf Jesus in Gestalt der Taube herabkam und ihn befreite. In ihm erhalten sie ihren Namen und verleihen denselben sodann ihren Gliedern, welche, mit diesem Namen ausgerüstet, ins Pleroma einzugehen vermögen[3]). Der aber, der in Gestalt der Taube zu Jesus herabkommt, ist das Pneuma, in dem der Vater sich selbst denkt ($\pi\nu\varepsilon\tilde{\upsilon}\mu\alpha$ $\tau\tilde{\eta}\varsigma$ $\dot{\varepsilon}\nu\vartheta\upsilon\mu\dot{\eta}\sigma\varepsilon\omega\varsigma$ $\tau\upsilon\tilde{\upsilon}$ $\pi\alpha\tau\varrho\dot{o}\varsigma$), das sich mit dem Logos vereint und dadurch die Welt der Erlösung mit der Welt der Vollendung verknüpft. Für die Sophia wurde auf Bitten ihres Sohnes der Paraklet erzeugt, Jesus dagegen wird eins mit dem ersten sich

---

[1]) § 37: $\delta\dot{\iota}\varkappa\alpha\iota\upsilon\iota$ $\delta\iota\dot{\alpha}$ $\tau\tilde{\omega}\nu$ $\dot{\varepsilon}\varkappa\tau\iota\sigma\mu\dot{\varepsilon}\nu\omega\nu$. Bernays conjicirt nach Iren. I, 6, 2: $\delta\iota\dot{\alpha}$ $\tau\tilde{\omega}\nu$ $\dot{\varepsilon}\varkappa$ $\pi\dot{\iota}\sigma\tau\varepsilon\omega\varsigma$, dagegen spricht jedoch der Gebrauch, den die Excerpte sonst von $\pi\iota\sigma\tau\dot{o}\varsigma$ machen, indem sie damit häufig den Pneumatiker bezeichnen (vrgl. z. B. § 42. 62). Da den $\delta\dot{\iota}\varkappa\alpha\iota\upsilon\iota$ $\delta\iota\dot{\alpha}$ $\tau\tilde{\omega}\nu$ $\dot{\varepsilon}\varkappa\tau\iota\sigma\mu\dot{\varepsilon}\nu\omega\nu$ $\tau\dot{\eta}\nu$ $\dot{o}\delta\dot{o}\nu$ $\pi\upsilon\iota\upsilon\dot{\upsilon}\mu\varepsilon\nu\upsilon\iota$ die $\ddot{\varepsilon}\tau\varepsilon\varrho\upsilon\iota$ $\dot{\varepsilon}\nu$ $\tau\tilde{\omega}$ $\tau\upsilon\tilde{\upsilon}$ $\sigma\varkappa\dot{o}\tau\upsilon\upsilon$ $\dot{\varepsilon}\varkappa\tau\iota\sigma\mu\dot{\varepsilon}\nu\omega$ entgegengesetzt werden, so scheint die Lesart des Textes beizubehalten. Die Kinder des Adam, die durch die Schöpfung des Demiurg als gerechte wandern, bilden dann den polarischen Gegensatz zu den $\ddot{\alpha}\varrho\varrho\varepsilon\nu\varepsilon\varsigma$ $\upsilon\dot{\iota}$ $\mu\dot{\eta}$ $\mu\varepsilon\tau\alpha\lambda\alpha\beta\dot{o}\nu\tau\varepsilon\varsigma$ $\tau\tilde{\eta}\varsigma$ $\sigma\upsilon\sigma\tau\dot{\alpha}\sigma\varepsilon\omega\varsigma$ $\tau\alpha\dot{\upsilon}\tau\eta\varsigma$ (§ 22).

[2]) Vrgl. § 33 — 41.

[3]) § 23. Hier steigt der Soter zum Jesus der Sophia herab, § 32 schwingt sich der Christus der Sophia zum Soter hinauf, um sich sowohl mit dem ganzen Pleroma, als mit dem Paraklet zu vermischen; die Thätigkeit beider bleibt dieselbe.

gestaltenden Gedanken des Vaters. So ist er ein Doppelwesen und doch eins, er ist „der eingeborene" und „gleich dem eingeborenen", derselbe überall und doch verschieden, denn er offenbart sich einem jeden nach dem Maſse seiner Fassungskraft[1]). Dadurch erklärt sich das ungleiche Verständniſs, das der Herr in der Welt fand. Zwar war er das Licht und seine Leiblichkeit nur der pneumatische Samen oder die ἐκκλησία, mit der er sich bei seiner Herabkunft bekleidet hatte (§ 1. 26), aber er verbarg seine Herrlichkeit um seiner groſsen Demuth willen und erschien wie ein Mensch. Seine Kraft und sein Wille aber vermochten die Augen zum Schauen des Lichtes zu öffnen und dem Ohr die Stimme höherer Offenbarung verständlich zu machen. Die Jünger schauen ihn in seiner Herrlichkeit auf dem Berge der Verklärung, damit sie ihr Fortschreiten nach dem Ablegen des Fleisches erkennten, und Johannes der Täufer hört im Geiste die Stimme, welche der Menge unverständlich blieb (§ 4. 5).

Der Gesandte des Pleroma mit seinen Engeln und die Pneumatiker in innigster Vereinigung stellen die Vollendung, die Zurückführung des pneumatischen Samens zu seinem Urquell dar. War derselbe wie eine Fehlgeburt erzeugt, „unvollkommen

---

[1]) Vrgl. §§ 23. 16. 7. Die letztere Lehre ist im Anschluſs an Joh. 1, 1. 14; 11, 25; Eph. 4, 10 entwickelt. Der Monogenes oder das πνεῦμα γνώσεως οὔσης ἐν ἑνώσει, der der Sohn oder die γνῶσις ist, belehrt die Aeonen, μείνας εἰς κόλπον τοῦ πατρός; er hat also dieselbe Thätigkeit, welche Irenäus dem ἄνω Χριστός zuschreibt, von dem er sich wieder dadurch unterscheidet, daſs er auch im Kosmos erscheint. — Merkwürdig ist der Gebrauch von ἐνθύμησις in einem der Relation des Irenäus vollständig fremden Sinn. Dort wird die Achamoth ἐνθύμησις genannt (I, 4, 1), während dem Bythos die ἔννοια beigesellt wird (I, 1, 1); ʽhier ist die ἔννοια der Sophia schöpferisches Princip, die ἐνθύμησις ἑαυτοῦ dagegen veranlaſst den unerkannten Vater zur Offenbarung. Das Verhältniſs der Syzygien wird entsprechend der vollendeten Verbindung des σπέρμα ἀῤῥενικόν und θηλυκόν als κρᾶσις δι' ὅλων bestimmt; der Name αἰων wird durch πνεῦμα ersetzt; πατήρ, ἐνθύμησις, γνῶσις, ἀγάπη, ἀλήθεια sind die Bestandtheile des Pleroma.

und thöricht, sinnlos, schwach und ungestaltet", als ein Geschöpf des Weibes, so wird er jetzt zu „Kindern des Mannes und des Brautgemachs" (§ 68).

In erhabener symbolischer Rede schildern die Excerpte die Vollkommenheit, die priesterliche Würde des Gnostikers (§ 27). Ehe er das Allerheiligste betritt, legt er am Räucheraltar sein Diadem ab. Dann schreitet er hinein, in Schweigen den ihm ins Herz gegrabenen Namen bewahrend; das Diadem aus geläutertem Golde, gleichsam den Leib seiner Seele, liefs er dahinten. Er bedarf seiner nicht mehr, wenn in ihm auch eingegraben ist der Glanz der Gottesverehrung, der ihn den Herrschaften und Gewalten als einen, der den Namen trägt, kenntlich machte. Innerhalb des zweiten Vorhangs am Altar, bei den Engeln, die zum Dienst bestellt sind den emporsteigenden Gebeten, legt er ihn ab, und die Seele wandelt nackt, gleichsam als Leib der Kraft, die sie befreite[1]), in der That vernünftig (λογική) und hohepriesterlich geworden, in die pneumatische Welt, unmittelbar beseelt von dem Logos. Jetzt bedarf sie nicht mehr der Leitung von Schrift und Lehre, sie läfst hinter sich zurück die Belehrung der Engel (§ 35) und den Namen, den sie durch Schriften lernte (§ 43), sie ist nicht mehr Braut, sondern schon ein Logos geworden und weilt bei dem Bräutigam mit denen, die zuerst berufen und zuerst geschaffen sind (den σπέρματα ἀῤῥενικά), die Freunde sind um ihrer Liebe, Söhne um ihrer Lehre und ihres Gehorsams willen, Brüder endlich durch ihren gemeinsamen Ursprung. So kam es der geschaffenen Welt zu, das Diadem zu tragen und sich vorzubereiten zur Gnosis; der Kraft des Pleroma wiederum war es beschieden, durch unmittelbare Einwirkung den Menschen zu einem Träger Gottes, zu einem Leib des Soter zu machen. —

Bezogen sich die vorher betrachteten Lehren ausschliefslich auf die Erlösung der Pneumatiker, und war der Kosmos in seinen

---

[1]) σῶμα τῆς δυνάμεως; vrgl. § 4: (ὁ κύριος) δύναμις ἦν τοῦ πατρός.

verschiedenen Bestandtheilen nicht weiter in Betracht gezogen, so erhalten wir im folgenden in einer zusammenhängenden Darstellung die Geschichte von der Entstehung und Erlösung der Welt (§ 43—65). Dieselbe steht mit der Relation des Irenäus in engster Verbindung; uns begegnen dieselben Lehren, dieselbe Terminologie, und dieselben Bibelstellen werden als Auctorität verwerthet. Jedoch unterscheidet sie sich von den Berichten des Irenäus einmal durch eine klarere, mehr in sich zusammenhängende Entwicklung, sodann durch eine innigere Anlehnung an die biblischen Beweisstellen, endlich durch sorgfältige Rücksichtnahme auf die sich ergebenden ethischen Consequenzen.

Für die Kosmologie ist die Genesis als Offenbarung des Demiurg[1]) die Quelle. Die Darstellung setzt an dem Punkte ein, wo der leidenden Sophia der Soter, der hier den Namen ὁ τῆς βουλῆς ἄγγελος trägt, gesandt wird; derselbe ist nach dem Vater das Haupt des Alls und sein pleromatisches und untheilbares Wesen wird nach der heiligen Schrift beschrieben[2]). Ihm eilt die Sophia freudig entgegen, da sie seine Aehnlichkeit mit dem Licht, das sie verlassen hatte, dem ἄνω Χριστός, der ihr die μόρφωσις κατ᾽ οὐσίαν gab, erkennt[3]); und nachdem sie in schamhafter Freude ihr Angesicht verhüllt hat, erhält sie die Heilung von ihren Leiden und die der Erkenntnifs gemäfse Gestaltung, welche inhaltlich bestimmt wird als Offenbarung des Vaters und der Welt innerhalb und aufserhalb des Pleroma[4]). Sollte die γνῶσις der Sophia vollkommene Gestalt ge-

---

[1]) § 50. Die ᾿Anthropologie wird im Anschlufs an Gen. 2, 7 entwickelt und dabei bemerkt: ὅπερ εἶναι καὶ αὐτὸς ἐν ταῖς προφητικαῖς γραφαῖς ὁμολογεῖ. Die προφητικαὶ γραφαί können nach dem Zusammenhange nur die Genesis bezeichnen.

[2]) Vrgl. Philipp. 2, 9—11; Ephes. 4, 9 u. 10; Coloss. 1, 16. Letztere Stelle auch bei Iren. I, 4, 5.

[3]) Dafs dieses φῶς nicht der Christus ἐξ ἐννοίας τῆς σοφίας sein kann, zeigt die Vergleichung mit § 41: τὸ φῶς, ὃ πρῶτον προήγαγεν, τοῦτ᾽ ἔστι τὸν Ἰησοῦν, ὁ αἰτησάμενος τοὺς αἰῶνας Χριστός. Vrgl. § 23.

[4]) Letztere Bestimmung der μόρφωσις κατὰ γνῶσιν fehlt bei Irenäus,

winnen, so mufsten alle unreinen Elemente ausgesondert werden. Die πάθη waren zweierlei Art; sie stammten aus ihrer Abwendung und Hinwendung zum Pleroma. Da sie nicht mehr vernichtet werden konnten, wurden auch sie je nach ihrer Empfänglichkeit gestaltet[1]. Indem der Soter die körperlosen πάθη ausscheidet und in eine körperlose Hyle verwandelt, ermöglicht er das Entstehen des Kosmos und wird δημιουργὸς καθολικός.

Jetzt „baut die Sophia ihr Haus und unterstützt es mit sieben Säulen"[2]. Ihre Schöpfung ist eine Schöpfung nach dem Bilde des Pleroma, das sie durch ihre gestaltete γνῶσις empfangen hat. Nach dem Bilde des Vaters schafft sie den Demiurg, der wiederum Vater wird und als Abbild des Sohnes den psychischen Christus bildet[3], darauf die Erzengel, die Engel und ihre Himmel, endlich die Erde. Substrat der ersteren ist die psychische Substanz, Substrat der letzten die hylische. Der Procefs seiner Schöpfung besteht in der Sonderung der noch gemischten leichten und schweren, reinen und unreinen Elemente,

---

wie andererseits diese Relation nichts von der Befruchtung der σοφία durch die Engel weifs. Es ist möglich, dafs diese nicht erwähnt ist, weil die Entstehung des pneumatischen Samens schon vorher entwickelt wurde.

[1] Vrgl. § 45. Der Text liest: εἰς οὐσίαν ἤγαγεν αὐτά (τὰ πάθη) τε καὶ τῆς δευτέρας διαθέσεως. Bernays versucht den corrumpirten Text zu verbessern, indem er ἑκτικὰ τῆς δευτέρας διαθέσεως liest und sich dafür auf Iren. I, 4, 5 beruft: οὐ γὰρ ἦν δυνατὰ ἀφανισθῆναι ὡς τὰ τῆς προτέρας διὰ τὸ ἑκτικὰ ἤδη καὶ δυνατὰ εἶναι. Dabei bleibt unklar, was ἑκτικὰ τῆς δευτέρας διαθέσεως heifsen soll. Nun giebt Irenäus (l. c.) ein zweifaches Ergebnifs der schöpferischen Thätigkeit des Soter an: δύο οὐσίας, τὴν φαύλην τῶν παθῶν τήν τε τῆς ἐπιστροφῆς ἐμπαθῆ. Letztere aber fliefst nach IV, 1 aus der ἑτέρα διάθεσις, nämlich der Hinwendung zum ἄνω Χριστός. Diese Trennung scheint daher die leichtere Conjectur zu empfehlen: αὐτά (τὰ πάθη) τε καὶ τὰ τῆς δευτέρας διαθέσεως.

[2] Proverb. 9, 1. Die sieben Säulen bezeichnen die Hebdomas des Demiurg, welche unterhalb der Ogdoas der σοφία lag.

[3] Er schafft als εἰκών und nicht als πλήρωμα, daher bleibt seine Schöpfung nur eine abbildliche; vrgl. § 32.

denen er ihre bestimmte Gestalt gab[1]). Das hylische, das aus der λύπη der Sophia stammt, ist Substrat für die Geister der Bosheit (Iren. I, 5, 3), der φόβος für die Thiere, die ἔκπληξις und ἀπορία für die Elemente der Welt[2]).

Die Thätigkeit des Demiurg concentrirt sich in der Erschaffung des Menschen. Er bildet zunächst aus der vielgetheilten und mannigfaltigen Hyle die hylische Seele (ψυχὴ γεωδὴς καὶ ὑλική), welche der thierischen Seele entspricht; das ist der Mensch nach dem Ebenbilde. Sodann entnimmt er seinem Wesen die psychische Substanz und legt sie durch seine Engel in die hylische Seele; dieselbe ist als dynamische Substanz πνοὴ ζωῆς, in ihrer Ausgestaltung ψυχὴ ζῶσα[3]). Die psychische Substanz, die als eine lichtvolle, göttliche, gerechte, himmlische und vernünftige[4]) charakterisirt wird, ist durch die unnennbare Kraft des Schöpfers auf das innigste mit der hylischen verbunden, so daſs man sie nicht von derselben wie den Theil vom Theile sondern kann. Beides, das hylische wie das psychische in Adam, ist unsichtbar und weilt im Paradiese

---

[1]) εἰς φῶς καὶ ἰδέαν ἤγαγεν; so nämlich wird Gen. 1, 2: φῶς ἐποίησεν interpretirt.

[2]) Es ist dies die einzige Stelle, welche in den Excerpten die Affecte der Sophia specialisirt; sie findet ihre Parallele bei Iren. I, 5, 4, von dem sie sich nur dadurch unterscheidet, daſs Irenäus aus der ἐπιστροφή den Demiurg, aus dem φόβος das übrige psychische, darunter auch die Thiere, ableitet. Das Feuer wird in seinem Verhältniſs zu den übrigen drei Elementen von beiden Quellen in derselben Weise bestimmt.

[3]) Vrgl. Gen. 2, 7, welche Stelle bis auf den Ausdruck zu Grunde liegt. Iren. I, 5, 4 trägt in unklarerer Form dieselbe Lehre vor; er substituirt der πνοὴ ζωῆς das πνεῦμα ζωῆς und leitet es aus dem pneumatischen Wesen der Sophia ab. — Die psychische Seele wird mit Berufung auf Gen. 2, 23 ὀστοῦν genannt; ihr Verhältniſs zur hylischen Seele, dem σάρκιον, ergiebt folgenreiche ethische Consequenzen für die Psychiker, welche (§ 52 ff.) im Anschluſs an Aussprüche Christi und des Paulus entwickelt werden.

[4]) ὀστοῦν = ἡ λογικὴ καὶ οὐρανία ψυχή § 51; = θεία § 55; = δίκαια ψυχή § 54.

(Iren. I, 5, 2). Zu beiden fügt sodann der Demiurg noch den Körper, den choischen Menschen[1]), der ganz und gar an den Kosmos gebunden ist.

In das Geschöpf des Demiurg, das durch sein psychisches Wesen schon auf eine höhere Entwicklung vorbereitet ist, legt die Sophia unsichtbar den pneumatischen Samen, um dadurch dem psychischen ($\delta\sigma\tauo\tilde{v}\nu$) sein Mark zu verleihen, so daſs der Mensch oder Adam vier verschiedene Elemente in sich vereinigt, das pneumatische, psychische, hylische und choische, von denen nur das letztere rein irdisch und alles seelischen Lebens baar ist[2]). Adam ist Vater dreier Naturen, oder vielmehr Quellpunkt für ihre Existenz, denn eigentlich propagationsfähig ist er nur seinem hylischen Wesen nach. Doch wird er der Vater aller genannt, weil im Leben die reineren Substanzen nur in untrennbarer Vermischung mit der hylischen Seele bestehen. Wäre Adam thatsächlich der Vater aller, so bliebe es unerklärt, warum die Hyliker so zahlreich und die Pneumatiker so selten sind[3]).

Jesus Christus kam herab, den psychischen und pneuma-

---

[1]) Vrgl. Iren. I, 7, 5, der den Unterschied zwischen $\chi o\ddot{\iota}\kappa\acute{o}\varsigma$ und $\ddot{v}\lambda\iota\kappa o\varsigma$ confundirt.

[2]) Iren. I, 5, 6. Die Sophia erzeugt denselben in Folge der Vermischung mit den Engeln des Soter, und insofern wird er $\dot{\alpha}\pi\acute{o}\rho\rho o\iota\alpha$ $\tauo\tilde{v}$ $\ddot{\alpha}\rho\rho\varepsilon\nu o\varsigma$ $\kappa\alpha\grave{\iota}$ $\dot{\alpha}\gamma\gamma\varepsilon\lambda\iota\kappa o\tilde{v}$ genannt. Nach § 2 ist es der Logos, der ihn in die schlafende auserwählte Seele, um ein $\dot{v}\sigma\tau\acute{\varepsilon}\rho\eta\mu\alpha$ zu verhüten, hineinlegt und dadurch Seele und Leib, welche die Sophia gesondert schuf, vereinigt. Der Samen hätte dann wie ein Funke fortgeglüht, bis der Soter nach der Auferstehung ihn von neuem belebte, indem er den Aposteln das Pneuma einblies und sie dadurch von der Leiblichkeit befreite. — Diese Lehren stehen in keinem Zusammenhang mit den übrigen Nachrichten der Excerpte.

[3]) Die drei Naturen werden durch Kain, Abel und Seth bestimmt; vrgl. Iren. I, 7, 5, der aber aus den $\tau\rho\varepsilon\tilde{\iota}\varsigma$ $\varphi\acute{v}\sigma\varepsilon\iota\varsigma$ $\tau\rho\acute{\iota}\alpha$ $\gamma\acute{\varepsilon}\nu\eta$ macht. Nach § 55 ist der Unterschied zwischen den einzelnen Menschen, die an den höheren Substanzen Theil haben, nur relativ, je nachdem die eine oder die andere das Uebergewicht hat. Dem Princip nach streift diese Anthropologie sowohl an den Creatianismus als an den Präexistentianismus.

tischen Menschen zu erlösen; auch den psychischen Menschen, da das psychische, das als Abbild des pneumatischen entstand, eine Anlage zur Unverderblichkeit hat, die allerdings nur durch die frei gewollte Vereinigung mit der höheren Natur sich verwirklicht und an sich die Erwählung des Gegentheils nicht ausschliefst. Vor der Erscheinung Jesu Christi herrschte der Tod, den „der grofse Kämpfer" zu besiegen sich entschlofs, nachdem keine andere Gewalt oder Gottheit das schwere Werk übernommen hatte[1]). Um ihn zu vernichten, mufste er alles, was lebensfähig war, in sich aufnehmen und mit sich vereinigen, das berufene und das erwählte[2]). Darum nimmt er zuerst der Potenz

---

[1]) § 58: μετὰ τὴν τοῦ θανάτου βασιλείαν μεγάλην μὲν καὶ εὐπρόσωπον τὴν ἐπαγγελίαν πεποιημένην, οὐδὲν δὲ ἧττον διακονίαν θανάτου γεγενημένην. Die grofse und schöne Verheifsung war nach § 59 die Weissagung und das Gesetz, welches auf den psychischen Christus sich bezog. Die Propheten, denen sie zukam, hatten ein jeder für sich allein ein πνεῦμα ἐξαίρετον εἰς διακονίαν (§ 24), waren aber nicht im Stande, dem pneumatischen Samen Gestalt zu verleihen und den psychischen aus der Knechtschaft des σάρκιον zu befreien. Daher war all ihr Wirken zwar eine ἐπαγγελία μεγάλη καὶ εὐπρόσωπος, aber keine διακονία, und so bedurfte es für die psychische und pneumatische Natur einer Befreiung zum Leben oder, was dasselbe besagt, einer Befreiung vom Tode. In § 61 ist der Tod als selbständig wirkendes Wesen dargestellt, welches von Christus durch List befehdet und vertrieben wird, eine Lehre, die ihre Analogie in ähnlichen Vorstellungen der Kirchenväter, z. B. des Origenes und des Gregor von Nyssa hat. Dafs sie in den Kreis des Systems hineingefügt werden kann, zeigen die Vorstellungen von der Wirksamkeit dämonischer Wesen bei der Taufe. So steht die Behauptung einer herrlichen Verheifsung in dem Reich des Todes und die Annahme einer listigen Besiegung des Todes neben einander. Der θάνατος als Gegensatz des Lebens kann nur die selbständig und selbstbewufst gewordene Hyle, der Kosmokrator, sein (Iren. I, 5, 4). Er verhält sich zur psychischen Welt wie die ψυχὴ γεωδής zur ψυχὴ ζῶσα. §§ 58. 61. Vrgl. auch § 5, wo der Soter seine Lichtnatur verhüllt, um den Tod nicht zurückzuschrecken, wodurch die οἰκονομία, die psychische Welt ἀτελής geblieben wäre.

[2]) τὸ κλητόν bezeichnet hier die Psychiker, das ἐκλεκτόν die Pneumatiker; anders war das Verhältnifs § 39 bestimmt.

nach den pneumatischen Samen der Sophia in sich auf, um ihn allmählich durch die Gnosis zu gestalten, dann bekleidet er sich mit dem psychischen Christus des Demiurg und erschafft sich aus der unsichtbaren psychischen Substanz einen sichtbaren und fühlbaren Leib. Er hat also Theil an allem, was im Kosmos der oberen Welt nicht ganz entfremdet ist; an Stelle der hylischen Seele jedoch trägt er das Licht des Pleroma in den Kosmos, um dadurch die ihm zugehörige Welt zu heiligen. Der psychische Theil seines Wesens war auch leidensfähig. Der psychische Leib stirbt daher, als das lebendige Pneuma, das bei der Taufe am Jordan auf Jesus herniederstieg, sich zurückzog, um dem Tode scheinbar Raum zu geben. Wie die Sophia erst durch Leiden von ihren Leiden getrennt wurde (Iren. I, 7, 2), so mufste auch die psychische Natur durch die Leiden des Todes der vollkommenen Erweckung sich würdig machen, indem sie mit dem Christus leidet, der sie in sein Wesen aufgenommen hat. Die Befreiung des psychischen ist eine That der Gnade, weshalb auch der Leidende nur seine Seele und nicht das von Natur zur Erlösung bestimmte Pneuma dem Vater übergiebt[1]).

Tritt uns hier diejenige Form der Christologie entgegen, die von Hippolytus (VI, 35) als die occidentalische bezeichnet und auch von Irenäus überliefert wird[2]), dafs nämlich Christus sich in einen Leib psychischer Substanz gehüllt habe, um nicht nur das pneumatische zu gestalten, sondern auch das psychische aus der Knechtschaft in die Freiheit überzuführen, so erhalten

---

[1]) § 62: ἡ ψυχὴ ... ἑαυτὴν εἰς τὰς χεῖρας τοῦ πατρὸς παρακατέθετο. Es liegt hier eine Anspielung auf Luc. 23, 46: πάτερ, εἰς χεῖράς σου παρατίθεμαι τὸ πνεῦμά μου. Diese Stelle ist (§ 1) in freier Form noch einmal benutzt, um daraus zu beweisen, dafs er πᾶν πνευματικὸν σπέρμα dem Vater übergiebt.

[2]) Iren. I, 6, 1. 7, 2. Der Unterschied der beiden Relationen desselben (vrgl. oben S. 25) ist hier verwischt; einmal steigt der Soter herab und umkleidet sich mit den ihm zugehörigen Substanzen (§§ 58. 59), sodann wird die Weise der Vereinigung des Pleroma mit dem psychischen Christus im Anschlufs an die Geschichte von der Taufe Jesu bestimmt (§ 61).

wir auf der anderen Seite Bestimmungen der Leiblichkeit des Soter, welche dieselbe als pneumatische darstellen. „Was an ihm sichtbar war, sagt Theodot, war die Sophia und die Ecclesia, mit der er sich durch das Fleisch ($\sigma\acute{\alpha}\varrho\kappa\iota o\nu$) bekleidete". Sein Fleisch wiederum war der pneumatische Samen, den die Sophia für den Logos emanirte. Der Logos nimmt daher die Sophia und die Ecclesia in sich auf und vereinigt sich mit ihnen in vollkommener Vermischung ($\kappa\varrho\tilde{\alpha}\sigma\iota\varsigma\ \delta\iota'\ \H{o}\lambda\omega\nu$), bis er sie abscheidend in die Hände des Vaters befiehlt, damit sie nicht von den linken Kräften niedergehalten würden. Er beseitigt also in seinem Tode die Scheidewand, welche den Pneumatiker vom Pleroma trennt, um sie von neuem durch den Stauros, welcher das Zeichen des Horos ist, zwischen Gläubigen und Ungläubigen aufzurichten. Dann trägt er die Spermata, seinen pneumatischen Leib, in das Pleroma, das er zu gleicher Zeit im Monogenes oder Christus in sich trägt. Christus ist das Haupt, Jesus der Träger, die Schulter des pneumatischen Samens, der durch ihn seinen Namen, d. h. seine vollkommene Gestalt empfängt[1]). —

Durch den Tod vollendet „der grofse Kämpfer" sein Werk. Die feindlichen Mächte wagen es, dem Leidenden zu nahen, den sie bezwungen zu haben meinen, aber der Strahl der Kraft, den der Soter aussandte, vertrieb sie und reinigte den Leib von seinen Leiden. Jetzt wird bis zur Vollendung ($\sigma\upsilon\nu\tau\acute{\epsilon}\lambda\epsilon\iota\alpha$), was vorher in Jesus Christus geeint war, wiederum getrennt; der psychische Christus sitzt zur rechten des Demiurg, „damit sie sehen, wen sie durchbohrt haben[2])", die Pneumatiker haben ihre Ruh-

---

[1]) Die Combination von §§ 1. 17. 26. 42. 43 ergiebt diese Lehren, die ihrem Inhalte nach der zuerst betrachteten Gruppe (vrgl. oben S. 97 folg.) nahe stehen; da jedoch, abgesehen von der zum Theil verschiedenen Terminologie, die $\sigma\pi\acute{\epsilon}\varrho\mu\alpha\tau\alpha\ \grave{\alpha}\varrho\varrho\epsilon\nu\iota\kappa\acute{\alpha}$ kein Glied des Erlösungsprocesses ausmachen und der Tod Jesu dort keine Stelle findet, dürfen sie mit derselben nicht identificirt werden.

[2]) Den leidenden und auferstandenen Christus verkündete Paulus, den leidenden um der linken Gewalten willen, damit sie ihn erkennen

statt ($\dot{\alpha}\nu\dot{\alpha}\pi\alpha\nu\sigma\iota\varsigma$) bei der Mutter in der Ogdoas und tragen ihre Seelen wie Gewänder, die gläubigen Seelen endlich harren bei dem Demiurg auf die Stunde der Vollendung, in der auch sie in die Ogdoas eingehen und bei dem gemeinsamen Hochzeitsmahl aller geretteten alles ausgeglichen ist und jeder in vollkommener Erkenntnifs des anderen lebt. Dann legen die Pneumatiker ihre Seelen ab und gehen mit den ihnen verlobten Engeln in das Brautgemach innerhalb des Horos als vernünftige Aeonen[1]) zur vernünftigen und ewigen Hochzeit der Syzygie, und der Demiurg, jetzt Freund des Bräutigams und Aufseher des Gastmahls, steht vor dem Brautgemach und hört die Stimme des Bräutigams und ist der Freude voll.

So enthalten die beiden Abschnitte, in welche die mittlere Gruppe der Excerpte sich theilt[2]), in zwiefacher Darstellung die Lehre von der Erlösung, das eine Mal mit Beziehung auf die Pneumatiker, das zweite Mal mit vorzugsweiser Berücksichtigung der psychischen Welt. Die bunten Schattirungen derselben Grundlehren bis ins einzelnste zu verfolgen und von einander zu sondern, so dafs die Ansichten des Theodot sich durchweg von denen der Valentinianer in ihrer Eigentümlichkeit unterscheiden liefsen, verhinderte die Beschaffenheit der Excerpte; nur soviel läfst sich erkennen, dafs die Valentinianer des ersten Abschnittes in ihren Speculationen andere Wege einschlugen, als die des zweiten, und Theodot sich trotz der bisweilen abweichenden Terminologie an die Valentinianer des ersten Abschnittes anschliefst. In beiden Abschnitten werden die Stellung der Sophia zum Pleroma, die Emanationen derselben, das Wesen des Demiurg, die

---

und fürchten möchten, den auferstandenen, damit die guten Engel (die Engel des Demiurg) ihn erkennen. § 23.

[1]) $\alpha\grave{\iota}\tilde{\omega}\nu\varepsilon\varsigma$ $\nu o\varepsilon\varrho o\acute{\iota}$ § 65. Iren. I, 7, 1: $\pi\nu\varepsilon\acute{\nu}\mu\alpha\tau\alpha$ $\nu o\varepsilon\varrho\acute{\alpha}$. Die Ausführung stimmt in den Grundzügen mit Iren. I, 6, 1 und 7, 1. 5 überein.

[2]) §§ 29—41. 42—65. § 42 u. 43 bilden den unvermittelten Uebergang zwischen beiden differenten Lehrtypen und schliefsen sich ihrem Inhalte nach enger an das vorhergehende als an das folgende an.

Beschaffenheit des Soter, die Weise der Erlösung verschieden bestimmt. Stand ferner der zweite Abschnitt in engster Verbindung mit Irenäus, so finden sich im ersten verschiedene Berührungspunkte mit der Relation des Hippolytus; sie kennt gleichfalls die Feuernatur des Demiurg und den Namen Topos[1]), ebenso verwendet sie das Wort διορϑοῦσϑαι in ähnlicher Weise, wie die Excerpte διόρϑωσις[2]); und wenn sie einer pneumatischen Leiblichkeit Christi sich zuneigt, so trifft diese Ansicht gleichfalls mit dem besprochenen Theil der Excerpte zusammen. —

Die dritte Gruppe der Excerpte (§ 69—85) hüllt die gnostischen Theologumene in ein neues Gewand und bringt Lehren zur Darstellung, die sonst in den Quellen der älteren Valentinianischen Gnosis sich kaum berührt finden. Es handelt sich um die Frage, wie der Mensch von dem Einfluſs des Schicksals (εἱμαρμένη) befreit werde; dieselbe wird beantwortet durch die Lehre von der Taufe oder der Reinigung (λουτρόν).

„Das Schicksal ist das Zusammenwirken vieler und entgegengesetzter Mächte, die unsichtbar und verborgen sind, den Lauf der Gestirne lenken und durch dieselben herrschen“. Denn wenn der Umschwung des Gestirns zusammentrifft mit der Bewegung des Kosmos, so herrscht er über alles, was in dieser Zeit in der Welt entsteht, nicht jedoch das Gestirn für sich, sondern die unsichtbaren Gewalten, deren Kraft durch dasselbe sich bethätigt. Die zwölf Sternbilder des Thierkreises und die sieben Planeten, deren Wege bald mit einander gleich laufen, bald sich kreuzen, zeigen daher die Entstehung der lebenden Wesen und den Wechsel der Umstände an. Die Sterne und die Mächte sind verschieden, entweder gut oder böse, entweder rechte oder linke, und machen sich die Herrschaft über ihre Untergebenen streitig, theils wie

------

[1]) Vrgl. § 38. Hip. VI, 32: ἔστι δὲ πυρώδης ἡ ψυχικὴ οὐσία, καλεῖται δὲ καὶ τόπος ὑπ᾽ αὐτῶν καὶ ἑβδομὰς καὶ παλαιὸς τῶν ἡμερῶν .... ὅν φησιν εἶναι τοῦ κόσμου δημιουργόν· ἔστι δὲ πυρώδης.

[2]) Hip. VI, 36. D. a. § 35. Sonst kommt das Wort in den Quellen der Valentinianischen Gnosis nicht vor.

Krieger für sie kämpfend, theils wie Räuber ihnen nach-
stellend.

Aus diesem Kampf der Geister um den Besitz dessen, was
da lebt, rettet der Herr die Seinen. Die guten Sterngeister
waren nicht kräftig genug, sie zu behüten; auch sie sind Mieth-
linge, die nicht gleich dem guten Hirten ihr Leben für die
eigenen Schafe dahingeben. Dazu kommt, dafs der Mensch ein
schwaches, zum schlechten geneigtes Wesen ist und so den bösen
Mächten in die Hände arbeitet. Darum erscheint der Herr als
ein neuer Stern und vernichtet die alten Constellationen durch
ein neues, nicht kosmisches Licht; er kommt als Führer der
Menschen auf die Erde, um diejenigen, die an Christus glauben,
unter die Obhut desselben zu stellen[1]).

Die Geburt des Soter befreit die Gläubigen von der Macht
des Schicksals, seine Feuertaufe vom Feuer, sein Leiden vom
Leiden; aber es gilt, ihm in allen Stücken Nachfolge zu leisten.
Daher bedeutet für den Gläubigen die Taufe den Tod und das
Ende des alten Lebens, denn er sagt ab den bösen Gewalten und
lebt Christus. So wie er aus dem Bade emporsteigt, ist er ein
Knecht Gottes und ein Herr der unreinen Geister, die jetzt vor
ihm erbeben. Er erhält die vollkommene Erkenntnifs und Gestaltung, und, in dem Namen des Vaters, des Sohnes und des heiligen Geistes versiegelt, ist er befreit von der Trias des Ver-
derbens[2]). Das reine, körperlose Feuer, das alles dämonische

---

[1]) ὁ κύριος   ὁ κατελθὼν εἰς γῆν, ἵνα μεταθῇ τοὺς εἰς τὸν Χριστὸν
πιστεύσαντας ἀπὸ τῆς εἱμαρμένης εἰς τὴν ἐκείνου πρόνοιαν. Die πρόνοια τοῦ
Χριστοῦ wird unterschieden von der Thätigkeit des κύριος. Darf man auf
das vorhergehende recurriren, so scheint es wahrscheinlich, dafs unter
Christus der psychische Christus des Demiurg zu verstehen ist, auf den
die Propheten und das Gesetz weissagten (§ 59) und der bis zur Vollendung neben dem Demiurg sitzt (§ 62). Der κύριος ist nach § 75 der Soter. Vrgl. über eine ähnliche Scheidung der Markosier Iren. I, 21, 2.

[2]) § 80. Auch § 28 ist die Rede von τρεῖς τόποι ἀριστεροί. § 81
trennt die Dämonen und den Diabolos von einander; nimmt man die

verzehrt, wird durch die Geistestaufe in ihm entzündet und herrscht über die bösen Mächte[1]).

Diese Gnade der Geistestaufe wird dem Gläubigen durch das Wasser zu eigen, das durch den Exorcismus nicht allein vom schlechten gereinigt wird, sondern auch die Heiligung empfängt[2]). So mag man mit Freude, doch auch mit Furcht dem Baptisma nahen; mit Freude um der Kraft willen, die es verleiht, mit Furcht um der unreinen Geister willen, die, wenn sie mit dem Menschen des heiligen Siegels theilhaft werden, ihn ohne Rettung vergewaltigen; mag man durch Fasten, Beten, Erheben der Hände und Kniebeugung sich bereiten, da die Seele aus der Welt und dem Rachen des Löwen gerettet wird. Wohl treten dann nach der Taufe die Versuchungen der zornigen Geister dem Gläubigen nahe, wie auch der Herr mit den Thieren in der Wüste verweilte und versucht ward, um, den Seinen zum Vorbild, obzusiegen und als wahrer König von Engeln bedient zu werden. Jedoch gewappnet mit des Herrn Waffenrüstung vermag er

---

Hyle als dritte, von Natur dem Verderben geweihte Substanz hinzu, so hätte man die Glieder τῆς ἐν φθορᾷ τριάδος beisammen.

[1]) Die Excerpte (§ 81) unterscheiden ein βάπτισμα ὕδατος und πνεύματος. Das erste ist τοῦ αἰσθητοῦ πυρὸς σβεστήριον, das andere, τὸ νοητόν, ist τοῦ νοητοῦ πυρὸς ἀλεξητήριον. Diese Feuertaufe kennt auch Herakleon; vrgl. eclog. pr. p. 202: ἔνιοι δὲ, ὥς φησιν Ἡρακλέων, πυρὶ τὰ ὦτα τῶν σφραγιζομένων κατεσημήναντο, οὕτως ἀκούσαντες τὸ ἀποστολικόν. Τὸ ἀποστολικόν bezieht sich nach Grabe's Nachweisung (spic. II, S. 85) auf Luc. 3, 17, worauf auch unsere Stelle, die ὑδώρ dem πνεῦμα und πῦρ νοητόν gegenüberstellt, zu deuten scheint.

[2]) Als Analogie für diese Umwandlung ist § 82 angeführt: Brod und Oel wird durch die Kraft des Namens geheiligt und, obwohl es der Erscheinung nach bleibt, was es war, durch Kraft in pneumatische Kraft umgewandelt. Ἄρτος enthält eine klare Beziehung auf das Abendmahl (vrgl. Baur, Dogmengeschichte I, S. 691); vielleicht ist deshalb statt ἔλαιον: οἶνος (ΦΟΙΝΟΣ) zu lesen, zumal da sonst in den Excerpten der altkirchliche Gebrauch einer Salbung mit Oel bei der Taufe sich nicht erwähnt findet. Ueber die Markosier vrgl. Iren. l. c. § 5.

zu vertilgen die Geschosse des Teufels, indem er Leib und Seele unverwundet erhält.

Der Kern dieses Stücks ist die Lehre von der Taufe, durch welche die Befreiung von der Welt und dem Tode sich vollzieht. „Wer durch Christus wiedergeboren ist, wird in das Leben, in die Ogdoas übergeführt, und man stirbt der Welt und lebt Gott, damit der Tod durch den Tod aufgelöst wird und durch die Auferstehung das Verderben“. Die Entwicklung concentrirt sich in die Gegensätze von γένεσις und ἀναγέννησις, von θάνατος und ζωή. In der Wiedergeburt empfängt der Getaufte das Siegel, das ihn für alle bösen Mächte unnahbar macht, und steht unter der Vorsorge Gottes. Die Wirksamkeit der Taufe besteht in der Vernichtung alles unreinen und einer Veränderung der unvollkommenen Geburt des Menschen.

Diese Vorstellungen entsprechen vielfach der altkirchlichen Lehre. So sagt Hermas (Simil. III, 9 § 6) zum Theil in wörtlicher Uebereinstimmung mit den Excerpten: Illi igitur defuncti sigillo filii Dei signati sunt et intraverunt in regnum Dei. Antequam enim accipiat homo nomen filii Dei, morti destinatus est; at ubi accipit illud sigillum, descendunt homines morti obligati, ascendunt vero vitae assignati. Auch findet die Taufformel, der Exorcismus des Wassers, die Vorbereitung durch Fasten und Gebet zahlreiche Analogien von Seiten der Kirchenväter [1]). Der Glaube ferner, dafs gute und böse Geister den Menschen begleiten, nimmt der Hirt des Hermas zum Anlafs seiner Ermahnungen [2]), während Papias Engel zu Leitern und Beherrschern der Welt macht, obwohl ihre Anordnungen entkräftet werden

---

[1]) Den Exorcismus erwähnen die Const. apost. VII, 41 als Gebrauch bei der Taufe, jedoch nur den Verbal-Exorcismus. Clemens spricht von demselben nur hier; Paedag. 1, 16 dagegen handelt ausschliefslich von den innerlichen Wirkungen der Taufe, dem φωτισμός, der zur γνῶσις führt.

[2]) II, mand. 6. Pat. ap. ed. Cot. I, S. 94: δύο γάρ εἰσιν ἄγγελοι μετὰ τοῦ ἀνθρώπου· εἷς τῆς δικαιοσύνης, εἷς τῆς πονηρίας.

können[1]). Endlich enthält dieses Stück der Excerpte dieselbe Lehre von einem sinnlichen und pneumatischen Feuer und einer doppelten Taufe, welche die Eclogae vortragen[2]). Auf der anderen Seite wird eine Taufe im Namen des Vaters, des Sohnes und des heiligen Geistes gelehrt, wogegen nach § 22 die Engel getauft wurden, um den ihnen zugehörigen Pneumatikern durch Uebertragung des ὄνομα den Durchgang durch den Horos zu ermöglichen, und man deshalb bei der Handauflegung sprach: εἰς λύτρωσιν ἀγγελικήν. Die Vermuthung liegt daher nicht fern, daſs wir hier einer Form der Gnosis begegnen, die in Folge reichlicher Durchsetzung mit christlichen Elementen sich selbst aufgegeben hat[3]).

Trotzdem müssen wir es festhalten, daſs die Anschauungen unseres Abschnittes ganz und gar auf gnostischer Basis ruhen. Die Grundzüge jener Ethik, welche den Zustand des Menschenherzens von Factoren abhängig macht, die den Willen beherr-

---

[1]) Grabe II, S. 33. Die τάξις τῶν ἀγγελικῶν an dieser Stelle bildet vielleicht die eine Seite der παράταξις der guten und bösen Engel, § 72.

[2]) Vrgl. D. a. § 81 mit Eclog. § 5—8.

[3]) Die Lehre, die Clemens von der Taufe endgültig aufstellt, scheint nicht ohne Einwirkung der hier entwickelten Ansichten entstanden zu sein. Die Eclogae bilden das Mittelglied zwischen den Excerpten und Paedag. I, 6. Die Excerpte unterscheiden eine Wasser- und Feuertaufe. Letztere entnimmt den Menschen allen dämonischen Einflüssen, sie macht ihn zum Herrn alles unreinen, während das ὕδωρ ἐξορκιζόμενον die Heiligung empfängt; was die eine vorbereitet, vollendet die andere. In den Eclogae tritt die Befreiung von den unreinen Geistern zurück hinter der Vorstellung, daſs das sinnliche und das geistige Wasser den Leib und die Seele reinige, indem der Herr uns vermittelst desselben aus der ἀταξία führt und erleuchtet (φωτίζει). Dadurch werden auch die unreinen Geister, die mit der Seele verbunden sind, von der neuen und pneumatischen Geburt ausgesondert (διυλίζεσθαι). Auf dieses διυλίζεσθαι, das dem φωτισμός vorangeht, greift Clem. Paedag. I, 6 § 32 in einer Weise zurück, die zeigt, daſs er die vorgetragene Ansicht anderen entlehnt hat. Die Meinung derjenigen sei nicht zu verwerfen, welche unter διυλισμός »τὸν ἀπὸ τῆς ὑπομνήσεως τῶν ἀμεινόνων καὶ τῶν χειρόνων χωρισμόν« verstehen.

schen, aber nicht von ihm beherrscht werden, sind in derselben Schärfe schon von Valentinus ausgesprochen[1]); und wenn von ihm als Ziel der Kinder des ewigen Lebens die Vernichtung des Todes oder vielmehr das Absterben des Todes im innern Leben und die dadurch erworbene Herrschaft über Schöpfung und Verderben angegeben wird, so sind hier dieselben Begriffe an die Lehre von den Wirkungen der Taufe geknüpft[2]).

Nach Valentinus erlangt der Mensch seine Reinheit durch Gnade; wenn er von Gott gnädig angesehen und erleuchtet wird, dann weichen die dämonischen Mächte und er erfreut sich der Fürsorge Gottes (*προνοίας τυγχάνει*). In gleicher Weise versetzt nach den Excerpten der Herr die Gläubigen aus der Obmacht des Schicksals unter die Fürsorge (*πρόνοια*) Christi[3]). Allerdings suchen wir in diesen Analogien ebenso vergeblich nach dem „astrologischen Fatalismus“, der hier gelehrt wird, als in den Relationen der Kirchenväter; nur eine aphoristische Notiz der Excerpte schreibt dem Theodot die Lehre zu: die Apostel wären an die Stelle der zwölf Zeichen des Zodiakos getreten; wie nämlich von diesen die Geburt (*γένεσις*) angeordnet werde, so werde von jenen die Wiedergeburt (*ἀναγέννησις*) beaufsichtigt. Dieselben Grundansichten kehren in dem betrachteten Abschnitt wieder, wenn er die *μετάθεσις ἐκ τῆς εἱμαρμένης εἰς τὴν τοῦ Χριστοῦ πρόνοιαν* beschreibt; und damit hätten wir einen bestimmten Anknüpfungspunkt für astrologische Speculationen des Systems in der orientalischen Lehre des Theodot gefunden. In wie weit ihm die Ausführung derselben angehört, müfsten wir dahin gestellt sein lassen[4]), wenn nicht die Lehre von der *λύτρωσις ἀγ-*

---

[1]) Vrgl. oben S. 71. Grabe II, S. 51 mit §§ 69 folg. 73. 88.

[2]) Vrgl. oben S. 71. Grabe II, S. 53 mit §§ 77. 80.

[3]) Eine ähnliche Wendung kehrt auch Ptolem. ad Flor. 1 wieder: *ἀπρονοήτων δέ ἐστιν ἀνθρώπων τῆς προνοίας τοῦ δημιουργοῦ μὴ αἰτίαν λαμβανομένων.*

[4]) Gleichfalls nach dem Osten weist die Uebereinstimmung dieses Stücks mit Bardesanes, dessen Kosmologie auf „astrologischem Fatalismus“

γελική seine Meinungen in anderer Weise bestimmte. Nach Irenäus nämlich unterschieden die Markosier das *βάπτισμα* von den *ἀπολυτρώσεις*, die sie auf das mannigfachste ausschmückten. Die Taufe hatte nach ihrer Meinung nur reinigende, die Erlösung umwandelnde und erneuernde Kraft. Ferner wird von Irenäus unter anderen eine Formel angeführt, nach welcher bei der Uebertragung der *λύτρωσις* gesprochen wurde: *Τὸ ὄνομα τὸ ἀποκεκρυμμένον ἀπὸ πάσης θεότητος καὶ κυριότητος καὶ ἀληθείας, ὃ ἐνεδύσατο Ἰησοῦς ὁ Ναζαρηνὸς ... εἰς λύτρωσιν ἀγγελικήν* (I, 21, 3). Vergleichen wir damit die Lehre Theodots, so gebraucht sie nicht nur dieselbe Formel[1]), sondern gründet sich auch auf dieselben Voraussetzungen: die Engel sind im Anfang getauft *ἐν λυτρώσει τοῦ ὀνόματος τοῦ ἐπὶ τὸν Ἰησοῦν ἐν τῇ περιστερᾷ κατελθόντος καὶ λυτρωσαμένου αὐτόν*. Daher ist Theodots Lehre unabhängig von dem letzten Abschnitt der Excerpte, wenn auch die scharfe Trennung von *βάπτισμα* und *ἀπολύτρωσις*, welche die Markosier festhielten, bei ihm noch nicht vollzogen ist[2]).

Die Markosier ferner identificiren *ἀπολύτρωσις* und *γνῶσις*[3]), und hierin stimmen wiederum die Excerpte principiell mit ihnen überein, wenn sie lehren: nicht allein das *λουτρόν* sei das befreiende, sondern auch die *γνῶσις* (§ 78). Wird beides von einander unterschieden, so steht die *γνῶσις*, welche den positiven Inhalt der erlösten Natur in sich schliefst, höher als das reinigende Bad der Wiedergeburt, das der *γνῶσις* erst Raum schafft; und so bleibt der Unterschied, dafs Theodot und die Markosier die Uebermittelung der *γνῶσις* an den Act der *λύτρωσις* oder *ἀπολύτρωσις* knüpfen, während der letzte Abschnitt der Excerpte

---

beruht. Die sieben Hauptgestirne und die zwölf Zeichen des Thierkreises gelten ihm als Schicksalsmächte. Vrgl. Hilgenfeld, Bardesanes der letzte Gnostiker, S. 56 folg.

[1]) § 22: *ἐν τῇ χειροθεσίᾳ λέγουσιν ἐπὶ τέλους εἰς λύτρωσιν ἀγγελικήν.*

[2]) L. c.: *ἵν’ ᾖ βεβαπτισμένος ὁ τὴν λύτρωσιν κομισάμενος τῷ αὐτῷ ὀνόματι ᾧ καὶ ὁ ἄγγελος αὐτοῦ προβεβάπτισται.* Vrgl. Iren. I, 21, 1. 2.

[3]) Iren. l. c. 4: *ὥστε εἶναι τὴν γνῶσιν ἀπολύτρωσιν τοῦ ἔνδον ἀνθρώπου.*

vorzugsweise das vorbereitende βάπτισμα im Auge behält. Durch die Anwendung desselben vermochte die häretische Gnosis den Zusammenhang mit der Kirche scheinbar aufrecht zu erhalten.

Das bunte Bild Valentinianischer Speculation, das die Excerpte uns enthüllen, wird durch ihre Mittheilungen über die Schriftbenutzung bereichert, aus denen hervorgeht, daſs die heilige Schrift alten und neuen Testaments durchweg als Auctorität galt, und zwar abgesehen von kaum nennenswerthen Ausnahmen als einzige Auctorität. Denn nicht nur kehren die üblichen Formeln: διὸ λέγει ὁ σωτήρ, διὸ καί φησιν ὁ κύριος, φησί ὁ ἀπόστολος, oder ὅθεν εἴρηται, ταῦτα σημαίνει und ähnliche Wendungen bei Anführung der biblischen Belegstellen wieder, sondern man geht sogar so weit, das Handeln des Soter von der Nothwendigkeit, seine Worte zu erfüllen, abhängig zu machen[1]). Auſser den directen Citaten[2]) sind eine Menge biblischer Ausdrücke und Anklänge in die Entwicklungen der Art verwoben, daſs jene genaue Bekanntschaft mit der Schrift vorausgesetzt wird, ohne welche die Anspielung an Kraft und Verständlichkeit verliert. So wird z. B. auf Gal. 4, 21 folgendermaſsen Bezug genommen: „Israel bezeichnet bildlich den Pneumatiker, der Gott schauen wird, den echten Sohn des gläubigen Abraham, den Sohn von der freien, nicht den nach dem Fleisch, den der ägyptischen Sklavin“; oder mit Hinblick auf Röm. 11, 24 das Verhältniſs des Psychikers zum Pneumatiker unter dem Bilde des Zweigs, der in den edlen Oelbaum gepfropft ist, gedacht (§ 56). Auch die Terminologie beugt sich unter dem Einfluſs der Schrift. Der Soter heiſst nach Jes. 9, 6: ὁ τῆς βουλῆς ἄγγελος (§ 43),

---

[1]) § 4: ἄλλως τε ἐχρῆν κακεῖνον πληρωθῆναι τὸν λόγον τοῦ σωτῆρος, ὃν εἶπεν.

[2]) Es finden sich in den gnostischen Stücken der Excerpte aus dem alten Testament 16, aus dem neuen 56 Verbal- oder Realcitate; von letzteren sind 12 dem Matthäus, 6 dem Lucas, 15 dem Johannes, 6 dem Römer-, 3 dem Galater-, 4 dem 1. Corinther-, 5 dem Epheser-, 3 dem Philipper-, 2 dem Colosserbrief entnommen.

die Pneumatiker begnügen sich mit der einfachen Bezeichnung Gläubige, das Ziel des Erlösten ist, zum Glauben und zur Unvergänglichkeit zu gelangen[1]); die animalische Seele heifst $\sigma\acute{\alpha}\varrho$-$\varkappa\iota o\nu$ oder $\sigma\acute{\alpha}\varrho\xi$ (§ 67), die psychische nach Gen. 2, 23 $\dot{o}\sigma\tau o\tilde{\upsilon}\nu$.

Die Aussprüche der Schrift sind mit wenigen Ausnahmen frei citirt; die alttestamentlichen zunächst schliefsen sich im allgemeinen an die LXX. an, obwohl sie vielfach den Wortlaut willkürlich verändern. So lesen die LXX. Gen. 1, 2: $\tau o\tilde{\upsilon}$ $\ddot{\upsilon}\delta\alpha\tau o\varsigma$, während die Excerpte: $\tau\tilde{\omega}\nu$ $\dot{\upsilon}\delta\acute{\alpha}\tau\omega\nu$ haben (§ 47); Gen. 4, 26 lassen sie $\tau o\tilde{\upsilon}$ $\vartheta\varepsilon o\tilde{\upsilon}$ fort, das die LXX. an $\tau o\tilde{\upsilon}$ $\varkappa\upsilon\varrho\acute{\iota}o\upsilon$ anfügen (§ 55). § 28 benutzen die Excerpte Deut. 5, 9 und Num. 14, 18, indem sie $\dot{\alpha}\mu\alpha\varrho\tau\acute{\iota}\alpha\varsigma$ $\pi\alpha\tau\acute{\varepsilon}\varrho\omega\nu$ $\dot{\varepsilon}\pi\grave{\iota}$ $\tau\acute{\varepsilon}\varkappa\nu\alpha$ fortlassen und für $\tau o\tilde{\iota}\varsigma$ $\mu\iota\sigma o\tilde{\upsilon}\sigma\acute{\iota}$ $\mu\varepsilon$: $\tau o\tilde{\iota}\varsigma$ $\dot{\alpha}\pi\varepsilon\iota\vartheta o\tilde{\upsilon}\sigma\iota$ setzen. Andere Stellen des Pentateuchs (Gen. 1, 1 § 46. 1, 3 § 48. 1, 27 § 21) sind, wenn man von der ungenauen Wiedergabe der Partikeln absieht, wörtlich benutzt, während die wenigen Citate aus den Propheten und den didaktischen Büchern sich weiter von den Schriftworten entfernen (Prov. 9, 1 § 47. Jes. 9, 6 § 43. Dan. 7, 9. 10 § 31), und die zweimal benutzte Psalmstelle (110, 1 §§ 38. 62) für so bekannt gehalten wird, dafs sie das zweite Mal mit einem $\varkappa\alpha\grave{\iota}$ $\dot{\varepsilon}\xi\tilde{\eta}\varsigma$ abschliefst.

Die Citate aus dem neuen Testament sind theils wörtliche Anführungen, theils Combinationen mehrerer verwandter Stellen. Erstere sind am wenigsten zahlreich, denn fast ausnahmslos schleichen sich fremde Bestandtheile ein oder werden zugehörige Worte fortgelassen. Oft ist es nachweislich auch hier das Interesse an der Beugung des Sinnes zu Gunsten der zu begründenden Lehre, welche die Veränderungen veranlafst, oft auch die unbewufste Willkür der reproducirenden Erinnerung. Am treusten sind die benutzten Stellen des Johannesevangeliums wiedergegeben; Matthäus und Lukas erfreuen sich nicht derselben Rücksicht.

---

[1]) Vrgl. § 56. § 61: $\pi\iota\sigma\tau\varepsilon\acute{\upsilon}\sigma\alpha\nu\tau\alpha$ $\delta\grave{\varepsilon}$ $\tau\grave{\alpha}$ $\pi\nu\varepsilon\upsilon\mu\alpha\tau\iota\varkappa\acute{\alpha}$. § 42: der Stauros trennt die $\pi\iota\sigma\tau o\iota$ von den $\ddot{\alpha}\pi\iota\sigma\tau o\iota$.

Die zahlreichsten Belegstellen haben die Fragen nach der Beschaffenheit des Menschen und des Soter um sich gesammelt. Es kam darauf an, die verschiedenen Bestandtheile ihres Wesens aus der Schrift abzuleiten, und ganze Gruppen biblischer Aussprüche müssen diesem Zwecke dienen (§§ 51 folg. 61). Um die substantielle Verschiedenheit von $\sigma\acute{\alpha}\varrho\xi$ und $\psi\upsilon\chi\acute{\eta}$ zu begründen, die zunächst in Gen. 2, 7 ausgesprochen sei (vrgl. oben S. 103), stellt man eine Reihe von Schriftworten, zum Theil mit Abänderungen, welche die Beweiskraft erst herstellen, zusammen. Auf das animalische und psychische Princip der Menschennatur gehe Matth. 10, 28, wo die rec. liest: $\varphi o\beta\acute{\eta}\vartheta\eta\tau\varepsilon$ $\delta\grave{\varepsilon}$ $\mu\tilde{\alpha}\lambda\lambda o\nu$ $\tau\grave{o}\nu$ $\delta\upsilon\nu\acute{\alpha}\mu\varepsilon\nu o\nu$ $\varkappa\alpha\grave{\iota}$ $(\tau\grave{\eta}\nu)$ $\psi\upsilon\chi\grave{\eta}\nu$ $\varkappa\alpha\grave{\iota}$ $(\tau\grave{o})$ $\sigma\tilde{\omega}\mu\alpha$ $\dot{\alpha}\pi o\lambda\acute{\varepsilon}\sigma\alpha\iota$ $\dot{\varepsilon}\nu$ $\gamma\varepsilon\acute{\varepsilon}\nu\nu\eta$. Die Excerpte wenden die oratio obliqua an und lesen: $\tau\alpha\acute{\upsilon}\tau\eta\nu$ $\tau\grave{\eta}\nu$ $\psi\upsilon\chi\grave{\eta}\nu$ $\varkappa\alpha\grave{\iota}$ $\tau o\tilde{\upsilon}\tau o$ $\tau\grave{o}$ $\sigma\tilde{\omega}\mu\alpha$ $\tau\grave{o}$ $\psi\upsilon\chi\iota\varkappa\acute{o}\nu$. Das animalische Princip ($\sigma\acute{\alpha}\varrho\varkappa\iota o\nu$) war sodann durch folgende dem neuen Testament entnommene Termini charakterisirt: $\dot{\alpha}\nu\tau\acute{\iota}\delta\iota\varkappa o\nu$ (Matth. 5, 29), $\nu\acute{o}\mu o\varsigma$ $\dot{\alpha}\nu\tau\iota\sigma\tau\varrho\alpha\tau\varepsilon\upsilon\acute{o}\mu\varepsilon\nu o\varsigma$ $\tau\tilde{\wp}$ $\nu\acute{o}\mu\wp$ $\tau o\tilde{\upsilon}$ $\nu o\acute{o}\varsigma$ $\mu o\upsilon$ (nach Röm. 7, 23); es muſs gefesselt und geraubt werden $\dot{\omega}\varsigma$ $\dot{\iota}\sigma\chi\upsilon\varrho o\tilde{\upsilon}$ $\tau\grave{\alpha}$ $\sigma\varkappa\varepsilon\acute{\upsilon}\eta$ (Matth. 12, 29), es ist das Unkraut unter dem Weizen (Matth. 13, 25) etc. Andererseits gebe Gal. 3, 19 über den pneumatischen Samen Auskunft. Die Willkür der Interpretation tritt hier besonders klar hervor. Mit Uebergehung des eigentlichen Subjects $\nu\acute{o}\mu o\varsigma$ greift man auf die vorhergehenden Worte: $\dot{\alpha}\chi\varrho\iota\varsigma$ $o\tilde{\upsilon}$ $\dot{\varepsilon}\lambda\vartheta\eta$ $\tau\grave{o}$ $\sigma\pi\acute{\varepsilon}\varrho\mu\alpha$ zurück. Von diesem $\sigma\pi\acute{\varepsilon}\varrho\mu\alpha$ als $\delta\iota\alpha\tau\alpha\gamma\grave{\varepsilon}\nu$ $\delta\iota'$ $\dot{\alpha}\gamma\gamma\acute{\varepsilon}\lambda\omega\nu$ rede der Apostel[1]). Die Engel hätten die Emanation der Sophia empfangen und verwalteten sie.

Ebenso deute die Schrift bald auf den einen, bald auf den anderen Theil des Wesens des Soter. Wenn derselbe sagt: ich bin das Leben, die Wahrheit[2]), ich und der Vater sind eins

---

[1]) § 53. Der Text liest $\delta\iota\alpha\tau\alpha\gamma\varepsilon\acute{\iota}\varsigma$, welches sich nur auf $'A\delta\acute{\alpha}\mu$ beziehen könnte. Da dies aber keinen Sinn giebt und im folgenden ausdrücklich von den Engeln als Hütern des $\sigma\pi\acute{\varepsilon}\varrho\mu\alpha$ die Rede ist, wird man $\delta\iota\alpha\tau\alpha\gamma\acute{\varepsilon}\nu$ lesen müssen.

[2]) § 61. Joh. 14, 6: $\acute{o}\delta\acute{o}\varsigma$ ist fortgelassen.

(Joh. 10, 30), so bezeichnet er damit sein pleromatisches Wesen; auf seine pneumatische und psychische Natur wieder geht der Ausspruch: das Kindlein aber wuchs und gedieh sehr[1]). Vermöge seines psychischen Wesens war Jesus leidensfähig, auf dieses bezieht sich daher Luc. 9, 22[2]); auf seinen vorbildlichen Wandel Matth. 26, 32, wo der ursprüngliche Text vollständig verändert ist[3]), auf seine erlösende Thätigkeit endlich Matth. 10, 38[4]).

In der Lehre von der Zurückführung ins Pleroma wird von den Excerpten die Schrift nicht direct als Beweismittel verwerthet, jedoch entlehnen sie derselben die Bilder und Typen der Darstellung. Einmal stehen die Schilderungen in § 27·in enger Beziehung zu Hebr. 9[5]), sodann wird, mehr ausgeführt als bei Irenäus (I, 7, 5), die Vollendung unter dem Bilde eines Gastmahls dargestellt, und zwar mit offenbarer Anlehnung an Johanneische Ausdrücke. Der $\dot{\alpha}\varrho\chi\iota\tau\varrho\dot{\iota}\varkappa\lambda\iota\nu\sigma\varsigma$ (§ 65. Joh. 2, 9) ist identificirt mit dem $\varphi\dot{\iota}\lambda\sigma\varsigma\ \tau\sigma\tilde{\upsilon}\ \nu\upsilon\mu\varphi\dot{\iota}\sigma\upsilon$ (Joh. 3, 29); derselbe steht vor dem Brautgemach und ist voll Freude[6]); der Ausdruck ferner

---

[1]) Das Citat ist combinirt aus Luc. 2, 40. 52. Die Excerpte lesen: $\tau\dot{\sigma}\ \delta\grave{\epsilon}\ \pi\alpha\iota\delta\dot{\iota}\sigma\nu\ \eta\check{\upsilon}\xi\alpha\nu\epsilon\nu\ \varkappa\alpha\grave{\iota}\ \pi\varrho\sigma\acute{\epsilon}\varkappa\sigma\pi\tau\epsilon\nu\ \sigma\varphi\acute{\sigma}\delta\varrho\alpha$. $\Sigma\varphi\acute{\sigma}\delta\varrho\alpha$ ist Zusatz. Daſs der Wortlaut des Textes´ bekannt war, zeigt die Interpretation: $\sigma\sigma\varphi\dot{\iota}\alpha\varsigma\ \mu\grave{\epsilon}\nu\ \gamma\grave{\alpha}\varrho\ \tau\grave{\sigma}\ \pi\nu\epsilon\upsilon\mu\alpha\tau\iota\varkappa\grave{\sigma}\nu\ \delta\epsilon\tilde{\iota}\tau\alpha\iota,\ \mu\epsilon\gamma\acute{\epsilon}\vartheta\sigma\upsilon\varsigma\ \delta\grave{\epsilon}\ \tau\grave{\sigma}\ \psi\upsilon\chi\iota\varkappa\acute{\sigma}\nu$. Vrgl. v. 52: $'I\eta\sigma\sigma\tilde{\upsilon}\varsigma\ \pi\varrho\sigma\acute{\epsilon}\varkappa\sigma\pi\tau\epsilon\nu\ \sigma\sigma\varphi\dot{\iota}\alpha\ \varkappa\alpha\grave{\iota}\ \dot{\eta}\lambda\iota\varkappa\dot{\iota}\alpha$.

[2]) Die Excerpte lesen: $\delta\epsilon\tilde{\iota}\ \tau\grave{\sigma}\nu\ \upsilon\dot{\iota}\grave{\sigma}\nu\ \tau\sigma\tilde{\upsilon}\ \dot{\alpha}\nu\vartheta\varrho\dot{\omega}\pi\sigma\upsilon\ \dot{\alpha}\pi\sigma\delta\sigma\varkappa\iota\mu\alpha\sigma\vartheta\tilde{\eta}\nu\alpha\iota,\ \dot{\upsilon}\beta\varrho\iota\sigma\vartheta\tilde{\eta}\nu\alpha\iota,\ \sigma\tau\alpha\upsilon\varrho\omega\vartheta\tilde{\eta}\nu\alpha\iota$; bei Lukas fehlt $\dot{\upsilon}\beta\varrho\iota\sigma\vartheta\tilde{\eta}\nu\alpha\iota$ ganz und statt $\sigma\tau\alpha\upsilon\varrho\omega\vartheta\tilde{\eta}\nu\alpha\iota$ liest er $\dot{\alpha}\pi\sigma\varkappa\tau\alpha\nu\vartheta\tilde{\eta}\nu\alpha\iota$.

[3]) Die Excerpte lesen: $\varkappa\alpha\grave{\iota}\ \pi\varrho\sigma\acute{\alpha}\xi\omega\ \dot{\upsilon}\mu\tilde{\alpha}\varsigma\ \tau\tilde{\eta}\ \tau\varrho\dot{\iota}\tau\eta\ \tau\tilde{\omega}\nu\ \dot{\eta}\mu\epsilon\varrho\tilde{\omega}\nu\ \epsilon\dot{\iota}\varsigma\ \tau\grave{\eta}\nu\ \Gamma\alpha\lambda\iota\lambda\alpha\dot{\iota}\alpha\nu$; Matthäus: $\mu\epsilon\tau\grave{\alpha}\ \delta\grave{\epsilon}\ \tau\grave{\sigma}\ \dot{\epsilon}\gamma\epsilon\varrho\vartheta\tilde{\eta}\nu\alpha\dot{\iota}\ \mu\epsilon\ \pi\varrho\sigma\acute{\alpha}\xi\omega$

[4]) § 41. Das Citat steht Matth. näher als Luc. 14, 27. Die Excerpte lesen: $\grave{\sigma}\varsigma\ \sigma\dot{\upsilon}\varkappa\ \alpha\check{\iota}\varrho\epsilon\iota$ (Matth. $\lambda\alpha\mu\beta\acute{\alpha}\nu\epsilon\iota$) $\tau\grave{\sigma}\nu\ \sigma\tau\alpha\upsilon\varrho\grave{\sigma}\nu\ \alpha\dot{\upsilon}\tau\sigma\tilde{\upsilon}\ \varkappa\alpha\grave{\iota}\ \dot{\alpha}\varkappa\sigma\lambda\sigma\upsilon\vartheta\epsilon\tilde{\iota}\ \mu\sigma\iota$ (Matth. $\dot{\sigma}\pi\dot{\iota}\sigma\omega\ \mu\sigma\upsilon$), $\sigma\dot{\upsilon}\varkappa\ \check{\epsilon}\sigma\tau\iota\ \mu\sigma\upsilon\ \dot{\alpha}\delta\epsilon\lambda\varphi\acute{\sigma}\varsigma$ (Matth. $\check{\alpha}\xi\iota\sigma\varsigma$).

[5]) Ebendaher ist im § 38, um die alttestamentliche Oekonomie auf den Demiurg zurückzuführen, der Erzengel, der allein dem feurigen Weltschöpfer naht, mit dem Hohenpriester verglichen, der $\check{\alpha}\pi\alpha\xi\ \tau\sigma\tilde{\upsilon}\ \dot{\epsilon}\nu\iota\alpha\upsilon\tau\sigma\tilde{\upsilon}$ das Allerheiligste betritt. Vrgl. Hebr. 9, 7.

[6]) Joh. 3, 29: $\dot{\sigma}\ \delta\grave{\epsilon}\ \varphi\dot{\iota}\lambda\sigma\varsigma\ \tau\sigma\tilde{\upsilon}\ \nu\upsilon\mu\varphi\dot{\iota}\sigma\upsilon,\ \dot{\sigma}\ \dot{\epsilon}\sigma\tau\eta\varkappa\grave{\omega}\varsigma\ \varkappa\alpha\grave{\iota}\ \dot{\alpha}\varkappa\sigma\acute{\upsilon}\omega\nu\ \alpha\dot{\upsilon}\tau\sigma\tilde{\upsilon}$

τοῦτο αὐτοῦ τὸ πλήρωμα τῆς χαρᾶς καὶ τῆς ἀναπαύσεως findet ein Analogon in Joh. 16, 24: ἵνα ἡ χαρὰ ᾖ πεπληρωμένη.

Waren die bisher besprochenen Citate in die Erörterungen als Belege und Stützen der gnostischen Lehren eingefügt, so enthalten die Excerpte andererseits eine Reihe exegetischer Stücke, in denen die Gnosis den Versuch macht, sich selbst in der Schrift wiederzufinden. Auch hier muſs, wie bei Irenäus (vrgl. oben S. 58), der Prolog des Johannes der Gnosis dienen[1]), um die Geheimnisse des Pleroma und seiner Offenbarung zu entschleiern. Der Logos ist ἐν ἀρχῇ, d. h. im Monogenes. Der hier erschienene ferner ist gleich dem Monogenes, jedoch er ist als derselbe in ·der Schöpfung der erstgeborene, in dem Pleroma der eingeborene. Sein Abbild ist der Demiurg[2]). Somit geht dieser Interpretationsversuch über Irenäus hinaus, bei dem der Prolog den Gnostikern nur die Welt innerhalb des Horos offenbarte; durch die Combination mit Col. 1, 15 wird die Brücke zum Kosmos geschlagen. Dadurch verliert aber der παράκλητος die ihm sonst angewiesene Stellung und anstatt seiner erscheint der μονογενής im πρωτότοκος, so daſs ein wichtiges Glied aus der Aeonenkette gefallen ist.

Um die Einheit des dem Kosmos transscendenten und im-

χαρᾷ χαίρει διὰ τὴν φωνὴν τοῦ νυμφίου. Die Excerpte: τοῦ νυμφίου δὲ φίλος, ἑστὼς ἔμπροσθεν τοῦ νυμφῶνος ἀκούων τῆς φωνῆς τοῦ νυμφίου χαρᾷ χαίρει.

[1]) §§ 6. 7. Joh. 1, 1. 4. 14. 18 werden citirt; v. 4 so wie bei Irenäus: ὁ γέγονεν ἐν αὐτῷ, ζωὴ ἦν; v. 18 wird dem ὁ μονογενὴς υἱός: ὁ μονογενὴς θεός substituirt, eine Lesart, die außer der Peschito, welche ähnlich unigenitus dei, qui est in sinu etc. liest, weder ein Codex noch eine Uebersetzung kennt.

[2]) Zur Sache vrgl. § 23. Die drei Termini, welche die gnostische Christologie tragen und begrenzen, sind μονογενής, πρωτότοκος und εἰκών. Die letzten beiden Ausdrücke sind im Colosserbrief (1, 15) verbunden, um das Wesen Christi zu erläutern, und wir dürfen um so eher annehmen, daſs die gnostische Lehre des Gegensatzes zu dieser Stelle sich bewuſst war, als § 19 Clemens die Einheit von εἰκών und πρωτότοκος im Anschluſs an den Colosserbrief der gnostischen Theologie antithetisch gegenüberstellt.

manenten Christus zu begründen, beruft man sich sowohl hier
als auch § 43 auf Eph. 4, 9 u. 10, welches an der zweiten Stelle
mit Col. 1, 16 und Phil. 2, 9—11 verbunden wird. Die wichtigsten christologischen Aussprüche der kleinen Paulinischen
Briefe wurden daher durchweg von den Gnostikern als Beweisstellen angezogen[1]), so jedoch, daſs sie mehrfache Verstümmelungen sich gefallen lassen müssen. Was zunächst Eph. 4, 9. 10
betrifft, so sind § 7 die Glieder des 10. Verses umgestellt;
dasselbe geschieht § 43, das willkürlich die Glieder der Grund-
stelle löst und verbindet. An die Spitze tritt: $\dot{a}\nu\alpha\beta\dot{a}\varsigma$ $\alpha\dot{v}\tau\dot{o}\varsigma$ $\varkappa\alpha\dot{\iota}$
$\varkappa\alpha\tau\alpha\beta\dot{a}\varsigma$ (v. 10: $\dot{o}$ $\varkappa\alpha\tau\alpha\beta\dot{a}\varsigma$ $\alpha\dot{v}\tau\dot{o}\varsigma$ $\dot{\varepsilon}\sigma\tau\iota\nu$ $\varkappa\alpha\dot{\iota}$ $\dot{o}$ $\dot{a}\nu\alpha\beta\dot{a}\varsigma$); dann
folgt: $\tau\dot{o}$ $\delta\dot{\varepsilon}$ $\dot{a}\nu\dot{\varepsilon}\beta\eta$ $\tau\dot{\iota}$ $\dot{\varepsilon}\sigma\tau\iota\nu,$ $\varepsilon\dot{\iota}$ $\mu\dot{\eta}$ $\ddot{o}\tau\iota$ $\varkappa\alpha\dot{\iota}$ $\varkappa\alpha\tau\dot{\varepsilon}\beta\eta$ (v. 9); endlich:
$\dot{o}$ $\varkappa\alpha\tau\alpha\beta\dot{a}\varsigma$ $\alpha\dot{v}\tau\dot{o}\varsigma$ $\dot{\varepsilon}\sigma\tau\iota\nu$ $\varepsilon\dot{\iota}\varsigma$ $\tau\dot{a}$ $\varkappa\alpha\tau\dot{\omega}\tau\alpha\tau\alpha$ $\tau\ddot{\eta}\varsigma$ $\gamma\ddot{\eta}\varsigma$ (aus v. 10 wiederholt und mit v. 9: $\varkappa\alpha\tau\dot{\varepsilon}\beta\eta$ $\varepsilon\dot{\iota}\varsigma$ $\tau\dot{a}$ $\varkappa\alpha\tau\dot{\omega}\tau\varepsilon\rho\alpha$ $\tau\ddot{\eta}\varsigma$ $\gamma\ddot{\eta}\varsigma$ verbunden), $\varkappa\alpha\dot{\iota}$ $\dot{a}\nu\alpha\beta\dot{a}\varsigma$ $\dot{v}\pi\varepsilon\rho\dot{a}\nu\omega$ $\tau\ddot{\omega}\nu$ $o\dot{v}\rho\alpha\nu\ddot{\omega}\nu$ (v. 10: $\dot{o}$ $\dot{a}\nu\alpha\beta\dot{a}\varsigma$ $\dot{v}\pi\varepsilon\rho\dot{a}\nu\omega$
$\pi\dot{a}\nu\tau\omega\nu$ $\tau\ddot{\omega}\nu$ $o\dot{v}\rho\alpha\nu\ddot{\omega}\nu$)'. Auch Coloss. 1, 16 hat ähnliche Ver-
stümmelungen erlitten; das distinguirende $\varepsilon\ddot{\iota}\tau\varepsilon$ — $\varepsilon\ddot{\iota}\tau\varepsilon$ ist
fortgelassen, und an die Stelle der $\ddot{a}\rho\chi\alpha\iota$ und $\dot{\varepsilon}\xi ov\sigma\dot{\iota}\alpha\iota$ treten
$\beta\alpha\sigma\iota\lambda\varepsilon\dot{\iota}\alpha\iota,$ $\vartheta\varepsilon\dot{o}\tau\eta\tau\varepsilon\varsigma$[2]) und $\lambda\varepsilon\iota\tau ov\rho\gamma\dot{\iota}\alpha\iota.$ In dem Citat Philipp.
2, 9—11 ferner tritt an Stelle der gesicherten Lesart: $\varkappa\dot{v}\rho\iota o\varsigma$
$\text{'}I\eta\sigma o\ddot{v}\varsigma$ $X\rho\iota\sigma\tau\dot{o}\varsigma$ $\varepsilon\dot{\iota}\varsigma$ $\delta\dot{o}\xi\alpha\nu$ $\vartheta\varepsilon o\ddot{v}$ $\pi\alpha\tau\rho\dot{o}\varsigma$: $\varkappa\dot{v}\rho\iota o\varsigma$ $\tau\ddot{\eta}\varsigma$ $\delta\dot{o}\xi\eta\varsigma$ $\text{'}I\eta\sigma o\ddot{v}\varsigma$
$X\rho\iota\sigma\tau\dot{o}\varsigma$ $\sigma\omega\tau\dot{\eta}\rho.$ Bei den Valentinianern des Irenäus endlich er-
fuhr Col. 2, 9 die Exstirpation von $\sigma\omega\mu\alpha\tau\iota\varkappa\ddot{\omega}\varsigma;$ im § 31 hat man
$\sigma\omega\mu\alpha\tau\iota\varkappa\ddot{\omega}\varsigma$ unbefangen beibehalten, jedoch liest man statt: $\pi\ddot{a}\nu$
$\tau\dot{o}$ $\pi\lambda\dot{\eta}\rho\omega\mu\alpha$ $\tau\ddot{\eta}\varsigma$ $\vartheta\varepsilon\dot{o}\tau\eta\tau o\varsigma$ nur $\pi\ddot{a}\nu$ $\tau\dot{o}$ $\pi\lambda\dot{\eta}\rho\omega\mu\alpha,$ wahrscheinlich
um darin den Soter als $\varepsilon\dot{v}\delta o\varkappa\dot{\iota}\alpha$ $\tau o\ddot{v}$ $\ddot{o}\lambda ov$ desto sicherer zu finden.

Der so begründeten Christologie wird die heilige Geschichte
bald in scheinbar ernster Interpretation, bald in typischer Umdeutung dienstbar gemacht. Einen willkommenen Anknüpfungspunkt bot die Geschichte von der Verklärung Jesu (§ 45). Da
die Worte des Soter erfüllt werden müssen, offenbare Jesu denen,
von welchen gesagt worden ist: „einige sind es von denen, die

---

[1]) Vrgl. Iren. I, 4, 5; 3, 4; oben S. 50.

[2]) $\vartheta\varepsilon\dot{o}\tau\eta\tau\varepsilon\varsigma$ liest auch Iren. I, 4, 5.

hier stehen, welche den Tod nicht schmecken werden, bis sie
des Menschen Sohn sehen in seiner Herrlichkeit"[1]), seine sonst
verhüllte Lichtnatur. Petrus, Jakobus und Johannes sahen sie
und entschliefen. Doch wie konnte es geschehen, daſs sie durch
die Stimme erschreckt zu Boden sanken (Matth. 17, 6), während
der Anblick des Lichts sie nicht erschütterte? Wiederum ver-
nimmt Johannes der Täufer, ohne zu erschrecken, die Gottes-
stimme, der Menge am Fluſs aber blieb sie unverständlich. Jenes
erklärt sich durch die Beschaffenheit der Natur, denn der unerwartete Schall verwirrt mehr, als der unerwartete Anblick[2]);
dieses, das Schauen der Jünger sowohl, als das Hören des Johannes, ward nur dadurch möglich, daſs die Kraft und der Wille
des Soter in dem an sich unempfänglichen Wesen des Menschen
wirksam wurde. Die Offenbarung bezog sich nur auf die wenigen auserwählten, denen deshalb auch Schweigen auferlegt
wird[3]). So begründet die evangelische Erzählung die aristokratische Sonderung der Naturen und die doketische Leiblichkeit des Soter.

Die typische Erklärung ferner wird in der schon aus Irenäus bekannten willkürlichen Weise vielfach angewandt. Das
Kreuz Christi wird zum Symbol des Horos (§ 42), das Blut,
das aus seiner Seite floſs, deutet auf die Reinigung von den
Affecten (Joh. 19, 32. § 61), die Todtenauferweckungen gelten
als Typen der geistigen Auferstehung (§ 7), der Schleier, in dem
die Weiber ihr Haupt verhüllen sollen, ist um der Sophia willen

---

[1]) Matth. 16, 28 liest: ἕως ἂν ἴδωσι τὸν υἱὸν ... ἐρχόμενον ἐν τῇ βα-
σιλείᾳ αὐτοῦ; die Excerpte: ἕως ἂν ἴδωσι τὸν υἱὸν   ἐν δόξᾳ. Hiefür
bietet nur der Cod. Cant. in der Parallelstelle Luc. 9, 27 eine Stütze: τὸν
υἱὸν   ἐρχόμενον ἐν τῇ δόξᾳ αὐτοῦ. Dadurch, daſs die gnostische Lesart
ἐρχόμενον streicht, erhält der Ausspruch einen vollkommen neuen Sinn.

[2]) ὦτα τυγχάνει ἀπιστότερα ὀφθαλμῶν καὶ ἡ παρὰ δόξαν φωνὴ μᾶλ-
λον ἐκπλήσσει.

[3]) Matth. 17, 9: μηδενὶ εἴπητε τὸ ὅραμα ἕως οὗ ὁ υἱὸς τοῦ ἀνθρώπου
ἐκ νεκρῶν ἐγερθῇ. Die Excerpte lesen: μηδενὶ εἴπητε ὃ εἴδετε.

zu tragen (1. Cor. 11, 10. § 44), Paulus selbst gilt als Typus des Paraklet, weil er die Auferstehung predigt (§ 23. Iren. II, 21, 2)[1]).

Neben dieser reichen Verwerthung der heiligen Schrift finden sich nur zwei Mal Citate aus apokryphischen Schriften. In § 2 wird dem Soter der Ausspruch in den Mund gelegt: σώζου σὺ καὶ ἡ ψυχή σου, womit er das geistige und leibliche Wesen des Menschen bezeichnet haben soll. Derselbe ist muthmafslich einem apokryphischen Evangelium, welches wir nicht mehr kennen, entnommen. Aufserdem findet sich ein Wort des Herrn an Salome (§ 67), das Clemens auch in den Strom. (III, 9, § 63) erwähnt und als Quelle desselben das Evangelium der Aegypter angiebt. Der Ausspruch lautet nach seiner Angabe: αὐτὸς εἶπεν ὁ σωτήρ· ἦλθον καταλῦσαι τὰ ἔργα τῆς θηλείας. Dann folgt die Frage der Salome: μέχρι τίνος οἱ ἄνθρωποι ἀποθανοῦνται; Jesus antwortet darauf: μέχρις ἂν τίκτωσιν αἱ γυναῖκες. Nach Clemens leiteten die Gnostiker hieraus die Verwerflichkeit der Ehe ab. Die Berechtigung dieser Auctorität bestreitet der Kirchenvater ihnen nicht, sondern sucht sie durch ein zweites Citat aus derselben apokryphischen Schrift und durch den exegetischen Nachweis

---

[1]) Aufser den berührten Stellen bieten bemerkenswerthe Abweichungen hauptsächlich folgende Citate:

1. Matth. 29, 19 (§ 76), die Taufformel, in welche die Excerpte vor βαπτίζετε »τοὺς πιστεύοντας« einschieben, während sie für μαθητεύσατε πάντα τὰ ἔθνη nur »κηρύσσετε« schreiben.

2. Luc. 2, 14, wo die Glieder des Lobgesangs umgestellt sind, steht merkwürdig als Beweisstelle, da es gerade das Gegentheil von dem zu erweisenden enthält. Der Herr soll als Friedensstifter im Himmel dargestellt werden, deshalb sage der Apostel: Friede auf Erden. Liest man mit Bernays an dieser Stelle Luc. 19, 38, so ist die Schwierigkeit gehoben.

3. Um Röm. 8, 20 auf den Demiurg beziehen zu dürfen, wurde das Subject ἡ κτίσις einfach ausgemerzt und dafür hinter ματαιότητι »τοῦ κόσμου« eingeschoben.

Eigentümlich ist bei der Anführung von Joh. 1, 9 die Beziehung des ἐρχόμενον auf ἄνθρωπον und nicht auf φῶς, was wegen der dem Worte κόσμος hier suppeditirten Bedeutung Schmuck geschieht (§ 41).

der Unzulässigkeit ihrer Interpretation zu widerlegen. Jesus verlange, wenn er von der Auflösung der Werke des Weibes spricht, nicht die Vernichtung der Welt, sondern nur die Vernichtung der Begierden. Es sei vom geistigen Tode die Rede, denn die Menschen sterben so lange, als die Begierden in ihnen wirksam sind. Die Excerpte stimmen negativ mit dieser Erklärung überein. Der Soter wolle nicht die Schöpfung schmähen (wie die von Clemens getadelten Gnostiker es thun), sondern spreche von den Leiden der Sophia, die zur Schöpfung wurden, als sie die formlosen Substanzen emanirte. So wird das Citat aus dem apokryphischen Evangelium von Clemens, ohne dafs seine Auctorität bestritten wird, in derselben Weise besprochen und erklärt, wie die canonischen Schriften. Wäre das Evangelium der Aegypter nach seiner Ansicht eine Dichtung der gnostischen Phantasie gewesen, gleich denen, auf welche Irenäus (I, 20, 1) hindeutet, so hätte er sich die Mühe der Widerlegung erspart und einfach das unächte Schriftwort zurückgewiesen. Es berechtigten daher diese Citate nicht zu der Annahme, dafs die Valentinianer bewufst und absichtlich von der Kirche verworfene und nicht anerkannte Schriften als Auctorität ihren Satzungen zum Grunde gelegt haben.

Die Stellung der Excerpte zur Schrift ist den vorausgehenden Untersuchungen gemäfs principiell dieselbe, welche die Relationen der Kirchenväter der Gnosis zuwiesen. Zwar tritt deutlich das Bestreben hervor, möglichst eng an den biblischen Sprachgebrauch sich anzuschliefsen und die einzelnen Lehren durch biblische Beweisstellen zu unterstützen, wie auch Widersprüche, die sich aufdrängten, durch Auslegung zu beseitigen, jedoch verwendet man dazu dieselbe Methode willkürlicher Trennung oder Combination oder Verstümmelung, welche den Irenäus zu seinen scharfen Rügen veranlafste. Dafs die scheinbare Verwandtschaft zwischen Schrift und Gnosis, welche die Valentinianer so eifrig nachzuweisen sich bemühten, nur auf der Oberfläche lag, dafür sind ihre Interpretationsversuche der schlagendste Beweis.

Wir haben den Inhalt der Excerpte nach seinen verschiedenen Bestandtheilen darzustellen versucht und darin eine Fassung der Valentinianischen Gnosis gefunden, welche selbständig neben den Relationen der Kirchenväter steht, theils dem Irenäus, theils dem Hippolytus mehr sich annähernd. In denselben stehen sich, abgesehen von dem Schlufsabschnitt, zwei Lehrtypen gegenüber, welche beide den Schwerpunkt ihrer Speculation nicht in die Gebiete verlegen, welche nach den Berichten der Kirchenväter die Gnosis am meisten beschäftigten. Die Lehre vom Pleroma erhält nur insoweit eine Stelle, als sie in unmittelbare Verbindung mit der Welt der Sophia tritt, die Leiden der Sophia, die den Valentinianern des Irenäus so reichen Anlafs zu phantastischen Speculationen gaben, sind nur einmal kurz erwähnt, um die Schöpfung daraus abzuleiten, wie auch die Lehre vom Horos nur beiläufig berücksichtigt wird.

Die Scheidung der Sophia und der Achamoth kennt ferner nur die dem Irenäus verwandte Lehrgruppe, in der die Leiden der Sophia aufserhalb des Horos denen der oberen entgegengesetzt werden und von einer $\sigma o \varphi i \alpha \; \delta \varepsilon v \tau \acute{\varepsilon} \varrho \alpha$ gesprochen wird, welche durch die Hülfe des oberen Christus den Kosmos bildet (§§ 45. 47). Dagegen tritt in der anderen Gruppe $\acute{\eta} \; \check{\alpha} v \omega \; \vartheta \acute{\eta} \lambda \varepsilon \iota \alpha$ selbständig schöpferisch auf. Sie bedarf keiner Befreiung und Gestaltung; ihrer Schöpfung fehlt nur insofern die Vollendung, als dieselbe eine abbildliche ist, und ihr Leiden beginnt erst, nachdem ihr vollkommenstes Geschöpf sie verlassen hatte (§§ 33 ff. 67). Dieser verschiedenen Darstellung entsprechend gestaltet sich die Lehre vom Demiurg. Dort ist das Geschöpf der befreiten Mutter zwar beschränkt, aber gutwillig und fügsam, und seine Welt bleibt ein Gegenstand der Fürsorge des Soter (§§ 47. 48); hier waltet der Sohn der enttäuschten Sophia in dem feurigen Reich, dessen glühende Ströme in die Welt der unendlichen Leere sich ergiefsen, und er mufs vom Erlöser besänftigt werden, damit er nicht alles vernichte (§ 38).

In der Christologie der Excerpte lassen sich drei Auffassungen unterscheiden. Die erste verbindet den $\mu o \nu o \gamma \varepsilon \nu \acute{\eta} \varsigma$ des Pleroma ohne alle Mittelglieder mit dem im Kosmos erscheinenden Christus (§ 7); die zweite leitet Christus aus der $\check{\varepsilon} \nu \nu o \iota \alpha$ der Sophia ab, verbindet ihn mit dem Paraklet und schreibt ihm einen pneumatischen Leib zu (§§ 23. 26. 32. 33); die dritte trennt den Schöpfer Christus von dem Erlöser, den sie mit dem pneumatischen Samen der Sophia, dem psychischen Christus und einem psychischen Leibe umkleidet. Der letztere nimmt sich der pneumatischen und psychischen Natur. in gleicher Weise an, denn seine Thätigkeit besteht in einer Gestaltung des pneumatischen und einer Umwandlung des psychischen (§§ 45. 58). Daneben schildert die andere Relation die Erlösung der Pneumatiker unter dem Bilde eines physischen Processes. Der Beginn derselben ist die durch die Taufe Jesu vollzogene Theilung des vorher ungetheilten, welche das weibliche Wesen des Pneumatikers mit seinem männlichen Theile verbindet, ihr Abschluſs die Vermischung ($\varkappa \varrho \tilde{\alpha} \sigma \iota \varsigma$) mit dem Erlöser, in dem alles pneumatische geläutert ($\delta \iota \nu \lambda \acute{\iota} \zeta \varepsilon \sigma \vartheta \alpha \iota$) wird (§§ 22. 35. 41).

Die Welt des bösen wird in allen Theilen der Excerpte, so oft sie andeutungsweise berührt wird[1]), als eine selbständig wirkende und beseelte gedacht. Die linken Kräfte halten den Durchgang zum Pleroma für die Erlösten besetzt, der Tod muſs durch Kampf besiegt werden, die bösen Dämonen suchen den Menschen zu knechten und ihn um seine Erlösung zu betrügen. Vom Demiurg wird sie unterschieden; ihr Reich grenzt an das seinige. Darin stimmen also die Excerpte mit den Naehrichten der Kirchenväter überein, daſs sie die unvermittelte Annahme eines thatkräftigen, für sich bestehenden Dämonenreichs der Valentinianischen Gnosis zuschreiben.

Ist die Nachricht des Hippolytus über eine Trennung der Valentinianischen Gnosis in eine orientalische und occidentalische Schule richtig, gehört ferner die Relation des Irenäus der occi-

---

[1]) Vrgl. §§ 1. 37. 38. 61. 69. 83.

dentalischen Schule an, so enthalten die Excerpte beide Lehr-
gestaltungen neben einander, und die Scheidelehren der beiden
Zweige finden sich in der vorstehenden Uebersicht ausgesprochen.
Die occidentalische Schule hätte demnach ein freundlicheres Verhältnifs zum Christentum gesucht, als die orientalische, indem
sie den Antheil der Psychiker an der Erlösung besonders be-
tonte und den Demiurg, den Gott des alten Testaments, nicht
in selbständiger, finsterer Abgeschiedenheit dachte, sondern erst
unter der schöpferischen Einwirkung des oberen Christus her-
vorgehen liefs. Bestätigt wird durch dieses Ergebnifs, dafs die
Relation des Hippolytus der orientalischen Schule am nächsten
steht[1]). —

Der muthmafslich späteste unter den Valentinianern ist
Herakleon. Aus seinen exegetischen Schriften sind von Clemens und Origenes Bruchstücke erhalten worden. Clemens theilt
uns nur eine ausführlichere Erörterung über das rechte Bekenntnifs mit, die Herakleon an Matth. 10, 32 (Luc. 12, 8) angeknüpft
hat[2]); Origenes dagegen fügt in polemischem Interesse seinen
Τόμοι über das Johannesevangelium zum Theil umfangreiche
Bruchstücke aus dem Commentar des Herakleon ein[3]). Die Rich-
tigkeit seiner Exegese soll sich bewähren an den theils einfach
referirten, theils direct bestrittenen Erklärungen des Gnostikers.
Vielfach rügt er die uneingeschränkte und gewaltsame Willkür
desselben[4]), bisweilen freut er sich, seine Uebereinstimmung mit
dem Gegner constatiren zu können[5]), immer aber sondert er
seine Ansicht klar und scharf von der des Gegners. Und es ist

---

[1]) Vrgl. oben S. 34 folg. u. 108.

[2]) Strom. IV, c. 9.

[3]) Die Fragmente sind zusammengedruckt bei Grabe, spicileg. II,
S. 83—117. 236.

[4]) *Βιαίως οἶμαι καὶ χωρὶς μαρτυρίου τὸν Ἡρακλέωνα διηγούμενον
χωρὶς πάσης κατασκευῆς ... χωρὶς πάσης κατασκευῆς καὶ παραθέσεως μαρτυρίων.*

[5]) *Οὐκ ἀπιθάνως δὲ παρ' αὐτῷ λέγεται*, und ähnliche Wendungen
Grabe, spic. II, S. 94. 98. 105.

charakteristisch für den wissenschaftlichen Begründer der allegorischen Auslegung, dafs ihm Herakleon nicht kühn genug in der Anwendung der Anagogie erscheint; denn er macht demselben mehrmals ein Hängen am Buchstaben oder eine fleischliche Befangenheit der Interpretation zum Vorwurf[1]). So gehen die Einwürfe des Origenes von dem Bestreben aus, sowohl der Schrift gerecht zu werden, indem dieselbe nach ihrem inneren Zusammenhange zur Richtschnur der Auslegung gemacht wird[2]), als auch den Schriftsinn zu vertiefen, indem alles sinnliche, rein realistische nur als Symbol für die ideelle Wahrheit gilt. Die ernste Berücksichtigung des Schriftzusammenhangs erbaut die Schranken wider die gnostische Mythopöie; das anagogische Verfahren stöfst die nüchternen exegetischen Bemerkungen zurück, welche bei Herakleon seltsam mit den kühnen Combinationen von Schriftwahrheit und gnostischer Theologie contrastiren.

Die Fragmente des Herakleon sind das umfangreichste Document gnostischer Exegese. Ihr Zweck ist es, das Johanneische Evangelium dem Verständnifs zu vermitteln. Der Interpret beugt sich dem canonischen Ansehen desselben, aber hofft sein System in demselben wiederzufinden. Nichts desto weniger wird der Nachweis der vorausgesetzten Identität beider nur dann vollzogen sein, wenn die transscendente Speculation ohne Zwang eine Rückübersetzung in die evangelische Geschichte duldet, und die Aussprüche Jesu die Dogmen der Gnosis deutlich wiederspiegeln. Und es ist nicht zu leugnen, dafs kein anderes Evangelium der Gnosis so viele Anknüpfungspunkte bietet als das „pneumatische". Licht, Leben, Liebe, Geist im Kampf mit Finsternifs, Tod, Welt und Fleisch, die Einigung des absoluten und menschlichen im Logos, alle diese Begriffe kehren in der Gnosis wieder. Es fragt sich daher, ob auch die principiellen Anschauungen, aus denen sie entstammen, dieselben sind. Ist das der

---

[1]) Vrgl. z. B. S. 105 und tom. 13, cap. 35.
[2]) Vrgl. S. 116.

Fall, ist die Harmonie der Johanneischen und Valentinianischen
Gnosis nicht eine scheinbare, sondern auf gleichen Grundprincipien ruhende, so verdient die letztere nicht mehr den Namen
der häretischen; ist dagegen ein Gegensatz der Johanneischen
und Valentinianischen Gnosis in dem Grade vorhanden, dafs
der gnostische Interpret die Abschwächung und Beseitigung desselben zu seiner Aufgabe macht und seine Exegese der beste
Beweis für den tiefen Gegensatz beider ist, so wäre damit die
Annahme positiver Einwirkungen der häretischen Gnosis auf die
Entstehung des Johannesevangeliums zurückgewiesen und Herakleon wird wider Willen zu einem Apologeten des ächt christlichen Charakters desselben. Die Erörterung der Fragmente wird
zur Entscheidung für die eine oder die andere Alternative führen.

Der Doppelcharakter des vierten Evangeliums, das einerseits sich der tiefsinnigsten Speculation hingiebt, andererseits
die historischen Thatsachen in reicher, lebensvoller Darstellung
überliefert, fordert vom Interpreten Verständnifs für die Speculation und Sinn für die Geschichte. Beides mangelt dem Herakleon, wenn er die Geschichte zur Speculation verflüchtigt und
diese wieder durch willkürliche Zersetzung und Umdeutung von
ihrem natürlichen Grunde löst. Die grammatischen Verknüpfun-
gen kümmern ihn ebenso wenig als die Weisungen der Parallel-
stellen oder die klaren historischen Vorgänge; er secirt den Körper der Schrift mit derselben Rücksichtslosigkeit, mit welcher
der Anatom seiner Wissenschaft den Leichnam dienstbar macht.

Wie vollkommen er sich jeder Rücksicht auf den inneren
Zusammenhang der Schrift und die einfachen Thatsachen ent-
äufsert, zeigen folgende Beispiele. Das Psalmwort, an welches
die Jünger sich erinnern, als sie den Meister in heiligem Zorn
den Tempel reinigen sehen[1]), wird den aus der Vorhalle ver-
triebenen Mächten ($\delta\upsilon\nu\acute{\alpha}\mu\varepsilon\iota\varsigma$) in den Sinn gelegt. In dem Aus-

---

[1]) Joh. 2, 17. Ps. 69, 9: $\acute{o}\ \zeta\tilde{\eta}\lambda o\varsigma\ \tau o\tilde{\upsilon}\ o\check{\iota}\varkappa o\upsilon\ \sigma o\upsilon\ \varkappa\alpha\tau\alpha\varphi\acute{\alpha}\gamma\varepsilon\tau\alpha\acute{\iota}\ \mu\varepsilon$. Grabe
II, S. 92.

spruch: $\dot{\eta}$ $\sigma \omega \tau \eta \varrho \iota \alpha$ $\dot{\varepsilon} \varkappa$ $\tau \tilde{\omega} \nu$ $\text{'}Iov\delta\alpha\iota\omega\nu$ $\dot{\varepsilon}\sigma\tau\iota\nu$ (4, 22. S. 99) substituirt er für $\dot{\varepsilon}\varkappa$ $\tau\tilde{\omega}\nu$ $\text{'}Iov\delta\alpha\iota\omega\nu$: $\dot{\varepsilon}\nu$ $\text{'}Iov\delta\alpha\iota\alpha$, um einen Beweis für seine Meinung zu erhalten. Das $\pi\acute{\alpha}\nu\tau\alpha$ (1, 3. S. 86) wird auf die sichtbare Schöpfung eingeengt; die Samariterin, die den Messias bittet: „gieb mir dies lebendige Wasser“ (4, 14), soll Hafs gegen das Wasser des Jakobsbrunnens empfinden. Spricht ferner die Samariterin von fünf Männern (4, 17. S. 95), so schreibt Herakleon dafür sechs, weil die Zahl sechs im Unterschiede von der Hebdomas des Demiurg und der Ogdoas der Sophia die gesammte hylische Bosheit bezeichne, wie wieder die siebente Stunde als Zeit der Heilung des Hauptmannssohnes angegeben werde, um seine Abstammung vom Demiurg anzudeuten (Joh. 4, 52. S. 111). Willkürlich zertheilt er einzelne Aussprüche, wie er z. B. die erste Hälfte von 1, 26 dem Täufer, insofern er Prophet war, die zweite Hälfte, insofern er mehr war als Prophet, in den Mund legt (S. 90).

Mit diesem Verfahren geht die ausgedehnteste Anwendung der Typik, welche der einfachsten Thatsache oder dem schlichtesten Wort die tiefsten Geheimnisse entlockt, Hand in Hand. Die Geifsel, mit der Christus die Wechsler aus dem Tempel verjagt, sei ein Bild der Kraft und Wirksamkeit des heiligen Geistes, und das Holz, an das sie genagelt ist, deute auf das Kreuz (S. 92). Der Schuh, dessen Riemen aufzulösen Johannes sich nicht für werth hält, bezeichne den Kosmos oder auch den Leib des Soter, dessen Beschaffenheit ($oi\varkappa o\nu o\mu\iota\alpha$) der Täufer sich nicht erklären kann (S. 89); der Schöpfeimer ferner, den die Samariterin bei Jesus zurückliefs, sei ihre Anlage zur Erlösung, die Samariter seien die Psychiker, die zwei Tage endlich, die Jesus in Samarien verlebte, umfassen die gesammte Gegenwart und Zukunft oder auch die Zeit vor und nach dem Leiden Jesu (S. 109). Und wenn bei der Taufe Jesu eine Stimme vom Himmel ertönte, die vielen ein unarticulirter Hall zu sein dünkte, so liegt darin das Verhältnifs des gröfsten Propheten zu der gesammten Prophetie der Vergangenheit ausgedrückt. Er verhält sich zu jener, wie die klare, verständliche Stimme zum unbestimmten Schall (S. 88). Doch das sind nur einzelne Züge aus dem grofsen Bilde typischer Umdeutung, welche das Evangelium zur Offenbarung der Gnosis stempelt, denn das ganze Gespräch Jesu mit der Samariterin, die Heilung des Knaben in Kapernaum enthalten nach der Meinung Herakleons nichts mehr und nichts weniger als die Erlösung der Sophia und die Befreiung der Psychiker. Bei anderer Auffassung bliebe das „pneumatische Evangelium" dem Pneuma des Gnostikers ein Buch mit sieben Siegeln.

Im Gegensatz zu dieser phantastischen Willkür der Interpretation zeigt sich Herakleon in manchen Bemerkungen als feinsinnigen und gewandten Exegeten. Man wird ihm beistimmen können, wenn er betont, Jesus hätte zum Vater des kranken Knaben nicht gesagt: „dein Sohn soll leben ($\zeta\acute{\eta}\tau\omega$)", sondern: „dein Sohn lebt", weil der Menschensohn demüthig nicht seine Ehre sucht (S. 110). An einer anderen Stelle (S. 104) begnügt er sich, die Frage der Jünger: „hat ihm jemand etwas zu essen gebracht?" (4, 21) dem Wortlaut nach zu fassen, was Origenes für zu sinnlich ($\sigma\alpha\varrho\varkappa\iota\varkappa\tilde{\omega}\varsigma$) hält, und erklärt schön das Brod, das die Speise Jesu ist, von der Nahrung, der Ruhe und der Kraft, die er in der Erfüllung des väterlichen Willens findet, der eben in der Vermittlung der Erkenntnifs des Vaters besteht. Treffend knüpft er ferner an 4, 42 (S. 109) die Beschreibung des Heilswegs als eines Fortschreitens von der Predigt zur selbständigen Beschäftigung mit den Worten des Erlösers, so dafs nicht mehr das Zeugnifs des Menschen, sondern die Wahrheit selbst Ursache des Glaubens sei.

Hierher gehören weiter die Versuche, dunkles, unklares und unvermitteltes in den Erzählungen des Evangelisten aufzuklären. Auch dem gnostischen Exegeten gereichten schon jene kurzsichtigen Antworten der Jünger und jene stumpfsinnige Polemik der Feinde Jesu, welche ohne die leiseste Ahnung von der Tragweite seiner Worte sich nur an die Schale hält, zum Anstofs und veranlaſsten ihn zu gewandten Versuchen der Wegdeutung. „Wo ich hingehe, könnt ihr nicht hinkommen", hebt Jesu von neuem im Schatzhause an zu reden. Die Juden denken nicht an die voraufgehenden Reden, sondern sagen: „Ob er sich tödten wird" (8, 21 folg.). Wie ist dieses Miſsverstehen der Worte Jesu zu motiviren? Dictirte dasselbe die Thorheit oder die Verstocktheit oder mangelnde Selbsterkenntniſs? Herakleon findet die Ursache davon in der verblendeten Selbstgerechtigkeit der Juden. „Die Juden setzten voraus, daſs sie selbst zu Gott und in die ewige Ruhe kommen würden, der Soter aber in Verderben und Tod, indem er Hand an sich legte; und eben dahin meinten sie nicht zu kommen". Es gehört zum Wesen der Selbstgerechtigkeit, daſs sie, um den Nächsten zu beurtheilen, nur einer schwarzen Brille sich bedient (S. 112).

Noch einen zweiten Beleg für die sorgsame Erwägung der einzelnen Aussprüche liefern die Fragmente. Jesus sagt: „Ich suche nicht meine Ehre, es ist aber einer, der sucht und richtet" (8, 50). Wer ist derselbe? fragt Herakleon. Wer richtet, muſs zugleich strafen; die Strafe zu vollziehen aber kommt dem Diener zu, der dazu bestellt ist und nicht umsonst das Schwert trägt[1]), sondern ein Rächer des Königs ist. Daher beziehen sich die Worte Jesu nicht auf den Vater, sondern auf Moses oder vielmehr auf den Demiurg, den unwissentlichen Vollstrecker des väterlichen Rathschlusses, auf den die Psychiker hofften (Joh. 5, 45). Werfe man dagegen ein, Jesus habe von sich ausgesagt, alles Gericht sei dem Sohne übergeben, so sei wohl zu unterscheiden zwischen Veranlassung und Vollziehung des Gerichts; nur letztere dürfe dem Sohn zugesprochen werden. — Das hinfällige der Deduction, welche Origenes durch den Hinweis auf Joh. 5, 22 u. 27 widerlegt, liegt auf der Hand, aber sie beweist, wie geschickt der Gnostiker das absolute Wesen des Soter von jeglicher Berührung mit dem Erdenstaub frei zu halten sich be-

---

[1]) Die Worte lehnen sich an Röm. 13, 4.

müht. So bestätigte die Exegese Herakleons durchweg das gewonnene Resultat, dafs einerseits die Auctorität der Schrift formell unangetastet bleibt, andererseits das System Norm der Interpretation ist. Wie fern beide thatsächlich einander stehen, dafür sind die exegetischen Mittel, welche die Einigung vollziehen sollen, der klarste Beweis. —

Die von Origenes bewahrten Fragmente des Herakleon lassen sich in fünf Gruppen sondern. Die erste derselben bezieht sich auf die Logoslehre und die Aussprüche des Täufers (Joh. 1. S. 85 — 90. 236); die zweite auf die Thaten und Worte Jesu bei seinem ersten Aufenthalte in Jerusalem (Joh. 2, 13 folg. S. 90—93); die dritte beschäftigt sich mit der Begegnung Jesu und der Samariterin (Joh. 4. S. 94—109); die vierte mit der ersten Krankenheilung desselben (Joh. 4, 46 folg. S. 109—112); die fünfte endlich erörtert im Anschlufs an 8, 44 folg. die Dämonologie (S. 113 bis 116). Dazwischen stehen vereinzelte Bemerkungen über Joh. 8, 21. 37. 50 (S. 112 folg. 116). Den Mittelpunkt in allen bildet Christus, der als Schöpfer und Erlöser betrachtet wird, jedoch so, dafs die Erörterung sich vorzugsweise mit den Objecten und den Grenzen seiner Thätigkeit beschäftigt. Und gerade in dieser Beziehung enthalten die Fragmente eine wesentliche Bereicherung der gnostischen Denkweise. Wir gehen daher in der Uebersicht des Inhalts von der Anthropologie aus.

Der sich über sein Wesen und die Bestandtheile des Alls besinnende Gnostiker, dem der Weltplan des Pleroma offen vor Augen liegt, nimmt eine dreifache Ordnung der Geschöpfe wahr, die hylischen, die aus der Substanz des Teufels entstanden sind (S. 113), die psychischen, deren Wesen an sich indifferent ist und die durch Entscheidung ($\vartheta \acute{\epsilon} \sigma \iota \varsigma$) zu Kindern des Teufels oder zu Söhnen Gottes werden (S. 114), die pneumatischen, welche ihrer Substanz nach göttlichen Geschlechts sind. So sind die beiden Extreme ihrer Natur und ihrer Würdigkeit ($\mathring{\alpha} \xi \acute{\iota} \alpha$) nach an ihr Wesen gebunden, während der Psychiker durch freien Entschlufs sein Wesen bestimmt. Hiernach begrenzt sich das Gebiet des ethischen Handelns (S. 115). Von einer Freiheit kann weder beim Teufel die Rede sein, der nur Begierden, aber keinen Willen, nur eine zerstörende, aber keine productive Kraft hat, noch bei der pneumatischen Natur; denn diese ist unbefleckt, rein und unsichtbar und widersteht jeglicher Beimischung, ihr Thun ist ein vernünftiger Gottesdienst, eine Anbetung, welche auf die Wahrheit sich gründet und darum nur durch Wesensgleichheit des Geschöpfs und seines Urhebers möglich wird[1]). Hiemit ist der hyperkosmische Ursprung des Pneuma gefordert; es ist dem ganz in hylische Bosheit befangenen Kosmos entgegengesetzt und gestattet nur ein absolut äufserliches Berühren beider[2]). Finden sich daher pneumatische Elemente im Menschen, so sind dieselben in seine Natur gelegt und aus einer höheren Welt ihr gewissermafsen eingeimpft, als $\dot{\epsilon}\mu\varphi\acute{v}\sigma\eta\mu\alpha$, welches unverbunden mit den niederen Wesensformen ($\dot{\alpha}\pi\varrho\acute{o}\sigma\pi\lambda o\varkappa o\nu$) und, in sich selbst eins, zugleich einigende und zusammenhaltende Kraft besitzt[3]). Dem Pneumatiker ist eine zur Aufnahme des Lebens fähige Beschaffenheit ($\delta\epsilon\varkappa\tau\iota\varkappa\acute{\eta}$ $\zeta\omega\tilde{\eta}\varsigma$ $\delta\iota\acute{\alpha}\vartheta\epsilon\sigma\iota\varsigma$) verliehen. — So ist die Welt ein Gewebe von Freiheit und Unfreiheit; die Hyle prädestinirt zur Verdammnifs; das Pneuma prädestinirt zur Befreiung aus den Fesseln der Hyle oder zum Leben; die Seele endlich kann sowohl zur Hyle erstarren, als sich zum Pneuma erheben.

Diese Trichotomie der Menschennatur entspricht dem Logos, dem Demiurg und dem Teufel, deren Verhältnifs zu einander folgendes ist. Der Logos ist Schöpfer des Alls, wie der Prolog des Evangeliums offenbart. Er erschafft die Welt und was in ihr lebt, denn auf die Aeonenwelt ($\dot{o}$ $\alpha\dot{\iota}\grave{\omega}\nu$ $\varkappa\alpha\dot{\iota}$ $\tau\grave{\alpha}$ $\dot{\epsilon}\nu$ $\alpha\dot{v}\tau\tilde{\wp}$) kann sich

---

$\lambda o\gamma\iota\varkappa\acute{\eta}$ $\lambda\alpha\tau\varrho\epsilon\acute{\iota}\alpha$ entsprechend der $\lambda o\gamma\iota\varkappa\grave{\eta}$ $o\dot{v}\sigma\acute{\iota}\alpha$. Vrgl. S. 101 u. 115.

Angedeutet sei dies durch die 46 Jahre (Joh. 2, 20), in denen nach Herakleons falscher Eintragung Salomo den Tempel gebaut hätte (S.   . Die   deute auf die Hyle, während die 40 die heilige Tetras reprasentire (S.

$\dot{\epsilon}\varkappa\lambda o\gamma\tilde{\eta}\varsigma$ $\dot{\eta}$ $\varphi\acute{v}\sigma\iota\varsigma$.

das πάντα des dritten Verses nicht beziehen, da dieselbe schon vor dem Logos — dem Soter — existirte; und wird hinzugefügt: καὶ χωρὶς αὐτοῦ ἐγένετο οὐδὲ ἕν, so beschränkt sich dasselbe auf τὰ ἐν τῷ κόσμῳ καὶ τῇ κτίσει[1]). Doch ist der Logos nur insofern universeller Schöpfer, als er die Ursache der schöpferischen Thätigkeit des Demiurg war, durch den er wirkt[2]); seine eigentliche Schöpfung sind die Pneumatiker, die in ihm leben und dadurch mit ihm eins werden[3]).

Diese Auffassung des Prologs steht in der Valentinianischen Gnosis einzig da. Nach Irenäus (I, 8, 5) suchte man in demselben die Ogdoas des Pleroma, nach den Excerpten (§ 6) offenbarte er die Mittheilung der Gnosis im Pleroma, und Irenäus hebt es ausdrücklich und wiederholt im Gegensatz gegen die Gnostiker hervor, daſs das πάντα auch die sichtbare Schöpfung und nicht blos die Geheimnisse des Pleroma in· sich schliefse[4]). Hiemit stimmt die Erklärung des Herakleon überein, ja sie überbietet die Forderung des Irenäus sogar, indem sie das πάντα auf τὰ ἐν τῷ κόσμῳ καὶ τῇ κτίσει einengt. Herakleon hat sich also von der traditionell gnostischen Interpretation abgewendet.

Doch wie reiht sich in das All, das vom Logos erschaffen ist, das hylische, das von dem psychischen und pneumatischen substantiell verschieden war? Wir fragen vergebens nach einer

---

[1]) Herakleon verbindet wie die Valentinianer bei Irenäus und in der D. a. ὃ γέγονεν mit ἐν αὐτῷ ζωὴ ἦν.

[2]) Diese Lehre wird aus δι᾿ αὐτοῦ (v. 3) gefolgert; δι᾿ οὗ sei von ἀφ᾿ οὗ und von ὑφ᾿ οὗ zu unterscheiden. Statt περὶ τῶν ἐν τῇ συνηθείᾳ φράσιν ἐκδεχόμενος τὸ γεγραμμένον ist wohl zu lesen: παρὰ τὴν ἐν τῇ συνηθείᾳ u. s. w., da der gewöhnliche Sprachgebrauch zwischen den einzelnen Beziehungen nicht scharf unterscheidet.

[3]) Der Proceſs der Einigung ist im Einklang mit Irenäus gedacht. Der Soter giebt dem von einem anderen emanirten pneumatischen Samen die erste Gestaltung (κατὰ γένεσιν — Iren. μόρφωσις κατ᾿ οὐσίαν), wodurch derselbe εἰς μορφὴν καὶ φωτισμὸν καὶ περιγραφὴν (wie statt παραγραφὴν zu lesen ist) ἰδίαν geführt wird.

[4]) Vrgl. Iren. III, 11, 1 folg. I, 22, 1. II, 2, 5.

Vermittelung, denn Herakleon behandelt die hylische Natur, so oft er auf sie zu sprechen kommt, als ein für sich bestehendes Geschöpf des Teufels, das wie das eine Extrem dem anderen der pneumatischen gegenübersteht. Sie kommt, so führt er im Anschlufs an 8, 44 folg. aus (S. 113 folg.), vom Vater des Teufels d. h. aus der Substanz des Teufels, dessen Natur der Gegensatz der Wahrheit, die Lüge, ist[1]), und hat kein Organ für das Verständnifs der Worte des Logos. Dagegen, dafs darunter eine erst zur Natur gewordene Beschaffenheit zu verstehen sei, verwahrt sich Herakleon, wenn er den Teufel als einen Theil von der ganzen Hyle scheidet und einen selbständigen $\varkappa\acute{o}\sigma\mu o\varsigma$ $\tau o\tilde{v}$ $\delta\iota\alpha\beta\acute{o}\lambda ov$ annimmt (S. 98. 99)[2]).

Auf die Kinder Abrahams, die Gott nicht hassen, und die Kinder Gottes, die Gott lieben, bezieht sich die Fürsorge des Soter. Er vernichtet den Dienst der Schöpfung ($\lambda\alpha\tau\varrho\epsilon\acute{\iota}\alpha$ $\tau\tilde{\eta}\varsigma$ $\varkappa\tau\acute{\iota}\sigma\epsilon\omega\varsigma$), dem die Heiden sich hingaben, und verwandelt die Verehrung, welche dem Demiurg gezollt wurde, in die Verehrung des Vaters der Wahrheit (S. 99). Das Gespräch Jesu mit der Samariterin giebt das Material zur Darstellung seiner erlösenden Wirksamkeit. Dasselbe ist nach der Ansicht des Gnostikers sowohl ein Bild des Verhältnisses der Menschenseele zu Gott, als auch eine Enthüllung des transscendenten Erlösungsdramas, denn beides kann nicht getrennt werden, da die Sophia mit ihren Geschöpfen unlösbar vereint ist.

Wir folgen den Darstellungen Herakleons. Zur pneuma-

---

[1]) L. c. Vrgl. S. 116: $\imath\delta\acute{\iota}\omega\varsigma$ $\pi\alpha\tau\grave{\eta}\varrho$ $\alpha\grave{v}\tau o\tilde{v}$ $\grave{\epsilon}\varkappa\lambda\alpha\mu\beta\acute{\alpha}\nu\omega\nu$ $\tau\grave{\eta}\nu$ $\varphi\acute{v}\sigma\iota\nu$ $\alpha\grave{v}\tau o\tilde{v}$. Diese Erklärung des $\pi\alpha\tau\grave{\eta}\varrho$ $\tau o\tilde{v}$ $\delta\iota\alpha\beta\acute{o}\lambda ov$ widerlegt am schlagendsten die so scharfsinnig von Hilgenfeld vorgetragene Vermuthung: der $\pi\alpha\tau\grave{\eta}\varrho$ τov $\delta\iota\alpha\beta\acute{o}\lambda ov$ wäre der Demiurg (vgl. das Evangelium und die Briefe Johannis S. 169 folg.).

[2]) Wir können deshalb nicht Baur beistimmen, der in $\H{v}\lambda\eta$ $\varkappa\alpha\varkappa\acute{\iota}\alpha\varsigma$ und $\pi\lambda\acute{\alpha}\nu\eta\varsigma$ nur eine Umschreibung von $\pi\lambda\acute{\alpha}\nu\eta$ und $\varkappa\alpha\varkappa\acute{\iota}\alpha$ sehen will zu Gunsten des Platonischen Begriffs der $\H{v}\lambda\eta$, welchen er bei den Valentinianern findet (vrgl. Gnosis S. 161 folg.).

tischen Natur — der Samariterin — kommt der Soter, um sie
zu suchen und das verlorene zu retten. Vor seiner Herabkunft
war sie hingegeben dem Dienst des Kosmos und ihre Zugehörigkeit zum Pleroma war ihr verdunkelt durch den ehebrecherischen
Umgang mit der hylischen Macht, mit der sie sich vereinte, um
von ihr beschimpft und verlassen zu werden[1]. Die Verlassene
führte ein schlaffes, hinsiechendes Leben, das dem Kosmos entsprach, und sie wäre ganz und gar verkommen, wenn der Soter
ihr nicht neue Lebensquellen gezeigt und sie durch Wasser aus
seinem Geist und seiner Kraft erneuert hätte. Sie aber kommt
ihm entgegen mit dem Glauben, der ihrer Natur angemessen
war[2], indem die ursprüngliche Anlage durch die Einwirkung des
Soter wieder belebt wird. In Folge dessen verabscheut sie die
kosmische Nahrung, das Wasser, mit dem die Heerden Jakobs ge-
tränkt wurden (Joh. 4, 22); sie will das Wasser kosten, von
dem der Soter spricht, denn jetzt erkennt sie, wie das andere
beschwerlich zu schöpfen und ohne Nährkraft gewesen ist. Nur
noch eins fehlt: nicht allein darf sie sich erfreuen der erneuern-
den und belebenden Kraft: geh hin und rufe deinen Mann (4, 16),
ruft ihr der Soter zu. Tief beschämt gedenkt die Gefallene der
Verirrungen jener Zeiten, in denen sie mit den hylischen Mächten buhlte. Aber der Soter meint den verlassenen Genossen,
das Pleroma der Sophia. Mit ihm soll sie zum Soter kommen,
um von ihm „die Kraft und Einigung und Vermischung mit
ihrem Pleroma“ oder „ihrem Genossen aus dem Pleroma“ davon zu tragen[3].

Zunächst gewährt der Soter der Sophia ein doppeltes; Selbst-
erkenntnifs und Aneignungstrieb. Wie er ihr gegenübersteht, er-

---

[1] ὑλικὴ πᾶσα κακία —. ᾗ συνεπέπλεκτο καὶ ἐπλησίαζεν, παρὰ λόγον
πορνεύουσα, καὶ ἐνυβριζομένη καὶ ἀθετουμένη καὶ ἐγκαταλειπομένη ὑπ' αὐτῶν. S. 97.

[2] S. 95: ἡ κατάλληλος τῇ φύσει πίστις.

[3] S. 96: κομίζεσθαι παρ' αὐτοῦ τὴν δύναμιν καὶ τὴν ἕνωσιν καὶ τὴν
ἀνάκρασιν τὴν πρὸς τὸ πλήρωμα αὐτῆς.

kennt sie in ihm den Propheten, der alles weifs; sie sieht ein, dafs sie vorher Gott nicht gekannt, den Dienst Gottes und damit ihr Lebensziel vernachlässigt habe, — denn sie befindet sich aufserhalb der Stadt[1]) bei dem Brunnen, und hat gleich den Vätern auf dem Berge d. h. in der Welt des Teufels angebetet, die ganz und gar ein Berg·der Bosheit und der öde Wohnsitz wilder Thiere ist, wo die Menschen vor dem Gesetz und die Heiden anbeteten[2]). Jetzt will sie lernen, wie sie Gott wohlgefällig und, ihn anbetend, frei wird von ihrer Buhlerei, darum sagt ihr jetzt erst Jesus: „Glaube mir Weib, dafs die Stunde kommt, wo ihr weder auf diesem Berge, noch in Jerusalem Gott anbeten werdet“, und die Schuldbeladene geht ein zur Anbetung im Geist und in der Wahrheit. Doch sie bleibt nicht allein; die Beseligung der Erkenntnifs treibt sie fort vom Soter, damit auch ihre Geschöpfe Theil hätten an der Klarheit desselben, wenn sie auch, wie die Samariterin den Wasserkrug, die Seelenstimmung und das Gedenken ($\check{\varepsilon}\nu\nu o \iota\alpha$), das sie befähigt, Leben und Kraft, die vom Soter ausgehen, aufzunehmen, bei ihm zurückläfst. So geht sie aus, die mit dem Soter verbundene pneumatische Natur, um den Berufenen die Erscheinung Christi zu verkündigen. „Denn durch das Pneuma und von dem Pneuma wird die Seele dem Soter zugeführt“. Zunächst dringt die Kunde an den Demiurg und seine Engel, von denen das Wort gilt: Er glaubte und sein ganzes Haus (4, 52). Seiner Natur nach ist er zum Glauben

---

[1]) Hier (S. 98) hat $\pi\acute{o}\lambda\iota\varsigma$ den Sinn: „heilige Stätte“, kurz darauf (S. 103) wird von den Samaritern gesagt, welche aus der Stadt kamen, „sie verliefsen ihren früheren kosmischen Wandel und kamen durch den Glauben zu dem Erlöser“.

[2]) Ὄρος (S. 99) wird mit $\delta\iota\acute{\alpha}\beta o\lambda o\varsigma$ hier gerade so identificirt, wie bei Irenäus (I, 5, 2) $\pi\alpha\rho\acute{\alpha}\delta\varepsilon\iota\sigma o\varsigma$ und $\check{\alpha}\gamma\gamma\varepsilon\lambda o\varsigma$. Dem Zusammenhange nach kann $\kappa\acute{o}\sigma\mu o\varsigma$ als $\sigma\acute{u}\mu\pi\alpha\nu$ $\tau\tilde{\eta}\varsigma$ $\kappa\alpha\kappa\acute{\iota}\alpha\varsigma$ $\check{o}\rho o\varsigma$ nur die Welt des Teufels bezeichnen; sonst bliebe der Zusatz: $\check{\dot{\omega}}$ $\pi\rho o\sigma\varepsilon\kappa\acute{u}\nu o\nu\nu$ $\pi\acute{\alpha}\nu\tau\varepsilon\varsigma$ $o\grave{\iota}$ $\pi\rho\grave{o}$ $\nu\acute{o}\mu o\nu$ $\kappa\alpha\grave{\iota}$ $o\grave{\iota}$ $\grave{\varepsilon}\vartheta\nu\iota\kappa o\acute{\iota}$ unverständlich. Die $\kappa\tau\acute{\iota}\sigma\iota\varsigma$ dagegen oder Ἰεροσόλυμα ist die Welt des Demiurg (S. 99).

geneigt ($εὔπιστος$), daher wendet er sich, als die Botschaft ihn in seinem Reiche trifft, wo er gleich einem kleinen Könige im Auftrage des Oberherrn[1]) regiert, in der Erkenntnifs seiner Ohnmacht und voll Mitleid mit der Schwachheit seiner Unterthanen, Hülfe flehend an den Soter. Er hält sich nicht für würdig, selbständig weiter zu regieren.

Jetzt, nachdem die oberen Mächte verklärt sind durch die Erkenntnifs, steht ihren Geschöpfen der Weg zur vollen Befreiung aus der kosmischen Unklarheit und Bosheit offen. Der Versuch des Weltschöpfers, sie zur Vollkommenheit zu führen, war in sein Gegentheil umgeschlagen. Seiner Kurzsichtigkeit entsprach es, wenn seine Geschöpfe nur durch das handgreifliche, durch Thatsachen und Sinneswahrnehmungen sich überführen liefsen. Sie lebten in dem entlegensten Theile des Ortes der Mitte, der an die Hyle grenzt und von ihr berührt wird, gleich der Stadt Kapernaum, die am Meere liegt. Dadurch waren sie ihrer Natur entfremdet, Unwissenheit und Sünde umnachtete sie, und als furchtbares Ende drohte ihnen der Untergang des Leibes und der für sich allein sterblichen Seele in der Hölle. Doch war wiederum ihre Seele fähig zur Rettung ($ἐπιτηδείως ἔχουσα πρὸς σωτηρίαν$), wenn das verderbliche anzog Unverderblichkeit und Unsterblichkeit das sterbliche, wenn ihr Tod verschlungen ward in den Sieg (1. Cor. 15, 45). Das erkennt der Vater; und hat er vorher seinen Geschöpfen das Gesetz gegeben, das sie in ihren Sünden zu ihrem eigenen Verderben verletzten, so kommt er jetzt vertrauensvoll dem einzigen Arzt, der die Krankheit der Seele zu heilen vermag, entgegen, um aus seinem Munde zu hören: dein Kind lebt, d. h. es verhält sich angemessen und seinem wahren Wesen entsprechend, da es nicht mehr unziemliches vollbringt[2]).

---

[1]) $Βασιλεὺς καθολικός$, vrgl. $δημιουργὸς καθολικός$ vom Soter D. a. § 47.

[2]) Die Ausführung schliefst sich an die gnostische Erklärung von Joh. 4, 46. Das Kind des königlichen Hauptmanns ist der Psychiker, der $ἄνθρωπος ἀσθενῶν, τουτέστιν οὐ κατὰ φύσιν ἔχων$, der unter dem Gesetz

Das Gesetz hatte die Kraft zur Vollendung nicht besessen; seine Bedeutung besteht in seinem pädagogischen und seinem typischen Inhalt (S. 110. 99). Die nähere Ausführung dieser Gedanken, welche Ptolemäus im Briefe an die Flora liefert, läfst Herakleon auf sich beruhen. Doch steht ihm das Axiom fest, dafs alles Thun nichtig ist, wenn es nicht in Erkenntnifs endet, so ist damit das ethische Thun als Selbstzweck verworfen und allen Offenbarungsstufen, welche der Gnosis, dem Anbeten im Geist und in der Wahrheit, vorangingen, nur ein beziehungsweiser Werth zuerkannt. Darum steht das Judentum wohl höher, als der Dienst des Kosmos, aber ist in der That doch nur eine negative Vorbereitung auf die Fülle der Erkenntnifs. Es führt nicht zur Liebe der Wahrheit, sondern nur zur indifferenten Erschlossenheit (S. 99. 113).

Bietet die psychische Natur zwar einen Punkt der Anknüpfung für die Vollendung, aber keine innere Kraft, dieselbe sich anzueignen, so kann der Mensch zum Pneumatiker nur dadurch erhoben werden, dafs er das neue Lebensprincip in sich aufnimmt[1]). Der Mensch wird daher erlöst, indem er gesucht wird und die Saat empfängt, die eine höhere Macht in seine Seele legt, oder, kürzer gesagt, weil der Vater Anbeter im Geist und in der Wahrheit sucht, streut er die Saat pneumatischen Wesens in die Seelen der berufenen Menschen. Jene Freiheit der Entscheidung, welche dem Psychiker so verhängnifsvoll ward, ist daher im Grunde illusorisch, da sie einseitig nur eine Freiheit zur Verschlechterung ist und für die Aufnahme des Pneuma von dem Menschen nichts geschieht, was die Passivität seines unthätigen Harrens unterbräche; das einzige, was er thun kann, ist das Bestreben, sich bereit zu halten für die Ernte, denn eben diese Bereitschaft macht ihn tauglich, mit den edlen Garben in die Scheuern gesammelt zu werden (S. 106). Alle Voll-

---

des Demiurg steht, welches über ihn um seiner Sünden willen den Tod verhängt.

[1]) Vrgl. oben S. 134.

kommenheit ist Gabe, nicht Erwerb, alle Initiative und jeglicher Impuls kommt dem Vater zu und seinen Beauftragten. „Denn wenn der Vater sucht, sucht er durch den Sohn, der gekommen ist, zu suchen und zu retten das verlorene, ob er, indem er einige reinige und erziehe durch Vernunft (λόγος) und gesunde Lehren (ὑγιῆ δόγματα), wahrhaftige Anbeter dem Vater erwerbe“ (S. 100). Dieser Pflicht entledigt sich der Sohn durch die Aussaat des Pneuma, welcher nothwendig die Ernte folgt. In ihm lebt der Wille des Vaters, seine Speise, seine Erquickung und Kraft ist die Erfüllung des väterlichen Willens, der darin besteht, die Menschheit zur Erkenntnifs des Vaters zu führen (S. 105). Und er allein erfreut sich ganz und voll dieser Erkenntnifs, denn der Sohn ist der einzige, der alles weifs, und damit auch allein kräftig und fähig, alles Wissen mitzutheilen (S. 102). Aber der Sämann und der Ernter ist nicht ein und derselbe. Jeder hat eine andere Aufgabe und eine andere Freude; der Sämann freut sich auf Hoffnung, der Ernter freut sich am Erfolg, obwohl sie sich vereinigen in der Freude an der Vollkommenheit der Saat. Hiernach bestimmt sich Wesen und Thätigkeit des Christus und des Soter. Der Sohn des Menschen, der über dem Topos ist, säet, der Soter, der auch der Sohn der Menschen ist, erntet und sendet als Arbeiter seine Engel aus, einen jeglichen zu der ihm anvertrauten Seele. Die Erlösung besteht also in der Einerntung der erwählten Früchte, welche der schöpferische Logos dem Soter überläfst[1]).

Die Geschichte von der Reinigung des Tempels liefert die Farben zur weiteren Ausmalung. Der Soter vertreibt die bösen

---

[1]) S. 107 folg. Die Ausführung schliefst sich an Joh. 4, 36. Die Grundzüge der gnostischen Christologie treten klar hervor: der ἄνω Χριστός als Schöpfer, der σωτήρ und seine Engel, deren jeder zu der ihm bestimmten Seele kommt (vrgl. D. a. §§ 35. 36), die Erlöser. Das σπείρειν führt durch eine naheliegende Ideenassociation auf das σπέρμα. Zur Sache vrgl. auch D. a. §§ 2. 3. Die Apostel sind οἱ τῆς οἰκονομίας ἄγγελοι, die Vermittler (μεσίται) der Aussaat, vrgl. D. a. § 53.

Mächte aus dem heiligen Raum und geht mit den Pneumatikern in das Allerheiligste ein, nachdem er durch seinen Tod das wahre Passahfest gefeiert hat. Wie das Lamm zuerst geschlachtet wurde, so mußte er leiden, wie das Lamm sodann gegessen wurde zur Versöhnung, so gewährt sein Tod die Erquickung des Hochzeitsmahls (ἀνάπαυσις ἡ ἐν γάμῳ). Was geschaffen war, ward in ihm Leben, was nur der Anlage nach vorhanden war, gewann durch ihn Gestalt. So wandelte der Soter auf der Erde, um alles kosmische, das sich an die pneumatische Natur gehängt hatte, zu reinigen und auszuscheiden; die Schläge seiner Geifsel gelten aller Bosheit, die er vernichtet, um in die ewige Ruhe mit seinen Engeln und ihren Erlösten einzugehen (S. 87 folg.).

Doch der Pneumatiker lebt im Kosmos und ihn umgiebt und fesselt noch die Hyle, von der ihn der Soter befreite. Darum erwächst ihm aus der Gnadengabe der Erkenntnifs die Pflicht des Bekenntnisses. Clemens theilt uns die Ansichten des Herakleon über diesen Punkt im 9. Buch seiner Stromata mit, in welchem er ein erhabenes Bild des christlichen Gnostikers entwirft, der stark und freudig zu allem, was Gott befiehlt, auch dem Tode ohne Zittern entgegengeht. Dies führt ihn zur Erörterung der Bedeutung und des Werthes des Märtyrertums, das Basilides für eine Strafe, Clemens für eine Gnade Gottes ansieht. Das Märtyrertum war die blutige Frucht des Bekenntnisses zu Christo; das rechte Bekenntnifs bestimmt daher den Werth des Märtyrertums. Indem nun Clemens das Wesen des Bekenntnisses erörtert, führt er Herakleons Meinung darüber an, der er im wesentlichen beipflichtet.

Es giebt, sagt Herakleon, ein Bekenntnifs im Glauben und Wandel und ein Bekenntnifs im Wort. Letzteres halten mit Unrecht die meisten allein für ein Bekenntnifs, obwohl es die Heuchelei nicht ausschliefst und viele von den Gläubigen nicht in die Lage kamen, es zu bekennen. Das allgemeine und allumfassende Bekenntnifs ist vielmehr das Bekenntnifs durch Thaten, die dem Glauben an Christus entsprechen; dieses gründet sich auf den Zustand (διάθεσις) des inneren Lebens. Wer Christus nicht mit der That bekennt, verleugnet ihn trotz des Bekenntnisses mit dem Wort; man muſs in ihm leben, um ihn zu bekennen vor den Menschen, erlösten und dem Verderben verfallenen, sei's im Wandel, sei's mit dem Wort (S. 83 folg.). — So leuchtet auch hier jener Ernst einer ethischen Auffassung des Lebens durch, welchen Ptolemäus im Brief an die Flora und die Excerpte vertraten; und mag auch principiell in der Psychologie der Gnosis, welche eine physische Erwählung lehrte, jene Gefahr des von Irenäus gerügten Libertinismus begründet sein, so sprechen doch die Fragmente dafür, daſs dieselbe von der Valentinianischen Schule vermieden ist.

Die Fragmente des Herakleon liegen inhaltlich vollkommen innerhalb der Grenzen der bisher betrachteten Lehrbildungen, wenn auch die Wege, welche die Interpretation einschlägt, darauf schlieſsen lassen, daſs das Interesse an den Speculationen über die Aeonenlehre vor der Erörterung der Kosmologie und Anthropologie zurücktritt. Denn nirgends begegnen wir einem Eingehen auf die Vorgänge im Pleroma, auch nicht an Stellen, die unmittelbar dazu Anlaſs geben konnten. Nur die Berührungspunkte zwischen Kosmos und Pleroma sind hervorgehoben; daher knüpft Herakleon nicht an die Erklärung des Johanneischen Prologs die Lehre vom Pleroma, wie es sonst geschah, und benutzt die Wunderheilung des kranken Kindes nicht sowohl zur Darstellung der Erlösung des Demiurg, der auch nach der Relation des Irenäus mit dem βασιλικός identificirt wird, sondern sucht vielmehr daran nachzuweisen, was der Demiurg für die Befreiung seiner Geschöpfe thut. Dazu kommt das Bestreben, die Formen, in die der Gnostiker das Wesen des Menschen zu fassen suchte, ihrem Inhalte nach zu bestimmen. Die Grundzüge der gnostischen Psychologie, welche die Ethik in Physik auflöst, treten hier am klarsten hervor. Die Gegensätze von Wahrheit und Irrtum, Einsicht und Unwissenheit werden nicht mehr ganz rein als Zustände der Seele aufgefaſst, sondern unvermerkt tritt die spontane und active Seite des inneren Lebens mehr hervor, während jener Procefs der Vermännlichung, der mehr eine Umformung als eine innerliche Erneuerung ist, nur beiläufige Erwähnung findet (S. 81). Zwar wird ganz im Sinne des Systems die Gnade als eine unverlierbare angesehen, doch diese Unverlierbarkeit ist erst eine Folge der *μόρφωσις κατὰ γνῶσιν*, vorher ist die Würde der pneumatischen Natur vielfach besudelt; sie war eine *παρὰ λόγον πορνεύουσα*, und das höchste, was sie erreichen kann, ist eine *κατάλληλος τῇ φύσει ἑαυτῆς πίστις*. Auch der Pneumatiker mufs sich selbst darauf vorbereiten, den Samen, den der Soter ausstreut, zu empfangen (S. 94 folg.). So schwanken trotz der häufig sich wiederholenden Behauptung der Einzigart der pneumatischen Natur die. Grenzen zwischen Pneumatikern und Psychikern[1]). Demgemäfs haben sich die Beziehungen zum alten Testament freundlich gestaltet. Herakleon sieht dasselbe als eine Propädeutik zur Gnosis an. Die Juden, die Kinder Abrahams, die *κτίσις* des Demiurg, sind nicht wie die Heiden dem Verderben verfallen; sie besitzen unbewufst die Anlage zur Vollkommenheit, und ist dieselbe noch unter dem Bilde verhüllt, so offenbart die Gnosis den ewigen und ideellen Gehalt desselben. „Die Kinder Abrahams haben Gott nie gehafst" (S. 113); die tödtlichen Wirkungen des Gesetzes liegen nicht in seiner Substanz, sondern in dem Accidenz der menschlichen Schwachheit (S. 110).

Auch der Sprachgebrauch der Fragmente zeigt einige Eigentümlichkeiten. Die Terminologie der Gnosis ist dem Exegeten

---

[1]) Die Erwägung der Exegese von Joh. 4 ergiebt dieses Resultat, das auch durch das fast bis zur Unkenntlichkeit verstümmelte Fragment S. 103 bestätigt wird, in dem von den Jüngern die Rede ist, welche Jesu Brod bringen und von ihm zurückgewiesen werden. Ihre Stumpfheit wird einmal verglichen mit dem Benehmen der thörichten Jungfrauen, sodann erläutert durch den Schlaf, der sie, als Jesus verklärt wurde, bewältigte (Luc. 9,   Wie sie dort unzugänglich sind für das Verständnifs der tieferen Bedeutung der Worte Jesu von seiner Nahrung, *»ὡς ἔτι ταπεινόδιανοούμενοι«*, so sind sie hier unempfänglich für das Licht. Vrgl. auch S. 112.

bekannt, und er benutzt sie wie eine allgemein bekannte und selbstverständliche, jedoch gebraucht er sowohl πλήρωμα als αἰών in besonderer Weise. Πλήρωμα hatte auch nach den Excerpten (§ 32) in der Gnosis die Bedeutung: Erfüllung und vollkommenes Geschöpf[1]). Aehnlich spricht Herakleon von dem männlichen Theil der Syzygie: der Mann der Samariterin sei τὸ πλήρωμα αὐτῆς, dann wieder in anderer Wendung: der Mann sei ὁ ἀπὸ τοῦ πληρώματος σύζυγος. Πλήρωμα giebt als weibliches Princip den Inhalt[2]), als männliches die Form (daher entbehrt die Sophia in ihrer Trennung vom Syzygos der Gestaltung); und die Einheit beider erzeugt die in sich vollendete lebensvolle Schöpfung, welche dem εἰκών als sein Urbild gegenübersteht. — Αἰών ferner bezeichnete in den Relationen der Kirchenväter ein Glied des Pleroma, und nach den Excerpten ist es das Ziel des Pneumatikers ein αἰὼν νοερός zu werden (§ 65); Herakleon dagegen gebraucht das Wort mehrere Male, wenn er von dem gesammten Pleroma spricht. Er unterscheidet den κόσμος von dem αἰών und von τὰ ἐν τῷ αἰῶνι (S. 87); dann spricht er einmal von dem Syzygos der Sophia ἐν πληρώματι und sagt wieder: ἦν γὰρ αὐτῆς ὁ ἀνὴρ ἐν τῷ αἰῶνι (S. 97); endlich erklärt er in Joh. 4, 22: ἡμεῖς durch ὁ ἐν αἰῶνι — der Soter — καὶ οἱ σὺν αὐτῷ ἐλθόντες (S. 99). In beiden Fällen erscheint die gnostische Terminologie als nicht vollkommen fixirt.

Abgesehen von den citirten Stellen des erklärten Evangeliums, die meistens wörtlich wiedergegeben sind[3]), fügt Herakleon die wenigen Aussprüche der heiligen Schrift, die er be-

---

[1]) Ἕκαστος τῶν αἰώνων ἴδιον ἔχει πλήρωμα τὴν σύζυγον. — Ὅσα ἐκ συζυγίας προέρχεται, πληρώματά ἐστι.

[2]) Dem entspricht der classische Sprachgebrauch; vrgl. Arist. Polit. 3, 13: Καὶ ταῦτα πάντα γίνεται πλήρωμα τῆς πρώτης πόλεως. Vrgl. auch Psalm 31, 1 nach den LXX.

[3]) Wir erwähnen noch Joh. 1, 3: οὐδέν (Cod. Sin. Cant.) statt οὐδὶ ἓν (S. 100); 1, 26: ἴστηκεν, wo Sin. ἰστήκει, andere Codd. στήκει lesen (S. 89).

nutzt, meistens als Begründung seinen Erörterungen ein. Gen. 6 veranlafst ihn ein Bedenken darüber zu äufsern, ob auch alle Engel erlöst werden, und in Jes. 1, 2, das wörtlich nach den LXX. citirt ist, findet er die dem Verderben verfallenen Psychiker (S. 111). Auf eben diese gehe auch Matth. 8, 2, wo er statt ἐκβληθήσονται: ἐξελεύσονται liest. Aus dem Matthäus sind noch zwei Stellen entnommen. Zuerst Matth. 18, 11, ein Vers, der von C. Sin. Col. 8 u. a. fortgelassen wird. Die lec. rec. liest: ἦλθε γὰρ ὁ υἱὸς τοῦ ἀνθρώπου σῶσαι τὸ ἀπολωλός, Herakleon dagegen in Uebereinstimmung mit Mont. Laud. 2 u. a.: ζητῆσαι καὶ σῶσαι (S. 109). Die andere Stelle, Matth. 9, 37, stimmt mit dem Grundtext überein. Unter den Paulinischen Briefen ist der Römerbrief gleichfalls zweimal[1]), der erste Corintherbrief einmal benutzt[2]); ein directes Citat findet sich aufserdem nur noch aus dem zweiten Brief an Timotheus[3]). Es ist dies das einzige Citat aus den Pastoralbriefen, das sich in den gnostischen Quellen findet.

Mit dem Inhalt und dem Charakter der Fragmente des Herakleon stehen die Nachrichten über denselben, welche die Epitomatoren und Epiphanius überliefern, in scharfem Widerspruch. Auch der Bericht des Hippolytus bietet, insoweit er eigentümliche Elemente enthält, nichts analoges, im Gegentheil ist die Lehre von einem thörichten und sinnlosen Demiurg und seiner, der neuen Offenbarung ganz fremden Schöpfung aus den Fragmenten durch entgegengesetzte Behauptungen ausgeschlossen. Nach den Epitomatoren (Pseudotertull. 14. Phil. 41)

---

[1]) S. 100: Röm. 1, 25: ἐλάτρευσαν τῇ κτίσει παρὰ τὸν κτίσαντα, Herakleon: ἐλάτρευον τῇ κτίσει καὶ οὐ τῷ κατ᾽ ἀλήθειαν κτιστῇ. — S. 101: Röm. 12, 1: λογικὴ λατρεία.

[2]) S. 110, wo der Zustand der erlösten Seelen in freiem Anschlufs an 1. Cor. 15, 53 geschildert wird.

[3]) S. 88: 2. Tim. 2, 13: ἀρνήσασθαι ἑαυτὸν οὐδέποτε δύναται. Herakleon führt dasselbe mit διόπερ ein.

wäre die Lehre des Herakleon eine Fortbildung in der Richtung des Neopythagoräismus, die auch Epiphanius anzunehmen scheint, wenn er (haer. 36) mit dem Herakleon die Reihe der Schüler Valentins schliefst und ihn auf die Schultern des Markus stellt. Doch sehen wir auch davon ab, dafs seine Darstellung auf willkürlichen Combinationen beruht[1]), so fällt jedenfalls der Schwerpunkt in seinen Mittheilungen vollständig aufserhalb der Peripherie der Fragmente, welche für die verfeinerten Speculationen der Aeonenlehre keine Analogie bieten. Denn die Zurückführung der Siebenzahl auf die Hebdomas des Demiurg (S. 111) oder die mystische Erklärung der zwei Tage, die Christus unter den Samaritern verlebte (S. 108), enthält nichts eigentümliches für ein System, das die zwölf Apostel als Symbol der Dodekas des Pleroma und die dreifsig Jahre des Herrn auf die dreifsig Aeonen deutete.

Nur eine Nachricht des Irenäus scheint auf den Herakleon der Fragmente zu weisen. Irenäus führt nämlich eine Fassung der Aeonologie an, nach welcher die Glieder der Ogdoas Modi der Selbstmanifestationen des Urvaters seien und der Anthropos den Logos gesprochen habe; der Logos aber sei der erstgeborene Sohn. Unmittelbar darauf wird die Benennung Menschensohn auf zwiefache Weise erklärt. Nach den einen bedeute sie Nachkomme ($\dot{\alpha}\pi\acute{o}\gamma o\nu o\varsigma$) des Anthropos, weil die zwölf vom Anthropos und der Ekklesia stammenden Aeonen den Soter emanirt hätten; andere wieder nennen den Vater des Alls, den Urgrund und den Unvordenklichen, Anthropos, weshalb der Soter, der die Kraft ($\delta\acute{v}\nu\alpha\mu\iota\varsigma$) des Pleroma in sich schliefst, Menschensohn genannt werde[2]). Die Benennung $\upsilon\acute{\iota}o\varsigma$ $\dot{\alpha}\nu\vartheta\varrho\acute{\omega}\pi o\upsilon$ als Terminus wird aufser der erwähnten Stelle nur von Herakleon angewandt. Er kennt einen $\upsilon\acute{\iota}o\varsigma$ $\dot{\alpha}\nu\vartheta\varrho\acute{\omega}\pi o\upsilon$ $\acute{\upsilon}\pi\grave{\varepsilon}\varrho$ $\tau\grave{o}\nu$ $\tau\acute{o}\pi o\nu,$ der da säet, und einen $\upsilon\acute{\iota}o\varsigma$ $\dot{\alpha}\nu\vartheta\varrho\acute{\omega}\pi o\upsilon,$ der da erntet; jener ist der $\ddot{\alpha}\nu\omega$

---

1) Vrgl. Lipsius, zur Quellenkritik des Epiphan. S. 168.
2) I, 12, 3. 4. Vrgl. oben S. 44.

Χριστός, dieser der *σωτήρ*. Möglich bleibt es wegen dieser Uebereinstimmung, daſs Ephiphanius hier nicht allein auf seine Combinationen, sondern auf eine zutreffende Ueberlieferung sich stützte, wenn er „jene, die für klüger gehalten werden als die anderen" (Iren. I, 12, 3) mit den Herakleoniten identificirt.

———

Ergebnisse.

Die directen und indirecten Quellen der Valentinianischen
Gnosis enthüllen ein reiches, aber verschwimmendes Bild von
dem bewegten geistigen Leben innerhalb der Schule. Die Anknüpfungspunkte der einzelnen Lehren sind verschieden, die
Auffassungen derselben scheinbar widersprechend, die Entwicklung dehnt sich bald über das ganze System, bald verweilt sie
in einem begrenzten Gebiet, während sie die anderen kaum berührt. In den Relationen der Kirchenväter zunächst lassen sich
zwei Strömungen Valentinianischer Denkweise unterscheiden,
deren erste Irenäus, deren zweite Hippolytus aufbewahrte. Beide
überliefern gewisse traditionelle Bestandtheile, die sich auf die
innere Gliederung des Pleroma beziehen; und widersprechen sie
sich auch in der Bestimmung der Quellpunkte, von denen die
Dekas und die Dodekas der Aeonen ausging, so sind doch die
Namen derselben von beiden gleichlautend angegeben. Auch die
Epitomatoren, welche über die Sophia und den Soter eigentümliche Lehren aufstellen, Tertullian, Epiphanius und Theodoret
schliefsen sich ihnen an. Aber gerade von dieser einstimmig und
ausführlich überlieferten Aeonologie schweigen die Fragmente, obwohl die Excerpte des Clemens auf die Lehre vom Pleroma mehrfach eingehen; sie ist vorausgesetzt, wie die Hindeutung auf die
vermessene Lösung der Syzygie, welche die Sophia aus der Harmonie des Pleroma verstiefs, in den Excerpten und bei Hera-

kleon beweist, aber das Interesse der Speculation scheint durchaus auf andere Punkte gerichtet. Die Berichte der Kirchenväter referiren sonach mit Vorliebe über die methaphysische Mythologie, die Fragmente der Valentinianer beschäftigen sich fast ausschliefslich mit der Soteriologie und ihrem Vorspiel im Kosmos, die Lehre vom Pleroma erhält in ihnen keine unabhängige Darstellung. — Bei den Kirchenvätern ferner trat der Bau des in sich abgeschlossenen Systems klar hervor, und die Substructionen, über denen es sich erhob, schienen nicht auf christlichem Boden zu liegen, wenn auch die heilige Schrift manchen Baustein und manche Stütze liefern mufste; die Fragmente dagegen setzen sich in erster Stelle die Aufgabe, die Einheit von Gnosis und christlicher Offenbarung nachzuweisen. Ptolemäus versucht zu diesem Zweck das Verhältnifs des alten und neuen Testaments nach den Grundsätzen des Systems zu fixiren und Herakleon commentirt das Johannesevangelium, um in Lehre und Geschichte desselben eine Offenbarung der Gnosis zu erkennen. Die Kirchenväter machen die Valentinianer zu Philosophen, die Valentinianer stellen sich selbst als Christen dar. Trotz dieses verschiedenen Charakters bezeugt die Vergleichung beider Quellengruppen die principielle Einheit der Lehre in den Relationen der Kirchenväter und in den Fragmenten, wie die Nebeneinanderstellung der bedeutsamsten Lehrtypen beweist.

In der Aeonologie wird nach Irenäus, Tertullian, Epiphanius, Theodoret und den Epitomatoren die Syzygie des Bythos und der Sige an die Spitze gestellt. Hippolytus geht von einem monistischen Urgrunde aus und entwickelt aus ihm die Reihen der Aeonen in anderer Folge und nach neuen Zahlbestimmungen. Einer monistischen Auffassung des Urgrundes neigen sich auch die Excerpte zu, wenn sie den Impuls der Selbstoffenbarung in den Vater selbst verlegen, der durch die $\dot{\varepsilon}\nu\vartheta\acute{\nu}\mu\eta\sigma\iota\varsigma$ $\dot{\varepsilon}\alpha\nu\tauο\tilde{\nu}$ den $\muο\nuο$-$\gamma\varepsilon\nu\acute{\eta}\varsigma$ emanirt. Er steht über seinen Emanationen, denn die $\dot{\varepsilon}\nu\vartheta\acute{\nu}$-$\mu\eta\sigma\iota\varsigma$ eint sich, nachdem sie Werkzeug zur Emanation des $\muο\nuο$-$\gamma\varepsilon\nu\acute{\eta}\varsigma$ geworden war, mit der $\dot{\alpha}\lambda\acute{\eta}\vartheta\varepsilon\iota\alpha$; er ist aber auch eins mit

denselben, denn er vereint sich mit dem Sohn (§ 7). Neben dieser
Fassung kennen die Excerpte allerdings· auch die dualistische,
welche den Vater und die Sige an die Spitze stellt (§ 29). Wir
dürfen daher annehmen, daſs innerhalb der Schule der Urgrund
sowohl monistisch als dualistisch gedacht wurde. — In gleicher
Weise schwankt die Bestimmung des Verhältnisses der Aeonen
zum Urgrunde. Die Hauptdarstellung des Irenäus stimmt mit
Hippolytus darin überein, daſs sie dieselben als selbständige Hypostasen denkt. Daneben erwähnt Irenäus modalistische Auffassungen der Aeonen (I, 12, 1 ff.), und ihm scheint sich die angeführte
Lehre der Excerpte zu nähern, die auch darin mit den Valentinianern des Irenäus übereinstimmt, daſs sie sich an den Prolog
des Johannesevangeliums anlehnt[1]). Jedenfalls brechen hier die
Excerpte mit der Tradition des Systems, da sie weder eine Tetras
noch eine Ogdoas im Pleroma annehmen und die von den Kirchenvätern überlieferten Namen der Aeonen von ihnen nicht genannt werden. — Ebenso wenig herrscht Einheit in der Motivirung der Selbstentfaltung des Bythos. Nach Irenäus beruht sie auf
dem freien Entschluſs, die Schöpferkraft zu bethätigen (I, 1, 1);
Hippolytus führt sie auf die innere Nothwendigkeit der Liebe,
die des Vaters Wesen ausmacht, zurück (VI, 29), die Excerpte
endlich auf den Drang, sich erkennbar zu machen (§§ 7. 30).
So treffen wir nirgends auf eine gleiche Durchführung der Lehre
von der Schöpfung und den Bestandtheilen des Pleroma, wenn
auch in allen Relationen die Emanation als Proceſs des Entstehens
festgehalten ist. Die sinnlichen Triebfedern, die das gnostische
Fragment des Epiphanius in das Pleroma hineintrug und die
auch Irenäus und die Epitomatoren kannten, treten in den Excerpten und bei Hippolytus nicht hervor, wogegen der letztere

---

[1]) Mit dieser Auffassung hängt es zusammen, daſs die Aeonen wegen ihrer unmittelbaren Einheit mit dem Urgrund nicht mehr Syzygien
unter einander bilden. Die Excerpte halten die Syzygien noch fest, obwohl in schwankender Form, bei Iren. I, 12, 3 fallen dieselben ganz fort.

Pythagoräische Elemente in seine Darstellung verwebt, erstere sich mehr als die anderen Quellen dem Christentum annähern.

Was die Sophia anlangt, so ist als letzte Folge ihres Falls die Entstehung der Welt übereinstimmend angegeben; und finden sich auch verschiedene Bestimmungen über die Erzeugnisse ihrer Leiden, so ordnen sich doch alle ihre Affecte unter die beiden Grundstimmungen der Abkehr vom Pleroma und der Hinwenwendung zu demselben. An sie knüpft das mythologisirende Denken, wie namentlich Irenäus bezeugt, immer neue kosmologische Lehrgebilde. Darin aber scheidet sich Irenäus von den Epitomatoren und der ersten Gruppe der Excerpte, daſs er die obere Sophia und die Achamoth trennt, während jene von einer solchen Scheidung nichts wissen. Herakleon scheint sie gleichfalls nicht zu kennen, da er die Schuld der Sophia in die Trennung von ihrem Syzygos legt (Grabe II, 96); Hippolytus endlich setzt diese Scheidung mehr voraus, als daſs er sie lehrt.

Steht nun der aus dem Abfall des Aeon entstandene Kosmos und das Pleroma, die leidenslose und die leidensvolle, die einheitliche und die in sich getheilte Welt, die Welt der Reinheit und die Welt der Sünde, das absolute und das endliche einander gegenüber, so kommt es darauf an, die Bindeglieder zwischen beiden zu finden. In sofern der Kosmos durch einen Abfall vom Pleroma entstanden war, dessen Ursache im Pleroma selber lag, war seine Zurückführung zum Ursprung alles Seins und Lebens möglich; die Initiative derselben konnte aber nicht von ihm ausgehen, da er mit der Trennung von dem Urquell des Lebens die Kraft zur immanenten Entwicklung und Vervollkommnung verloren hatte. In dem so umschriebenen Gebiet liegen die christologischen Speculationen der Gnosis, welche sich vorgesetzt zu haben scheinen, jede Möglichkeit durchzuproben, in der das absolute mit dem endlichen nach den Voraussetzungen des Systems sich zu einigen vermochte.

Die Gestaltung der Christologie hängt davon ab, wie man sich den Zustand der Sophia dachte. Darüber findet sich eine doppelte Ansicht. Nach der einen (Iren. I, 11, 1. D. a. §§ 23. 32) hat die Sophia die Schöpferkraft nicht eingebüfst, sondern nur das Vermögen, das vollkommene, was sie nach der Erinnerung an das Pleroma schafft, zurückzuhalten. Darum erschafft sie, als der Χριστὸς ἐξ ἐννοίας, das Abbild des absoluten, sie verlassen hat, um sich mit seinem Urbild zu vereinigen, nach Irenäus den Demiurg und den ἀρχὼν ἀρίστερος, nach den Excerpten den Demiurg und die εὐώνυμοι δυνάμεις, die Welt der Abkehr vom Pleroma. Nach der anderen Fassung, welche sämmtliche Relationen der Kirchenväter der Lehre geben, verkommt die Sophia in ihren Leiden, bis ihr Hülfe von oben wird. Sie empfängt den Halt, den sie sich selbst nicht geben konnte, durch Christus, und ihre Leiden, die zuständlich geworden sind, werden von ihr getrennt. Nach Vollendung dieser ersten Gestaltung entsteht der Kosmos und die ihn beherrschenden Mächte. Seine Bestandtheile sind pneumatischer, psychischer und hylischer Art. Um ihn zu bilden, wirkte das Pleroma in Christus durch gestaltende Kraft, nicht durch Wesensmittheilung über den Horos hinaus.

Die so gebildete Welt war Object der Erlösung. Der Erlösung der Welt ging die Herstellung der gestörten Harmonie des Pleroma und die Befreiung der Sophia voraus. Zweimal war also ein Erlöser oder vielmehr ein Wiederhersteller thätig gewesen, ehe die Welt, so weit sie dessen fähig war, mit dem Pleroma vereinigt werden konnte. War nun der Erlöser in allen drei Fällen derselbe oder in jedem Falle ein anderer?

In der Beantwortung dieser Frage treten die Epitomatoren und Hippolytus am weitesten auseinander. Jene lehren, Christus sei von Bythos zum Heil der ganzen Welt auf die Erde gesandt und hätte einen geistigen Leib (spiritale corpus) vom Himmel herniedergebracht; dieser unterscheidet drei Χριστοί: Christus, den Gestalter der Sophia, den νοῦς und ἀλήθεια zugleich mit dem πνεῦμα ἅγιον emanirten; Jesus, die Frucht des Pleroma, den Erlöser und Syzygos der Sophia, und Jesus den Sohn der Maria, den Welterlöser. Die Mitte hält Irenäus, dessen

Christologie die Unterschiede und die Einheit zu wahren sucht, indem sie den *ἄνω Χριστός,* den Lehrer des Pleroma und Gestalter der Achamoth als mittelbaren Urheber des Soter, der deshalb vom Vater her (*πατρωνυμικῶς*) Christus oder Logos genannt wird, denkt (I, 2, 6), und den Soter, der die Sophia und die Welt zu erlösen kommt, mit dem pneumatischen Wesen der Sophia, dem psychischen Christus des Demiurg und einem psychischen, sichtbaren Leib ausstattet. Die Excerpte bieten Parallelen für die Lehre der Epitomatoren und des Irenäus, denn sie stellen ebenso den transscendenten und den in der Welt erschienenen Christus als denselben dar (§ 7), wie sie ihn andererseits in vollkommener Uebereinstimmung mit Irenäus nach den einzelnen Bestandtheilen seines Wesens schildern (§ 45 folg. Iren. I, 6, 1). — Neben Christus erhält nach der Relation des Irenäus der Horos noch eine selbstthätige Bedeutung für die Organisation des Pleroma. Er rehabilitirt den Aeon Sophia, ist also mehr als die blofse Scheidewand zweier Welten und die Schranke, durch welche der Urgrund seiner Offenbarung Grenzen setzt und die vollkommene Welt zusammenfafst; er nimmt vielmehr die Stelle ein, welche Hippolytus dem *ἄνω Χριστός* zuschreibt (Iren. I, 1, 2. Hipp. VI, 31).

In wesentlich anderer Form überliefert die andere Relation der Excerpte und die dem Valentinus zugeschriebene Lehrfassung dieselben christologischen Grundzüge. Nach den Excerpten erhebt sich der Christus der Sophia von der Mutter ins Pleroma und vereinigt sich mit den Aeonen und dem Paraklet, um dann mit den Engeln zurückzukehren (§§ 23. 32). Der fragmentarische Abrifs der Lehre des Stifters bei Irenäus erwähnt nur den ersten Act dieser Soteriologie, nämlich die Trennung des Sohnes von der Mutter, welcher derselben die *σκιά,* die ihm anhaftete, den Gedanken an seinen Ursprung aus dem *ὑστέρημα* (vergl. S. 96), als Stoff neuer Schöpfungen zurückläfst. So ist hier der Christus der Sophia dem pneumatischen Wesen der Sophia substituirt, mit dem der Soter sich bekleidet. Aber auch hier wird die

Möglichkeit der Erlösung begründet durch die Vereinigung der Welt innerhalb und aufserhalb des Horos in einer Person.

Die Erscheinung des in den beschriebenen Formen dargestellten Erlösers bleibt frei von jeder Beimischung concreter kosmischer Elemente. Er bedarf nur eines Canals, um in den Kosmos zu kommen; und auf wunderbare Weise umkleidet er sich mit einem sichtbaren Leibe. Mag derselbe psychischer oder pneumatischer Substanz sein, keinesfalls haftet an ihm etwas von der Erdenschwere und dem Zwang irdischer Bedürfnisse[1]). Beiden Auffassungen der Christologie ist daher die Annahme einer nur scheinbaren Verbindung zwischen Kosmos und Pleroma gemeinsam, die vollkommen der Stellung des Pneumatikers im Kosmos entspricht[2]).

Diese Bestimmungen über die Leiblichkeit hängen auf das engste zusammen mit der Würde, die man den Psychikern zuerkannte, und eben hierdurch erhielten sie eine tiefgreifende Bedeutung für das Verhältnifs der Gnosis zum Christentum. Nur so wird es erklärlich, wie diese scheinbar untergeordneten Fragen Ursache einer Schultrennung werden konnten. Es ist in den vorstehenden Untersuchungen darauf hingewiesen worden, wie der Demiurg und damit auch seine Geschöpfe zum Pleroma bald in freundlichen Beziehungen, bald in fast vollkommener Entfremdung gedacht wurden. Die Relation des Irenäus, der Brief an die Flora, der mit Irenäus verwandte Theil der Excerpte und Herakleon betonten seine unfreiwillige Beschränktheit, die in freudigem Entgegenkommen die Belehrung der Sophia annimmt. Als Abbild des höchsten Gottes von der gestalteten Mutter geschaffen, war er unbewufst ein Zugehöriger

---

[1]) Vrgl. Iren. I, 6, 1. 7, 2. Grabe II, S. 52. D. a. §§ 1. 4. 26. Oben S. 25.

[2]) Vrgl. D. a. § 4. Hippol. VI, 36. D. a. § 60. In den beiden letzten Stellen ist der Eintritt Christi in den Kosmos nach Luc. 1, 35 bestimmt. Dieser Ausspruch bildet nach Hippolytus die gemeinsame Basis für die verschiedenen Ansichten über die Leiblichkeit Christi.

der oberen Welt. Ebenso sind besonders die Excerpte in den betreffenden Abschnitten beflissen, die Würde der psychischen Natur zu betonen (vrgl. S. 103). Anders stellt sich das Verhältnifs bei Hippolytus und in der zweiten Relation der Excerpte. Der Demiurg ist nach letzterer mit nichten Abbild des höchsten Gottes, sondern nach dem Bilde des entflohenen Sohnes im Schmerz von der verlassenen Mutter geschaffen; er ist feuriger Natur und mufs durch den Soter besänftigt werden, damit er den erlösten Pneumatikern den Durchgang durch seine Welt gestatte[1]). Ueber die Beschaffenheit der Pneumatiker spricht sich Hippolytus gleichfalls in ähnlicher Weise wie die Excerpte aus. Hier sind es die $\sigma\pi\acute{\varepsilon}\varrho\mu\alpha\tau\alpha\ \grave{\alpha}\varrho\varrho\varepsilon\nu\iota\varkappa\acute{\alpha}$, welche als Engel mit den weiblichen Naturen der Pneumatiker sich einigen, dort gesellen sich die $\lambda\acute{o}\gamma o\iota\ \acute{\alpha}\nu\omega\vartheta\varepsilon\nu\ \varkappa\alpha\tau\varepsilon\sigma\pi\alpha\varrho\mu\acute{\varepsilon}\nu o\iota$, welche $\acute{\alpha}\gamma\gamma\varepsilon\lambda o\iota$ $\acute{\varepsilon}\pi o\upsilon\varrho\acute{\alpha}\nu\iota o\iota$ sind, zur $\psi\upsilon\chi\acute{\eta}$, und ihre Gegenwart vertreibt die dämonischen Mächte. Der Unterschied bleibt allerdings, dafs das Mittelglied der $\sigma\pi\acute{\varepsilon}\varrho\mu\alpha\tau\alpha\ \vartheta\eta\lambda\upsilon\varkappa\acute{\alpha}$ bei Hippolytus ausfällt

---

[1]) Vrgl. S. 97. D. a. § 38. Hipp. VI, 32. Die Relation des Hippolytus ist, insoweit sie das Wesen des Demiurg schildert, lückenhaft. Sie knüpft an Deut. 9, 3 an und fährt fort: „Es giebt eine Doppelkraft des Feuers, denn es giebt ein verzehrendes, unauslöschliches Feuer. Demgemäfs also ist die Seele ein sterbliches Mittelding ($\vartheta\nu\eta\tau\acute{\eta}\ \tau\iota\varsigma\ \mu\varepsilon\sigma\acute{o}\tau\eta\varsigma$); sie steht unter der Ogdoas, welche die Sophia ist, und über der Hyle, die sich auf den Demiurg bezieht“ ($\mathring{\eta}\varsigma\ \acute{\varepsilon}\sigma\tau\iota\ \delta\eta\mu\iota o\upsilon\varrho\gamma\acute{o}\varsigma$; Miller liest: $\mathring{\eta}\ \acute{\varepsilon}\sigma\tau\iota\ \delta\eta\mu\iota o\upsilon\varrho\gamma\acute{o}\varsigma$, was mit dem vorhergehenden in Widerspruch stehen würde). Nach dem Zusammenhange ist die feurige psychische Substanz des Demiurg das $\pi\tilde{\upsilon}\varrho$ $\varkappa\alpha\tau\alpha\nu\alpha\lambda\acute{\iota}\sigma\varkappa o\nu$, womit die Excerpte (l. c.) übereinstimmen. Welches ist jedoch die andere Kraft des Feuers, die der verzehrenden gegenübersteht und hier mit Stillschweigen übergangen wird? Darüber geben die Eclogae proph. Auskunft, welche § 26 lehren: $\delta\iota\pi\lambda\tilde{\eta}\ \tau\varepsilon\ \acute{\eta}\ \delta\acute{\upsilon}\nu\alpha\mu\iota\varsigma\ \tau o\tilde{\upsilon}\ \pi\upsilon\varrho\acute{o}\varsigma,\ \acute{\eta}$ $\pi\varrho\grave{o}\varsigma\ \delta\eta\mu\iota o\upsilon\varrho\gamma\acute{\iota}\alpha\nu\ \varkappa\alpha\grave{\iota}\ \pi\acute{\varepsilon}\pi\alpha\nu\sigma\iota\nu\ \varkappa\alpha\varrho\pi\tilde{\omega}\nu\ \varkappa\alpha\grave{\iota}\ \zeta\acute{\omega}\omega\nu\ \gamma\acute{\varepsilon}\nu\varepsilon\sigma\iota\nu\ \varkappa\alpha\grave{\iota}\ \tau\varrho o\varphi\grave{\eta}\nu$ $\acute{\varepsilon}\pi\iota\tau\acute{\eta}\delta\varepsilon\iota o\varsigma,\ \mathring{\eta}\varsigma\ \varepsilon\grave{\iota}\varkappa\grave{\omega}\nu\ \acute{o}\ \mathring{\eta}\lambda\iota o\varsigma,\ \acute{\eta}\ \delta\grave{\varepsilon}\ \pi\varrho\grave{o}\varsigma\ \acute{\alpha}\nu\acute{\alpha}\lambda\omega\sigma\iota\nu\ \varkappa\alpha\grave{\iota}\ \varphi\vartheta o\varrho\grave{\alpha}\nu,\ \acute{\omega}\varsigma\ \tau\grave{o}\ \pi\tilde{\upsilon}\varrho\ \tau\grave{o}$ $\acute{\varepsilon}\pi\acute{\iota}\gamma\varepsilon\iota o\nu$. Der zerstörenden steht die belebende Kraft des Feuers gegenüber. Das Feuer als zerstörendes Element wird wiederum nach den Excerpten § 81 in ein $\sigma\omega\mu\alpha\tau\iota\varkappa\acute{o}\nu$ und $\acute{\alpha}\sigma\omega\mu\alpha\tau\iota\varkappa\acute{o}\nu$ eingetheilt.

und ein unmittelbares Einwohnen des λόγος ἐπουράνιος in dem Menschen angenommen wird[1]).

Aber von der Erlösung der Psychiker theilt die betreffende Relation der Excerpte nichts mit. Hierdurch wurde vielleicht Clemens veranlaſst, aus anderen Quellen eine zweite Darstellung der Erlösung, die vorzugsweise die Psychiker im Auge behält, anzufügen. Fragt man sich jedoch, wie dieselbe von den eben betrachteten Prämissen aus zu denken wäre, so scheint darauf Hippolytus die am nächsten liegende Antwort zu geben, wenn er um der Psychiker willen von der Sophia und dem Soter einen dritten Christus emaniren läſst, bei dessen Bildung der Demiurg als formendes Princip mitthätig ist. So konnte auch die pneumatische Leiblichkeit desselben mit den Psychikern in Verbindung treten; nahm man aber, um ihn mit der erstorbenen psychischen Natur noch inniger zu vereinigen, eine psychische Leiblichkeit an, so war das nur möglich, wenn dieselbe durch das πνεῦμα der Sophia, das auf sie als Taube herabstieg, belebt wurde, um dann so lange mit dem Erlöser Gemeinschaft zu haben, bis seine Mission erfüllt war[2]).

Die Excerpte des Clemens beweisen zur Genüge, daſs die Scheidung der Valentinianischen Gnosis in eine orientalische und occidentalische Schule nur in bedingter Weise vollzogen ist. Die beiden innerhalb des Systems hervortretenden Lehrtypen treten in ihnen neben einander auf, und Theodot ist gleichfalls Repräsentant der orientalischen Fassung. Eine Ungenauigkeit der Ueberschrift aber anzunehmen scheint deshalb nicht zulässig, weil das der Relation des Irenäus entsprechende Stück zwischen entschieden orientalischen Lehren ohne irgend eine Andeutung seines verschiedenen Charakters eingefügt ist. Beide Lehrtypen scheinen daher zunächst innerhalb der Schule neben einander existirt zu haben und mit einander vielfach verwachsen

---

[1]) Vrgl. S. 96. Hipp. VI, 34.

[2]) Hipp. VI, 36. Verwandte Anschauungen finden sich in der D. a. § 4.

gewesen zu sein[1]), während später vielleicht eine schärfere Sonderung, wie sie Hippolytus und Tertullian bezeugt, eintrat. Fragen wir danach, welcher von beiden der ursprünglichere ist, so macht die Uebereinstimmung der Excerpte mit der Lehre, die nach der Tradition des Irenäus dem Valentinus zugeschrieben wird, es wahrscheinlich, daſs der orientalischen Christologie, die eine Analogie in den Systemen der Ophiten findet, die Priorität zukommt. Elemente beider Lehrtypen hätte sodann Hippolytus in seiner Relation vereinigt, da seine Aeonenlehre dem Irenäus am nächsten steht, seine Christologie sodann von den übrigen Quellen unabhängig ist, jedoch dem Princip nach der orientalischen Schule angehört, welcher auch seine Anthropologie am meisten entspricht. Die Pythagoräischen Bestandtheile seiner Nachrichten finden unter den vormarkosischen Relationen der Valentinianischen Gnosis in den Nachträgen des Irenäus die reichsten Analogien, während die Excerpte sie nicht kennen. Diese enthalten wiederum als neues, zweifellos der orientalischen Schule angehörendes Element astrologische Speculationen. Die dürftigen Nachrichten der Epitomatoren endlich können sowohl der orientalischen wie der occidentalischen Schule angehören[2]). Inwieweit ihre eigentümlichen Lehren auf eigenmächtigen Abbreviaturen oder auf treuer Ueberlieferung beruhen, wagen wir nicht zu entscheiden[3]).

---

[1]) Als Beleg kann D. a. § 42 — 44 dienen.

[2]) Das *spiritale* corpus, das Philastrius dem Soter beilegt, scheint allerdings der orientalischen Lehre entnommen.

[3]) Die Abhängigkeit des Pseudotertullian von Irenäus scheint mir daraus hervorzugehen, daſs er den ironischen Excurs über die $\pi\alpha\vartheta\eta$ der Sophia, in dem Irenäus die Valentinianer fragt, warum sie nicht auch den Schweiſs der Mutter als weltschöpferisches Leiden verwerthet hätten (I, 4, 4), für baare Münze nimmt: Hunc tamen instituisse istum mundum ex his materiis, quas Achamoth vel parendo vel timendo vel contristando vel *sudando* praestiterit. Ueber die Erzeugnisse der übrigen Affecte giebt er sodann weitere Auskunft, vom Schweiſs aber weiſs er nichts zu sagen (vrgl. c. 12). Mit welcher Vorsicht ferner Philastrius als Quelle zu ge-

Bevor wir von diesen Untersuchungen scheiden, bleibt noch zu erörtern, wie sich die Schule das Verhältnifs der Hyle zum Pleroma gedacht hat. Durchgängig wird die Unfähigkeit derselben zur Erlösung behauptet. War sie deshalb substantiell von der erlösungsfähigen Natur verschieden, und bestand diese Verschiedenheit nur in einer negativen Unfähigkeit oder in einem positiven Gegensatz? Die Kosmologie der Valentinianer scheint sich für das erste entscheiden zu müssen, da ja die Leiden eines Aeon auch die Hyle verursachten, ohne dafs irgend ein anderes Substrat derselben zum Grunde lag. Eine absolute Verschiedenheit der drei Stufen des Lebens ist deshalb von hier aus undenkbar; sie findet, falls sie vorhanden ist, entweder in dem einheitlichen Ursprung der Welt aus der Sophia keinen zureichenden Grund oder hebt das einheitliche Wesen der Sophia auf. Und mag dasselbe schon durch die Trennung vom Syzygos aufgehoben sein, wie denn das Wogen ihrer schöpferischen Affecte eine vollkommene Decentralisation voraussetzt, so lassen sich doch auch hieraus nur gradweise Unterschiede ableiten. Das Axiom der Schule: Was aus Gott geboren ist, ist Gott (Iren. I, 8, 5), gilt, wie die Erlösungslehre zeigt, dem Princip nach auch von der Sophia: Was von der Sophia kommt, ist ihr wesensverwandt und ihr zugehörig. Danach durfte die unterste Stufe ihrer Schöpfung nur eine Schranke bilden, welche von ihrer erlahmenden Schöpferkraft Zeugnifs gäbe, oder man mufste, um eine selbständige Welt der Hyle zu erklären, sich zu der Annahme entschliefsen, die Sophia sei durch ihre Schuld substantiell verwandelt, ähnlich wie nach der Kirchenlehre die Natur der gefallenen Engel durch den Frevel derselben in ihr conträres Gegentheil sich verwandelte.

---

brauchen ist, zeigt das gröbliche Mifsverständnifs in dem Referat über die Aeonologie. Er übersieht, dafs die vier ersten Syzygien die Ogdoas ausmachen, und fingirt neben der Dekas und Dodekas noch eine neue Ogdoas, welche Intellectus und Veritas aufserdem emanirt hätte. Hiedurch erhielte man 38 Aeonen (vrgl. c. 38).

Das System denkt den Procefs in keiner der angegebenen Weisen vollzogen. Es behauptet durchgängig die substantielle Eigenart der Hyle und statuirt mehr oder minder bestimmt einen bewufsten Gegensatz derselben zum Pleroma. Am weitesten gehen hierin die Valentinianer des Irenäus, welche den Kosmokrator, das Gebilde des Demiurg, mit einem $\pi\nu\varepsilon\tilde{\upsilon}\mu\alpha$ $\tau\tilde{\eta}\varsigma$ $\pi o\nu\eta$-$\varrho i\alpha\varsigma$ ausstatten, das in bewufster Bosheit thätig ist und ihm die dem Demiurg verschlossene Erkenntnifs verleiht (I, 5, 4). Herakleon ferner beschreibt die Natur des Teufels (Grabe II, 113) als persönlich gewordenen Irrtum, als Lüge und Begierde, und spricht den Geschöpfen desselben demgemäfs das Vermögen, den Soter zu verstehen, ab[1]); ebenso stellt Ptolemäus (ad Flor. 1) den Teufel als selbständige Macht dem höchsten Gott gegenüber. Mehr andeutend sprechen die Excerpte (§ 38) von einem Reich der Finsternifs, der Gehenna, das an den Topos grenzt, und einem Reich des Todes, das der Soter durch seinen Tod besiegt (§ 61), um dann in dem letzten Abschnitt, gleich dem Valentinus und Hippolytus, von den bösen Geistern zu reden, die den Besitz des Menschen den guten Mächten streitig machen[2]). Diese Lehren erhalten eine von der Terminologie des Systems entkleidete Bestätigung durch das Valentinianische Fragment, welches den Theil, der jeder Gestaltung durch die höheren Mächte unzugänglich ist, zur Geburtsstätte der Uebel macht[3]). Alle diese Ansichten drängen dazu, ein selbständiges Reich des Teufels anzunehmen, das dem Pleroma entgegenwirkt und ihm den Besitz der Psychiker streitig macht, obwohl sich in den Principien des Systems keine Stelle findet, von der aus seine Ableitung consequent sich ergab. —

Ueberblicken wir das Lehrgebiet der Valentinianischen Gnosis, so zeigt sich nirgends fester Boden, nirgends Einheit der Auffassung; und wir müssen uns daher bescheiden, über die

---

[1]) Vrgl. S. 135. Orig. T. in Joh. 13, 16. 20; 20, 22.

[2]) Vrgl. D. a. § 83. Hipp. VI, 34. Grabe II, 51.

[3]) Grabe II, 55. Vrgl. oben S. 73.

fortschreitende Entwicklung und Fortbildung derselben etwas sicheres aufzustellen. Die Kreise, innerhalb welcher immer neue Lehrbildungen auftauchen, bleiben zwar für sich umgrenzt, wie auch die Grundzüge des Systems in allen Quellen übereinstimmend sich erkennen lassen, aber die einzelnen Theologumene kleiden sich in stets neue Gewänder. — Woher entnahm man den Stoff derselben, und welche Einwirkungen verursachten die veränderten Auffassungen? Diese Frage kann nur in einer Gesammtgeschichte der Gnosis erschöpfend behandelt werden, weshalb wir von ihrer Beantwortung Abstand nehmen müssen. Jedoch lassen sich, wie an den einschlagenden Punkten darauf hingewiesen wurde, vorzugsweisé die Einwirkungen Ophitischer und Pythagoräischer Speculationen in dem Systeme nachweisen, von denen die letzteren, die bei Hippolytus am klarsten hervortreten, einer späteren Phase der Entwicklung, die ersteren einer früheren Periode anzugehören scheinen.

Den entscheidendsten Einfluſs hat das Christentum auf die Valentinianische Gnosis gehabt. Wir sahen, wie die heilige Schrift durchweg als Auctorität ausgenutzt wurde und mehrfach den häretischen Gedankengängen ihre Richtung und ihren Begriffen die Kunstwörter lieh, wie die Gnosis unermüdlich die Behauptung aufrecht zu erhalten sich müht, daſs sie das Christentum in seiner Reinheit darstelle. Besonders trat dies Bestreben in den Fragmenten, den treusten Denkmälern gnostischer Denkart, hervor. Nicht nur die Probleme, welche sie beschäftigen, sondern auch die Methode, in der man dieselben zu lösen hofft, wenden, so zu sagen, kein Auge von der Schrift. Auf Valentinianischer Seite bleibt die Einheit zwischen Schrift und Gnosis, oder wenigstens die Einheit zwischen der neutestamentlichen Offenbarung und der Gnosis die Fundamentalvoraussetzung, auf der das System sich erbaut; das alte Testament erhält je nach der verschiedenen Lehre vom Demiurg losere oder engere Beziehungen zur Enthüllung der absoluten Wahrheit. Wollen wir uns darüber Rechenschaft geben, inwieweit die Schule ein Recht zu dieser Voraussetzung hatte, so ist die principielle Stellung der Gnosis zum Christentum zu erörtern. Demgemäfs fragen wir: Was versteht das neue Testament und die Kirchenlehre, die den Gnosticismus bekämpfte, was versteht ferner der Gnosticismus selbst unter Gnosis[1])?

Wurde in der classischen Gräcität unter *γνῶσις* nur die formale, einseitig theoretische Erkenntnifs verstanden[2]), so erhält im neuen Testament der Begriff einen reicheren und umfassenderen Inhalt. Christus bringt seinem Volke nach dem Wort des Zacharias (Luc. 1, 77) Erkenntnifs des Heils, und zwar *ἐν ἀφέσει ἁμαρτιῶν αὐτῶν.* Die *ἄφεσις* ist entweder der Grund oder der Inhalt der *γνῶσις τῆς σωτηρίας,* die demnach das ins Bewufstsein übergegangene und angeeignete Heil bezeichnet. In der citirten Stelle wird diese *γνῶσις* ebenso wenig mit der *πίστις* verbunden oder von der *πίστις* gesondert, als wir eine directe Bestimmung des Verhältnisses beider Begriffe bei Paulus antreffen, trotzdem er vielfach die *γνῶσις* in den Bereich seiner Lehre zieht. Der Apostel nennt sie als eines der Charismata, die einem und demselben *πνεῦμα* entstammen[3]) und in einem jeden nach dem Mafse seiner gottgewollten Anlage als Offenbarung des Geistes wirken (1. Cor. 12, 7). Dagegen steht die *πίστις* als fides qua creditur, im Mittelpunkt des inneren Lebens, indem sie dem Menschen eine veränderte Stellung zu Gott giebt und ihn befähigt, die *χαρίσματα* zu empfangen und recht zu gebrauchen.

---

[1]) In den folgenden Untersuchungen ist es natürlich nicht auf eine erschöpfende Erörterung abgesehen. Wir betrachten die Begriffe nur insoweit, als es nothwendig ist, um eine klare Bestimmung ihres wechselseitigen Verhältnisses zu gewinnen.

[2]) Arist. Eth. I, S. 1095: *τὸ τέλος ἐστὶν οὐ γνῶσις ἀλλὰ πρᾶξις.* Etym. inedit.: *γνῶσις σοφίας διαφέρεται· γνῶσις μέν ἐστι τὸ εἰδέναι τὰ ὄντα, σοφία δὲ καὶ τὸ τὰ ὄντα γινώσκειν καὶ τὸ τὴν τῶν ἀντιπιπτόντων λύσιν ἐπίστασθαι.*

[3]) Die unmittelbare Zusammengehörigkeit von *χάρισμα* und *πνεῦμα* folgt gleichfalls, wie Baur (Gnosis S. 92) entwickelt, aus der Weise, in der der Apostel seine Bestimmungen über die Gnosis 1. Cor. 8 einleitet. Er gewinnt dazu den Uebergang aus der Affirmation: *δοκῶ δὲ κἀγὼ πνεῦμα θεοῦ ἔχειν.*

Sie ist der centrale Begriff, neben dem die Gnosis nur eine peripherische Stellung einnimmt.

Die Gnosis ist ferner unabhängig von der natürlichen Vernunft und ihren Functionen. Der *ἰδιώτης τῷ λόγῳ* ist keineswegs ein *ἰδιώτης τῇ γνώσει*; andererseits vermögen der Verstand (*νόημα*) und die Gedanken (*λογισμοί*) sich wider die *γνῶσις τοῦ θεοῦ* zu erheben (2. Cor. 10, 5). In Unabhängigkeit von der natürlichen Vernunft wurde die Gnosis dadurch erhalten, dafs sie sich ihres Zusammenhangs mit der übernatürlichen Offenbarung bewufst bleibt und sich mit ihr eins weifs durch die Liebe. Denn die Offenbarung Gottes richtet sich nur an diejenigen, die ihn lieben; nur diese erkennen ihn, oder vielmehr nur diese vermögen die ihnen verliehene Erkenntnifs auszusprechen. Ist nun die *γνῶσις τοῦ θεοῦ* abhängig davon, dafs wir in dem Bewufstsein leben, von Gott erkannt zu sein (Gal. 4, 9), und bethätigt sich dieses Bewufstsein in der Liebe (1. Cor. 8, 3), so findet sie in der Liebe auch ihre Norm und Schranke. (1. Cor. 13, 2). Die Liebe schützt sie vor der Ueberhebung, welche eine einseitige Zuversicht auf die Ueberlegenheit einer höheren Erkenntnifs nicht ausschliefst (1. Cor. 8, 2). In sich selbst trägt sie noch nicht die Bürgschaft ihrer dem Willen Gottes entsprechenden Verwendung, sondern es giebt eine Ausgestaltung der Gnosis (*μόρφωσις τῆς γνώσεως*, Röm. 2, 20), welche Gott entfremdet.

Mit der Bestimmung seiner Grenzen ist zugleich der Inhalt des Begriffs gegeben. Die Gefahr für den Pneumatiker liegt in einer Isolirung der Gnadengabe, wodurch dieselbe der für ihre Reinheit nothwendigen Controlle entzogen wird; doch vermeidet er diese Gefahr, wenn die Gnosis in der Ergründung ihres Objects sich in Uebereinstimmung mit dem Willen Gottes weifs. Die echte Gnosis ist demnach eine Enthüllung der Wahrheit des Christentums, die sich damit begnügt, in dieselbe einzudringen, dieselbe klar zu legen und zu vertiefen, ohne es zu wagen, über sie hinauszugehen. Der Apostel kennt keine andere objective Basis des Christentums als das Evangelium, das er den Gemeinden verkündigte. Dasselbe enthält, wenn wir seinen Inhalt nach dem Sprachgebrauch des Apostels bestimmen, die Kunde von dem Heil, welches der gekreuzigte und auferstandene Christus der Menschheit gebracht hat, von seinem alttestamentlichen Ursprunge an (Röm. 1, 2. 3) bis zu seiner Thätigkeit als Weltenrichter (Röm. 2, 16). Gottes Heilswillen offenbart sich in der Geschichte; an die Geschichte knüpft daher auch die Gnosis an, um in ihr den verborgenen Willen Gottes aufzuzeigen; sie verkündigt $\vartheta\varepsilon o\tilde{v}$ $\sigma o\varphi i\alpha v$ $\dot{\varepsilon}v$ $\mu v\sigma\tau\eta\varrho i\omega$ $\tau\dot{\eta}v$ $\dot{\alpha}\pi o\varkappa\varepsilon\varkappa\varrho v\mu\mu\acute{\varepsilon}v\eta v$ (1. Cor. 2, 7).

In den grofsen Lehrbriefen des Apostels sind es vorzugsweise zwei Probleme, die er zu lösen sucht. Der Römerbrief fixirt die Stellung der Oekonomie des alten Testaments zum Evangelium von der Rechtfertigung durch den Glauben, der erste Corintherbrief begründet in dem umfangreichsten seiner Lehrstücke die Nothwendigkeit der Auferstehung aus der Auferstehung Christi. Hier wie dort nimmt die Untersuchung von den thatsächlichen Verhältnissen ihren Anlafs und Ausgang und erhebt sich zur Verkündigung eines $\mu v\sigma\tau\acute{\eta}\varrho\iota o v$ (Röm. 11, 25 folg. 1. Cor. 15, 51), welches die Ursache des scheinbar unbegreiflichen und widerspruchsvollen im göttlichen Rathschlufs entdeckt. Sind nun, wie aus 1. Cor. 13, 2 hervorgeht, $\gamma v\tilde{\omega}\sigma\iota\varsigma$ und $\mu v\sigma\tau\acute{\eta}\varrho\iota o v$ verwandte Begriffe, und offenbart die $\gamma v\tilde{\omega}\sigma\iota\varsigma$ $\tau\dot{\alpha}$ $\mu v\sigma\tau\acute{\eta}\varrho\iota\alpha$ $\tau o\tilde{v}$ $\vartheta\varepsilon o\tilde{v}$ auf Grund einer göttlichen Erleuchtung (2. Cor. 4, 6), so besteht das Wesen derselben in einer Erkenntnifs des verborgenen göttlichen Willens auf Grund einer Offenbarung Gottes. Diese Erkenntnifs erhebt sich insofern relativ über die centrale $\pi i\sigma\tau\iota\varsigma$, als sie mit Factoren rechnet, welche jene unmittelbar sich aneignet. Weit entfernt bleibt sie jedoch von dem Schauen, das da kommen wird, wenn das Stückwerk aufhört; sie ist, ehe das vollkommene mit der Rückkehr Christi erschienen ist, eine $\gamma v\tilde{\omega}\sigma\iota\varsigma$ $\dot{\varepsilon}\varkappa$ $\mu\acute{\varepsilon}\varrho o v\varsigma$, die aufhören wird, während die $\pi i\sigma\tau\iota\varsigma$ bleibt (1. Cor. 13, 8—13).

Das $\mu v\sigma\tau\acute{\eta}\varrho\iota o v$ also, das von der $\gamma v\tilde{\omega}\sigma\iota\varsigma$ ergriffen und dargestellt wird, erwächst aus dem Boden der Geschichte; es ist sowohl ein prophetisches Hinausgehen über das Gebiet des thatsächlich gegebenen, als auch eine Entwicklung und Enthüllung desselben vermittelst des $\pi\nu\varepsilon\tilde{\nu}\mu\alpha$, dem der göttliche Rathschluſs sich offenbart hat. Anders stellt sich das Verhältniſs zwischen Geschichte und Allegorie. Die Allegorie ist gewissermaſsen die Umkehr der Prophetie, des prophetischen Schauens. Während dieses den Schlüssel für die Gegenwart in der zukünftigen Offenbarung Gottes findet, erhellt sich jener die Gegenwart durch die Vergangenheit, doch nur so, daſs die Vergangenheit ihres concreten Gehalts beraubt und der historische Vorgang in einen ideellen umgedeutet wird. Bei beiden giebt die Gegenwart dem erleuchteten Geiste den Antrieb zu einer Erkenntniſs, die sich in entgegengesetzter Richtung ausgestaltet. Sollte nun nicht die Allegorie gleichfalls unter den Gesichtspunkt des $\mu\nu\sigma\tau\eta\varrho\iota\sigma\nu$ sich einordnen? Im Evangelium Johannis unterscheidet Jesus, der in seinen Abschiedsreden den Jüngern die durch den $\pi\alpha\varrho\acute\alpha\varkappa\lambda\eta\tau\sigma\varsigma$ verwirklichte Einigung mit dem Vater verheiſst, ihr gegenwärtiges und künftiges Verhältniſs zu ihm nach dem Grade ihrer Fassungskraft: Dies habe ich $\dot\varepsilon\nu\ \pi\alpha\varrho\sigma\iota\mu\acute\iota\alpha\iota\varsigma$ zu euch geredet, aber es kommt die Stunde, in der ich nicht mehr $\dot\varepsilon\nu\ \pi\alpha\varrho\sigma\iota\mu\acute\iota\alpha\iota\varsigma$ zu euch rede, sondern euch frei heraus ($\pi\alpha\dot\varrho\dot\varrho\eta\sigma\acute\iota\alpha$) von meinem Vater verkündigen werde. Unter $\pi\alpha\varrho\sigma\iota\mu\acute\iota\alpha$ versteht er die im Bilde verhüllte Idee, das Gleichniſs (Joh. 10, 6). Die unverhüllte Erkenntniſs des Vaters ist Eigentum der Geisteserleuchteten. Wird hier noch den Jüngern diese Erkenntniſs abgesprochen, so gesteht dieselbe Jesus Matth. 13, 11 ihnen zu. „Euch ist gegeben $\gamma\nu\tilde\omega\nu\alpha\iota\ \tau\grave\alpha\ \mu\nu\sigma\tau\eta\varrho\iota\alpha\ \tau\tilde\eta\varsigma\ \beta\alpha\sigma\iota\lambda\varepsilon\acute\iota\alpha\varsigma\ \tau\tilde\omega\nu\ \sigma\grave\upsilon\varrho\alpha\nu\tilde\omega\nu$". Die Erkenntniſs der $\mu\nu\sigma\tau\eta\varrho\iota\alpha$ besteht, wie der Zusammenhang lehrt, in dem Verstehen des ideellen Sinns der Parabeln, welcher ohne Offenbarung verschlossen bleibt. An dieser Stelle erhält also der Begriff des $\mu\nu\sigma\tau\eta\varrho\iota\sigma\nu$ einen anderen Inhalt als bei Paulus; hier ist es die verhüllte Idee, dort der verhüllte göttliche Rathschluſs. Beide aber offenbaren sich dem Auge des Geistes durch die Gabe des $\gamma\nu\tilde\omega\nu\alpha\iota$.

Wird in der Parabel die Idee verkörpert, in der Allegorie dagegen die Geschichte vergeistigt, so sind sie Correlatbegriffe; es erscheint daher auf den ersten Blick wahrscheinlich, dafs Paulus, wo er der Allegorie sich bedient, dieselbe gleichfalls als Frucht der Gnosis betrachtet. Dafür spricht sowohl der Gebrauch von $\pi\nu\epsilon\nu\mu\alpha\tau\iota\varkappa\acute{o}\nu$ (1. Cor. 10, 2), — geistiges Brod und geistiger Trank war die Nahrung der Väter unter der Wolke —, als auch die Entgegensetzung von $\varkappa\alpha\tau\grave{\alpha}\ \sigma\acute{\alpha}\varrho\varkappa\alpha$ und $\varkappa\alpha\tau\grave{\alpha}\ \pi\nu\epsilon\tilde{\nu}\mu\alpha$ (Gal. 4, 29). Das ehemals geschehene sei eben $\varkappa\alpha\tau\grave{\alpha}\ \pi\nu\epsilon\tilde{\nu}\mu\alpha$ zu verstehen, und Paulus ist zu dieser, wie zu jeder höheren Erkenntnifs befähigt nicht $\dot{\epsilon}\nu\ \delta\iota\delta\alpha\varkappa\tau\tilde{o}\iota\varsigma\ \dot{\alpha}\nu\vartheta\varrho\omega\pi\acute{\iota}\nu\eta\varsigma\ \sigma o\varphi\acute{\iota}\alpha\varsigma\ \lambda\acute{o}\gamma o\iota\varsigma,$ sondern $\dot{\epsilon}\nu\ \delta\iota\delta\alpha\varkappa\tau\tilde{o}\iota\varsigma\ \pi\nu\epsilon\acute{\nu}\mu\alpha\tau o\varsigma$ (1. Cor. 2, 13). Einen inneren Zusammenhang zwischen dem $\gamma\nu\tilde{\omega}\nu\alpha\iota\ \tau\grave{\alpha}\ \mu\nu\sigma\tau\acute{\eta}\varrho\iota\alpha$ und der Entschleierung der Geschichte durch die Allegorie wird man daher nicht leugnen dürfen, doch ist derselbe von Paulus selbst nicht constatirt worden, da er seine allegorischen Deutungen unter die Gesichtspunkte der Gnosis oder des $\mu\nu\sigma\tau\acute{\eta}\varrho\iota o\nu$ nicht stellt. Die Allegorie findet somit in dem Umkreis der Paulinischen Gnosis noch keine bewufst ihr angewiesene Stelle. Nach den Aussprüchen Christi dagegen besteht das $\gamma\nu\tilde{\omega}\nu\alpha\iota$ nicht in dem Bilden, sondern im Erkennen und Verstehen der Idee, welche der symbolischen Rede zum Grunde liegt, und die Allegorie selbst, das Reden $\dot{\epsilon}\nu\ \pi\alpha\varrho o\iota\mu\acute{\iota}\alpha\iota\varsigma,$ erscheint als eine dem $\pi\alpha\varrho\varrho\eta\sigma\acute{\iota}\alpha\ \lambda\alpha\lambda\epsilon\tilde{\iota}\nu$ untergeordnete Stufe. — Wir dürfen aus den vorstehenden Untersuchungen daher das Ergebnifs ziehen, dafs in den betrachteten Stellen der Gnosis keine centrale Stellung und absolute Bedeutung gegenüber der $\pi\acute{\iota}\sigma\tau\iota\varsigma$ zukommt, dafs sie ferner dem Gläubigen durch Offenbarung zu eigen wird, dafs endlich die $\mu\nu\sigma\tau\acute{\eta}\varrho\iota\alpha\ \tau\tilde{\eta}\varsigma\ \beta\alpha\sigma\iota\lambda\epsilon\acute{\iota}\alpha\varsigma$ ihre Objecte sind.

Etwas anders stellt sich das Verhältnifs im Brief an die Hebräer. Der Verfasser desselben will seinen Lesern die Einsicht in die Tiefen der alttestamentlichen Offenbarung Gottes erschliefsen; er will nicht wieder den Grund des Glaubens legen, den dieselben schon kannten, sondern ihnen an Stelle der Milch eine „starke Speise“ darbieten, indem er ihnen die Religion des alten Testaments als einen Schattenrifs von dem vortrefflichen darstellt, das einst werden sollte, d. h. als eine typische Weissagung auf Christus[1]). Zu diesem Zweck betrachtet er insbesondere die Cultusvorschriften des Gesetzes, die durch das Opfer Christi erst ihren vollen Inhalt und ihre volle Verwirklichung erhalten haben.

Hiernach erscheint der Hebräerbrief als ein Uebergang zu jener erweiterten Bedeutung, welche die Alexandriner der Gnosis geben, unter denen sich zunächst Clemens auf das eingehendste mit der Erörterung des Verhältnisses von $\gamma\nu\tilde{\omega}\sigma\iota\varsigma$ und $\pi\iota\sigma\tau\iota\varsigma$ beschäftigt. Beide, so lehrt er, fordern einander „$o\tilde{v}\tau\epsilon\ \dot{\eta}\ \gamma\nu\tilde{\omega}\sigma\iota\varsigma\ \ddot{a}\nu\epsilon\nu\ \pi\iota\sigma\tau\epsilon\omega\varsigma\ o\dot{v}\vartheta'\ \dot{\eta}\ \pi\iota\sigma\tau\iota\varsigma\ \ddot{a}\nu\epsilon\nu\ \gamma\nu\dot{\omega}\sigma\epsilon\omega\varsigma$“ (Strom. V, c. 1, § 1). Doch mufs die $\pi\iota\sigma\tau\iota\varsigma$ in ihrer Vollendung zur $\gamma\nu\tilde{\omega}\sigma\iota\varsigma$ werden, denn die $\pi\iota\sigma\tau\iota\varsigma$ ist in der $\gamma\nu\tilde{\omega}\sigma\iota\varsigma$ zwar enthalten, aber zugleich auf eine höhere Stufe gehoben. Was die $\pi\iota\sigma\tau\iota\varsigma$ keimartig in sich birgt als ein $\dot{\epsilon}\nu\delta\iota\acute{a}\vartheta\epsilon\tau\acute{o}\nu\ \tau\iota\ \dot{a}\gamma\alpha\vartheta\acute{o}\nu$, was sie besitzt und bekennt $\ddot{a}\nu\epsilon\nu\ \tau o\tilde{v}\ \zeta\eta\tau\epsilon\tilde{\iota}\nu$, wird durch eben die Gnade Gottes, welche die $\pi\iota\sigma\tau\iota\varsigma$ verlieh, zur $\gamma\nu\tilde{\omega}\sigma\iota\varsigma$ erhoben. So ist die $\pi\iota\sigma\tau\iota\varsigma$ eine $\sigma\acute{v}\nu\tau o\mu o\varsigma\ \gamma\nu\tilde{\omega}\sigma\iota\varsigma$, die $\gamma\nu\tilde{\omega}\sigma\iota\varsigma$ dagegen die $\dot{a}\pi\acute{o}\delta\epsilon\iota\xi\iota\varsigma\ \tau\tilde{\omega}\nu\ \delta\iota\grave{a}\ \pi\iota\sigma\tau\epsilon\omega\varsigma\ \pi\alpha\rho\epsilon\iota\lambda\eta\mu\mu\acute{\epsilon}\nu\omega\nu\ i\sigma\chi\upsilon\rho\grave{a}\ \varkappa\alpha\grave{\iota}\ \beta\acute{\epsilon}\beta\alpha\iota o\varsigma$, ein Ueberbau der $\pi\iota\sigma\tau\iota\varsigma$, welcher sie zuverlässig, wissenschaftlich und fafslich macht (Strom. VII, c. 10, §§ 55. 57). Beide Begriffe begegnen sich in der Erkenntnifs, scheiden sich aber in der Gradbestimmung derselben, nach der die unmittelbare und unvermittelte Erkenntnifs der $\pi\iota\sigma\tau\iota\varsigma$ zum klaren, sich selbst rechtfertigenden Wissen sich erhebt, und den Gnostiker, der sie sich angeeignet hat, durch sein Wissen befähigt, auch das Ideal der Frömmigkeit und Tugend zu verwirklichen[2]). Ist also einerseits der Glaube an sich ebenso nothwendig eine Vorbedingung der Gnosis, als die vier Elemente eine Vorbedingung für die Möglichkeit des Lebens sind[3]),

---

1) Hebr. 5, 11 — 6, 3. 10, 1.

2) Ecl. pr. §§ 27 — 37. Strom. VII, 1, §§ 3. 4.

3) Strom. IV, 11, § 136. II, 373.

ist auf der anderen Seite die Gnosis an sich nur die erweiterte und vertiefte Affirmation des Glaubens, so bleibt die Gnosis das Ziel desselben und gewinnt dadurch ihm gegenüber eine centrale Stellung[1]).

Origenes schliefst sich diesen Bestimmungen an. Der Glaube, so führt èr gegen Celsus, welcher den Christen ihr: Forsche nicht, sondern glaube! zum Vorwurf gemacht hat, aus, ist der Anfang alles Wissens und alles Handelns und zugleich der Ersatz für das Wissen, dessen Erwerbung nicht jedermanns Sache ist[2]). Diese allgemeine Bedeutung verengt sich in der Anwendung auf die christliche Religion zu einer aller Reflexion baaren Aneignung der Heilswahrheit, welche „die Untersuchung der Glaubenssätze und die Erklärung der räthselhaften Aussprüche der Propheten, der evangelischen Parabeln und anderer unzähliger symbolischer Vorgänge und Satzungen[3]) zwar nicht verbietet, aber auch nicht in sich schliefst“. Trotzdem bleibt der Glaube an sich ein mehr unbewufster Trieb ($\mathring{\alpha}\lambda o\gamma o\varsigma\ \varphi o\varrho\acute{\alpha}$), dem gegenüber das Wissen als eine höhere Stufe sich geltend macht[4]); und ist auch die $\psi\iota\lambda\grave{\eta}\ \pi\acute{\iota}\sigma\tau\iota\varsigma$ zur Seligkeit hinreichend, so vermag sie nicht den Geist zu befriedigen, welcher den Zusammenhang und die Gründe der Dinge erkennen will.

Die Gnosis bewährt ihre Kraft an der heiligen Schrift. Dieselbe ist zwar vom heiligen Geiste eingegeben als treue Ueberlieferung der Wahrheit, doch keineswegs so klar und so frei von allem zweifelhaften und anstöfsigen, dafs sie die Arbeit der Gnosis überflüssig machte. Es lag vielmehr in der Absicht Gottes, dem Geist Steine des Anstofses in den Weg zu legen, um ihn

---

[1]) Strom. II, S. 365 (ed. Potter): $\pi\iota\sigma\tau\grave{\eta}\ \mathring{\eta}\ \gamma\nu\tilde{\omega}\sigma\iota\varsigma,\ \gamma\nu\omega\sigma\tau\grave{\eta}\ \delta\grave{\epsilon}\ \mathring{\eta}\ \pi\acute{\iota}\sigma\tau\iota\varsigma\ \vartheta\epsilon\acute{\iota}\alpha\ \tau\iota\nu\grave{\iota}\ \mathring{\alpha}\varkappa o\lambda o\upsilon\vartheta\acute{\iota}\alpha\ \tau\epsilon\ \varkappa\alpha\grave{\iota}\ \mathring{\alpha}\nu\tau\alpha\varkappa o\lambda o\upsilon\vartheta\acute{\iota}\alpha\ \gamma\acute{\iota}\nu\epsilon\tau\alpha\iota.$

[2]) $\pi o\acute{\iota}\alpha\ \mathring{\alpha}\nu\ \mathring{\alpha}\lambda\lambda\eta\ \beta\epsilon\lambda\tau\acute{\iota}\omega\nu\ \mu\acute{\epsilon}\vartheta o\delta o\varsigma\ \pi\varrho\grave{o}\varsigma\ \tau\grave{o}\ \tau o\tilde{\iota}\varsigma\ \pi o\lambda\lambda o\tilde{\iota}\varsigma\ \beta o\eta\vartheta\tilde{\eta}\sigma\alpha\iota\ \epsilon\mathring{\upsilon}\varrho\epsilon\vartheta\epsilon\acute{\iota}\eta,\ \tau\tilde{\eta}\varsigma\ \mathring{\alpha}\pi\grave{o}\ \tau o\tilde{\upsilon}\ \mathrm{'}I\eta\sigma o\tilde{\upsilon}\ \tau o\tilde{\iota}\varsigma\ \mathring{\epsilon}\vartheta\nu\epsilon\sigma\iota\ \pi\alpha\varrho\alpha\delta o\vartheta\epsilon\acute{\iota}\sigma\eta\varsigma;$ c. Cels. I, S. 9, ed. Spencer.

[3]) $\tau\grave{\alpha}\ \mathring{\epsilon}\nu\ \tau o\tilde{\iota}\varsigma\ \pi\varrho o\varphi\acute{\eta}\tau\alpha\iota\varsigma\ \alpha\mathring{\iota}\nu\acute{\iota}\gamma\mu\alpha\tau\alpha\ \varkappa\alpha\grave{\iota}\ \alpha\mathring{\iota}\ \mathring{\epsilon}\nu\ \tau o\tilde{\iota}\varsigma\ \epsilon\mathring{\upsilon}\alpha\gamma\gamma\epsilon\lambda\acute{\iota}o\iota\varsigma\ \pi\alpha\varrho\alpha\beta o\lambda\alpha\grave{\iota}\ \varkappa\alpha\grave{\iota}\ \mathring{\alpha}\lambda\lambda\alpha\ \mu\acute{\upsilon}\varrho\iota\alpha\ \sigma\upsilon\mu\beta o\lambda\iota\varkappa\tilde{\omega}\varsigma\ \gamma\epsilon\gamma\epsilon\nu\eta\mu\acute{\epsilon}\nu\alpha\ \mathring{\eta}\ \nu\epsilon\nu o\mu o\vartheta\epsilon\tau\eta\mu\acute{\epsilon}\nu\alpha.$

[4]) c. Cels. VI, 13: $\mathring{\eta}\ \vartheta\epsilon\acute{\iota}\alpha\ \sigma o\varphi\acute{\iota}\alpha\ \mathring{\epsilon}\tau\acute{\epsilon}\varrho\alpha\ o\mathring{\upsilon}\sigma\alpha\ \tau\tilde{\eta}\varsigma\ \pi\acute{\iota}\sigma\tau\epsilon\omega\varsigma.$

dadurch zu tieferem und intensiverem Forschen zu veranlassen. Die Schrift muſs daher nicht nach dem kahlen Buchstaben, sondern geistlich verstanden werden, wenn man sich der Gefahr entziehen will, häretische Lehren in sie hineinzutragen. Allerdings bleibt sie, in ihrem Geist und inneren Zusammenhang ergriffen, Norm und Schranke der Speculation, denn die einzelnen Theile derselben harmoniren mit einander wie die Saiten des Psalters[1]).

Diese Principien geben in ihrer Anwendung der Alexandrinischen Exegese ihren eigentümlichen Charakter. Clemens unterscheidet einen doppelten Sinn der Schrift, der den höheren und niederen Kräften der menschlichen Seele entspricht, Origenes gemäſs der Platonischen Trichotomie der menschlichen Natur einen dreifachen; auch die Schrift habe ihre körperlichen, seelischen und geistigen Bestandtheile. Letzteren, die σοφία ἐν μυστηρίῳ ἀποκεκρυμμένη, zu erforschen und aus dem historischen oder körperlichen, das die Hülle (ἔνδυμα) des geistigen ist, den tieferen Inhalt herauszuschälen, bleibt Aufgabe der Gnosis, welche aus den Bausteinen der heiligen Urkunden das System des Glaubens aufführt[2]). Auf Grund dessen stellt Origines den Kanon auf: Wer mit der heiligen Schrift sich beschäftigt, muſs nach dem Wort des Herrn: „Forschet in der Schrift" sorgfältig untersuchen, ob der Wortlaut die Wahrheit enthält oder nicht. Denn so halten wir von der ganzen Schrift, daſs alle Aussprüche derselben einen geistigen Sinn haben, aber nicht alle einen körperlichen. Der Schlüssel aber des geistigen Sinns ist die Allegorie[3]).

Eine tiefere Begründung des Rechts der allegorischen Erklärung als die oben angeführte lassen die Alexandriner vermissen. Sie berufen sich auf Aussprüche des Paulus, wie 2. Cor. 3, 6 (c. Cels. IV, S. 324), und auf die Unmöglichkeit einer buch-

---

[1]) ὅλος ὁ νοῦς τῆς γραφῆς. Hom. in Jerem. IV. De princ. IV, c. 1. 8. 14. 15. 28. Die gleichen Ansichten finden sich bei Clem. Strom. VI, c. 15.

[2]) Strom. VII, S. 759 (ed. Potter.). De princ. IV, 11.

[3]) Strom. VI, S. 476. VII, S. 548. De princ. IV, 10.

stäblichen Auffassung von Thatsachen, welche der Heiligkeit Gottes und seiner Offenbarungsurkunde Abbruch thäten. Die Gnosis selbst gilt als spontane Function des Geistes, der sich in die Offenbarung vertieft und Rechenschaft über den Glauben abzulegen bestrebt ist. So ist erstens die $\pi i\sigma\tau\iota\varsigma$ als Object der Gnosis aus der centralen Stellung, die ihr der Apostel zuerkannte, verdrängt, zweitens die Gnosis nicht mehr als $\chi\acute{\alpha}\varrho\iota\sigma\mu\alpha$, sondern als rationelle Kraft der Menschennatur aufgefaſst. Darin aber, daſs die Gnosis ihre Norm und ihren Inhalt der objectiven Offenbarung entnimmt, stimmen die Alexandriner mit der neutestamentlichen Lehre überein[1]).

Einen vollkommen neuen Inhalt erhält der Begriff der Gnosis bei den Valentinianern. Fundamentale Voraussetzung ihrer Psychologie war die Behauptung, daſs sowohl die Natur als auch die Entwicklung des Menschen Gabe sei, die, einmal in die Eigenart der Persönlichkeit übergegangen, unverlierbar ihr zugehört und ihr Schicksal unabänderlich vorherbestimmt[2]). Der Pneumatiker ist durch seine Natur zur Seligkeit, der Hyliker durch eben diese zur Verdammniſs bestimmt; und je nachdem ein neues Element zu dem an sich indifferenten Wesen des Psychikers hinzugefügt, gewissermaſsen hinzuaddirt wird, beschreibt

---

[1]) Bemerkenswerth ist hier der Unterschied der Auffassung des Objects. Clemens beruft sich vorzugsweise auf das lebendige Zeugniſs der Lehrer, das von den Aposteln und ihren Schülern seinen Ausgang nimmt, als der Quelle für die $\pi i\sigma\tau\iota\varsigma$ (Strom. I, 1. § 11 u. 12), während Origenes mit aller Energie seines Denkens die biblischen Schriften zum Gegenstand seines Forschens macht. Daher tritt bei ihm die allegorische Erklärung in entschiedenerer Weise in den Vordergrund, als bei seinem Lehrer, besonders so oft er sich mit dem alten Testament beschäftigt. In seinen $\tau\acute{o}\mu o\iota$ und seinen Homilien zum neuen Testament halten sich lichtvolle Erörterungen des Schriftzusammenhangs, welche er nach dem Grundsatz: scriptura scripturae interpres, anstellt, und allegorische Ausdeutungen mindestens die Wage. Vrgl. z. B. Tom. 13 in ev. Joh., besonders § 21, wo er über $\pi\nu\varepsilon\tilde{\upsilon}\mu\alpha$ spricht.

[2]) Iren. I, 6, 2. Grabe II, S. 94 u. 95. Clem. Strom. II, 3. § 10.

er die Bahn, die ihm durch sein vermehrtes und verwandeltes Wesen gewiesen ist [1]).

Was den Pneumatiker von allen übrigen Geschöpfen aussondert, ist das $\sigma\pi\acute{\epsilon}\rho\mu\alpha$ $\pi\nu\epsilon\nu\mu\alpha\tau\iota\varkappa\acute{o}\nu$, das als ein Ausfluſs der höheren Welt in seine Seele gelegt ward. Dasselbe ist aber ursprünglich nur dynamisch vorhanden und verkommt, wenn es nicht Leben empfängt [2]). Denn da es vorerst nur Empfänglichkeit für eine erweiterte Ausbildung besitzt und, so lange es kein Bewuſstsein seiner selbst hat, ein $\mathring{\alpha}\mu\acute{o}\rho\varphi\omega\tau o\nu$ $\tau\acute{\epsilon}\varkappa\nu o\nu$ bleibt, liegt der Fortschritt seiner Entwicklung in der Gewinnung einer Gestalt oder, bestimmter ausgedrückt, eines Selbstbewuſstseins. Der Procefs, welcher das keimartig vorhandene zur Frucht bringt, vollzieht sich folgendermaſsen. Die $\mathring{\alpha}\mu o\rho\varphi\acute{\iota}\alpha$ äuſsert sich in dem Unvermögen, etwas zu erkennen und zu begreifen ($\varkappa\alpha\tau\alpha\lambda\alpha\beta\epsilon\tilde{\iota}\nu$), welches zu einer totalen Auflösung der pneumatischen Substanz führen würde, wenn es nicht zum schmerzvollen Bewuſstsein kommt [3]). Dieses Unvermögen verwandelt sich in die Sehnsucht nach der Erkenntniſs oder in das Bewuſstsein des Mangels einer Erkenntniſs ($\mathring{v}\sigma\tau\acute{\epsilon}\rho\eta\mu\alpha$), nachdem das $\sigma\pi\acute{\epsilon}\rho\mu\alpha$ $\pi\nu\epsilon\nu\mu\alpha\tau\iota\varkappa\acute{o}\nu$ einen substantiellen Halt gewonnen hat ($\mu\acute{o}\rho\varphi\omega\sigma\iota\varsigma$ $\varkappa\alpha\tau$' $o\mathring{v}\sigma\acute{\iota}\alpha\nu$ oder $\varkappa\alpha\tau\grave{\alpha}$ $\gamma\acute{\epsilon}\nu\epsilon\sigma\iota\nu$), durch welche dem vorher nebelhaften und schrankenlosen Vegetiren eine bestimmte Richtung gegeben wird. Die Sehnsucht wird endlich erfüllt durch die $\mu\acute{o}\rho\varphi\omega\sigma\iota\varsigma$ $\varkappa\alpha\tau\grave{\alpha}$ $\gamma\nu\tilde{\omega}\sigma\iota\nu$, durch welche die pneumatische Substanz in den Vollbesitz ihres Wesens gelangt. Die Gestaltung ist daher sowohl eine Befreiung von der Unvollkommenheit ($\lambda\acute{v}\tau\rho\omega\sigma\iota\varsigma$), als auch die Gewähr der positiven Ergänzung derselben. Die $\mathring{\epsilon}\nu\nu o\iota\alpha$ $\tauo\tilde{v}$ $\mathring{v}\sigma\tau\epsilon\rho\acute{\eta}\mu\alpha\tau o\varsigma$ mit ihren Schmerzen verwandelt sich durch die $\mathring{\iota}\alpha\sigma\iota\varsigma$ $\tau\tilde{\omega}\nu$ $\pi\alpha\vartheta\tilde{\omega}\nu$,

---

[1]) Das rechte Handeln ist daher ein $\pi\rho\epsilon\pi\acute{o}\nu\tau\omega\varsigma$ $\tau\tilde{\eta}$ $\varphi\acute{v}\sigma\epsilon\iota$ $\pi o\iota\epsilon\tilde{\iota}\nu$ (Grabe II, S. 97), der $o\mathring{v}$ $\varkappa\alpha\tau\grave{\alpha}$ $\varphi\acute{v}\sigma\iota\nu$ $\mathring{\epsilon}\chi\omega\nu$ dagegen krankt und verkommt (Grabe II, S. 110).

[2]) D. a. §§ 1—3. Grabe II, S. 93.

[3]) Iren. I, 2, 2 u. 4. c. 4, 1. Was von der Sophia gilt, gilt auch von der $\pi\nu\epsilon\nu\mu\alpha\tau\iota\varkappa\grave{\eta}$ $o\mathring{v}\sigma\acute{\iota}\alpha$. D. a. § 35. Grabe II, S. 94 folg.

in Gnosis [1]). So führt der Weg des Pneumatikers von der Unmündigkeit zur vollkommenen Einsicht [2]), und er legt ihn zurück nicht durch selbstthätiges Fortschreiten, sondern wird vielmehr geführt und getragen. Die Vervollkommnung seines Wesens ist eine Erneuerung und Gestaltung desselben durch eine äußere Macht. Die Frucht der $\mu\acute{o}\varrho\varphi\omega\sigma\iota\varsigma\ \varkappa\alpha\tau\grave{\alpha}\ \gamma\nu\tilde{\omega}\sigma\iota\nu$ ist die Gnosis selbst, da in ihr der Pneumatiker das Bewußtsein von seiner Natur und zugleich die Kraft, dieselbe zu entfalten, erhält. Die Gnosis ist die Form der $o\vec{v}\sigma\acute{\iota}\alpha\ \pi\nu\varepsilon\nu\mu\alpha\tau\iota\varkappa\acute{\eta}$, diese der Inhalt der $\gamma\nu\tilde{\omega}\sigma\iota\varsigma$. Sie hat keine andere Richtschnur des Erkennens, als ihren einer höheren Welt entstammenden Inhalt. So besteht sie in der unmittelbaren Selbstdarstellung der gestalteten $o\vec{v}\sigma\acute{\iota}\alpha\ \pi\nu\varepsilon\nu\mu\alpha\tau\iota\varkappa\acute{\eta}$, sie ist die begriffene pneumatische Natur und damit das erkannte begriffene All, weil mit der Erkenntniß seiner selbst auch die Erkenntniß der Ursachen des so gestalteten Wesens gegeben ist [3]).

Dem entsprechend beschreiben die Valentinianer selbst Wesen und Inhalt der Gnosis. Sie ist nach den Excerpten (§ 78) „die Erkenntniß, wer wir waren, was wir geworden sind, wo wir waren, wohin wir gebracht worden sind, wohin wir eilen,

---

[1]) Iren. I, 4, 5. D. a. §§ 22 u. 45.   [2]) Iren. I, 7, 5.

[3]) Die Aeonologie der Excerpte bestätigt diesen Begriff der Gnosis, wenn sie ausführt, daß der $\pi\alpha\tau\grave{\eta}\varrho\ \check{\alpha}\gamma\nu\omega\sigma\tau o\varsigma$, der sich den Aeonen offenbaren will, dadurch, daß er sich selbst betrachtete und dachte ($\delta\iota\grave{\alpha}\ \tau\tilde{\eta}\varsigma\ \vec{\epsilon}\nu\vartheta\nu\mu\acute{\eta}\sigma\varepsilon\omega\varsigma\ \tau\tilde{\eta}\varsigma\ \dot{\epsilon}\alpha\nu\tau o\tilde{\nu}$), worin eben seine Selbstbetrachtung bestand, den $\mu o\nu o\gamma\varepsilon\nu\acute{\eta}\varsigma$ oder das $\pi\nu\varepsilon\tilde{\nu}\mu\alpha\ \gamma\nu\acute{\omega}\sigma\varepsilon\omega\varsigma\ o\vec{v}\sigma\eta\varsigma\ \vec{\epsilon}\nu\ \dot{\epsilon}\nu\acute{\omega}\sigma\varepsilon\iota$, d. h. den Geist der Erkenntniß, welche durch die Einheit mit dem Vater möglich wird, emanirt. Dieser, der durch die Selbstbetrachtung oder Erkenntniß des Vaters entstanden ist, ist die $\gamma\nu\tilde{\omega}\sigma\iota\varsigma$, weil durch den Sohn der Vater erkannt wird (§ 7). Folglich erscheint die $\gamma\nu\tilde{\omega}\sigma\iota\varsigma$ hypostasirt als Aeon, sie ist nicht allein Mittel und Function der erkennenden Thätigkeit und kommt nicht allein an dem Object der Erkenntniß zur Verwirklichung, sondern Form und Inhalt zugleich. Nehmen wir hinzu, daß die Mission des Sohnes eine belehrende war, so erhält dadurch die Gnosis für den Empfänger dieselbe Bedeutung, welche die Tradition für den Katholiker hatte: dort die überlieferte, hier die inspirirte Wahrheit.

woher, wir erlöst werden, was Geburt, was Wiedergeburt ist". Hiernach geht sie von der Frage nach dem Wesen und seiner Entwicklung aus und wird im Verlauf des Denkens in nothwendigem Fortschritt zu den Fragen über Ursprung, Entwicklung und Ziel aller Dinge gedrängt.

Von einem anderen Gesichtspunkt umgrenzt dieses Gebiet Hippolytus in der Beschreibung der nach Gnosis ringenden Mutter des pneumatischen Wesens, der Sophia (VI, S. 190). „Sie war betrübt und ganz rathlos, indem sie darüber dachte, wer ihr Bildner war, wer der heilige Geist, wohin er gekommen, wer die Gegenwart beider verhinderte, wer ihr neidete den schönen und seligen Anblick". Waren dort die Probleme allgemein gefaſst, so tragen sie hier die bestimmten Züge des Systems. Die Sophia auf der Vorstufe der Gnosis ist Gegenstand der Darstellung. Sie ringt in Sehnsucht nach dem Besitz der Gnosis, denn die $\pi\nu o\dot{\eta}$ oder $\dot{o}\delta\mu\dot{\eta}$ $\dot{\alpha}\varphi\vartheta\alpha\varrho\sigma\dot{\iota}\alpha\varsigma$ (Iren. I, 6, 1), welche der beseligende Anblick des Aeon, der sie der Substanz nach gestaltete, in ihr erweckte, entschleierte der Verlassenen ihre innere Haltlosigkeit. Darum reflectirt sie über die Ursachen ihrer Verlassenheit, sucht also Licht über die Probleme zu gewinnen, welche Christus als der Lehrer der Gnosis offenbart.

Daſs ferner die Gewähr der Gnosis Gnadengabe ist, wird ausdrücklich von den Excerpten behauptet, nach welchen Christus den Aeonen mittheilt, daſs „$\chi\dot{\alpha}\varrho\iota\tau\iota$ $\tau o\tilde{\nu}$ $\pi\alpha\tau\varrho\dot{o}\varsigma$ $\varepsilon\dot{\iota}\sigma\dot{\iota}\nu$ $\ddot{o}\nu o\mu\alpha,$ $\dot{\alpha}\nu\omega$-$\nu\dot{o}\mu\alpha\sigma\tau o\nu,$ $\mu o\varrho\varphi\dot{\eta}$ $\kappa\alpha\dot{\iota}$ $\gamma\nu\tilde{\omega}\sigma\iota\varsigma$". Alle diese Begriffe sind Bestimmungen desselben Grundgedankens. $\H{O}\nu o\mu\alpha$ wird erklärt durch $\nu\iota\dot{o}\varsigma$ oder $\mu o\varrho\varphi\dot{\eta}$ $\tau\tilde{\omega}\nu$ $\alpha\dot{\iota}\dot{\omega}\nu\omega\nu$, der $\nu\iota\dot{o}\varsigma$ ist die $\gamma\nu\tilde{\omega}\sigma\iota\varsigma,$ $\dot{\alpha}\nu\omega\nu\dot{o}$-$\mu\alpha\sigma\tau o\nu$ dagegen drückt die Grenze der $\gamma\nu\tilde{\omega}\sigma\iota\varsigma$ aus, das unerfaſsbare Wesen des Vaters, dessen Erhabenheit durch seine Gnade nicht erschlossen wird (D. a. §§ 7. 31).

Diese Einheit von Form und Inhalt, von Empfänglichkeit und Productivität, ist in der Lehre vom Pleroma vorgebildet. Die Ketten der Syzygien, welche vom Urgrund ausgehen, gliedern sich in ein männliches und weibliches Princip. Das weib-

liche als das empfängliche, aber noch unausgestaltete, verbindet
sich mit dem männlichen, durch dessen Kraft es gebildet wird
und in Harmonie mit sich selbst und mit dem ganzen bleibt;
von ihm losgetrennt dagegen schlägt die Receptivität der gestaltlosen Substanz in das πάϑος über. Das πάϑος tritt daher erst
dann störend in die Harmonie des männlichen und weiblichen,
wenn das Band der Vollkommenheit von einem Gliede zerrissen
wird; ist das nicht der Fall, so verwachsen beide Seiten des
Wesens zu absoluter Einheit. Dafs die Valentinianer diese Lehre
aufstellten, beweist nicht nur die Notiz des Irenäus über die
Doppelnamen der Sophia, die einerseits γῆ, Ἰερουσαλήμ, ἅγιον
πνεῦμα, andererseits ἀρσενικῶς κύριος genannt wurde (I, 5, 3), sondern auch das für die weibliche Natur als Ziel aufgestellte ἀπαν-
δρίζεσϑαι oder, anders ausgedrückt, τὴν γυναῖκα ἐς ἄνδρα μετα-
τίϑεσϑαι. Doch fällt letztere Bestimmung schon in das Gebiet
der Anthropologie, in welcher besonders die Excerpte sich dieses
Gegensatzes bedienen, um das Wesen des Pneumatikers zu ver-
anschaulichen, der aus einem ἀμόρφωτον ϑηλείας τέκνον durch
die Vereinigung mit seinem Engel zu einem ἀνήρ oder einem
ἄῤῥην κάρπος wird (§§ 21. 67). Das weibliche gewinnt hier im
verschärften Sinne die Bedeutung eines in unkräftiger Dynamik
verkommenden Wesens, das an sich nur die Möglichkeit der
Empfängnifs, aber keine Zeugungskraft besitzt und, wenn es für
sich bleibt, in ἀμορφία und ἀγνωσία versinken mufs. Was ihm
fehlt (ὑστέρημα), kann ihm nur verliehen werden; die einzige
Aeufserung, zu der es ohne die Einwirkung des männlichen Princips sich emporschwingt, sind die πάϑη. Daher sind sie die
fruchtlosen Geburtswehen der unerschlossenen Erkenntnifs, un-
zertrennlich von der für sich bestehenden gestaltlosen οὐσία πνευματική, sie werden aber gelöst und aufgehoben in der Harmonie
der Gemeinschaft, welche der οὐσία πνευματική ihr πλήρωμα
verleiht[1]).

---

[1]) Vrgl. Hipp. S. 187: ἐν τοῖς γενητοῖς (den erschaffenen Aeonen) τὸ

Der Gnostiker also besitzt die Gnosis in Folge seiner zum Bewuſstsein ausgestalteten pneumatischen Natur, die ihm nicht allein volle Erkenntniſs, sondern auch das Heimathsrecht im Pleroma gewährt. Sie allein ist der Rechtstitel, durch den er sich als ein Weseſ höherer Ordnung beglaubigt und auf Grund dessen er die ihm geoffenbarten Mysterien des Pleroma darstellt. Eine andere Norm kennt sie nicht als sich selbst, ihr ward keine andere Quelle der Offenbarung, kein anderes Organ, sich zu äuſsern, gegeben als eben ihr eigenes Wesen. Sie ist nicht Wissenschaft von der Offenbarung, sondern selbst Offenbarung, nicht Philosophie, sondern durch ihren Ursprung beglaubigte Enthüllung[1]) vom absoluten und seinen Verzweigungen in der Welt der Unvollkommenheit. Der Gnostiker ist daher nicht ein *λο-γιζόμενος,* sondern ein *φωτισθείς* (D. a. § 41), er bedarf nicht mehr eines „*κατόρθωμα γραφῆς καὶ μαθήσεως*" (D. a. § 27), er hört nicht bloſs mit leiblichem Ohr, sondern als neues Organ des Hörens ist ihm das *πνεῦμα* gegeben (D. a. § 5), er sondert sich aus den übrigen Geschöpfen als das *γένος τὸ ἐκλεκτόν* (D. a. § 4) und als Glied der *ἐκκλησία,* welche aus den Früchten des Soter besteht (D. a. § 27). Für ihn giebt es keine *γνῶσις ἐκ μέρους,* d. h. eine Erkenntniſs, deren Quelle die Schrift wäre (Grabe II, 94), die *τελεία γνῶσις* des *φύσει πνευματικός* entbehrt ohne Nachtheil der *πίστις ψιλή* (Iren. I, 6, 2). Der Gnostiker liest aus ungeschriebenen Büchern die ewigen Wahrheiten (Iren. I, 8, 1), denn die *λόγοι ἄνωθεν κατεσπαρμένοι* (Hipp. VI, S. 193) gestalten sich zu einem *νόμος ὁ γραπτὸς ἐν καρδίᾳ* (Grabe II, 54)[2]).

μὲν θῆλυ ἔστιν οὐσίας προβλητικὸν τὸ δὲ ἄῤῥεν μορφωτικὸν τῆς ὑπὸ τῆς θήλεως προβαλλομένης οὐσίας. Strom. IV, 13. § 92. D. a. § 32. Herakleon bei Grabe II, 96.

[1]) Hipp. S. 194: *ἀποκάλυψις.*

[2]) Dem entsprechend denken auch die anderen Gnostiker über Wesen und Auctorität der Gnosis. Von den Naassenern berichtet Hippolytus (V, S. 94), sie meinten allein *τὰ βάθη γινώσκειν*; Basilides sagt von der Seele des Gnostikers, sie sei *οἷον ἐπιξενουμένη τῷ σώματι* (Clem. Strom.

Die Annahme eines dem Pneumatiker immanenten Offenbarungsprincips, das seine Beglaubigung in der Berufung auf eine transscendente Auctorität findet und wiederum auf Grund seines Ursprungs aus dem absoluten den Anspruch auf absolute Auctorität macht, ist die Voraussetzung, welche das aristokratische Erwählungsbewufstsein des Gnostikers trägt und ihm die unantastbare Wahrheit seiner Speculationen verbürgt. In dieser Beziehung stellt er sich auf dieselbe Höhe, die der montanistische Prophet für sich beansprucht, den seine Extase, durch welche er allem irdischem enthoben wird[1]), zum Träger der Offenbarungen Gottes macht, oder die nach Plato's Meinung der Dichter einnimmt, der ein Dolmetscher des Gottes ist, der ihn erfüllt, und zwar nur insoweit er von ihm erfüllt wird[2]). Hier wie dort die von dem übrigen geistigen Leben unabhängige Verleihung eines neuen Lebenselements, das seinen Besitzer auf eine sonst unerreichbare Stufe erhebt und ihn berechtigt, einem jedem, der die Untrüglichkeit seiner Offenbarung anzweifelte, mit der Antwort abzufertigen, die Plato dem Antisthenes gab, der keine Ideen sehen mochte: dafür fehlt dir eben das Auge. Betrachtete also der Gnostiker sein Verhältnifs zu den übrigen denkenden Geschöpfen, so stand er über denselben als erleuchteter; gab er sich Rechenschaft über die Tragweite der äufseren Eindrücke und Thaten, so mufste er ihre Bedeutung für sein pneu-

---

IV, 26. § 167). Im wesentlichen übereinstimmend mit den Valentinianern lehren endlich die Markosier: *Εἶναι δὲ τελείαν ἀπολύτρωσιν αὐτὴν τὴν ἐπίγνωσιν τοῦ ἀῤῥήτου μεγέθους. ʿΥπ᾽ ἀγνοίας γὰρ ὑστερήματος καὶ πάθους γεγονότων διὰ γνώσεως καταλύεσθαι πᾶσαν τὴν ἐκ τῆς ἀγνοίας σύστασιν· ὥστε εἶναι τὴν γνῶσιν ἀπολύτρωσιν τοῦ ἔνδον ἀνθρώπου.* Iren. I, 21, 4.

[1]) Tert. (adv. Marc. 4, 22) sagt als Montanist: in spiritu constitutus homo necesse est ut excidat sensu.

[2]) Jon. (ed. Nitzsch 35) ... *οἱ δὲ ποιηταὶ οὐδὲν ἀλλ᾽ ἢ ἑρμηνεῖς εἰσι τῶν θεῶν κατεχόμενοι, ἐξ ὅτου ἂν ἕκαστος κατέχηται.* Wenn er dann fortfährt: *ταῦτα ἐνδεικνύμενος ὁ θεὸς ἐξεπίτηδες διὰ τοῦ φαυλοτάτου ποιητοῦ τὸ κάλλιστον μέλος ᾖσεν,* so erinnert diese Behauptung an die gnostische Lehre von der Incorruptibilität der pneumatischen Natur.

matisches Leben leugnen; er war kein Glied des Kosmos, sondern trug Aufschrift und Namen des Pleroma, dessen Mysterien
ihm offenbar waren. Darum gab es für ihn keine Ethik und
keine Geschichte im wahren Sinn des Worts. In seinem Geiste
spiegelt sich nur die „Welt des Wesens und der Wahrheit";
alles, was unter dem pneumatischen steht, dient ihm nur als
vergängliche Hülle und hat nur Bedeutung, insofern es mit dem
Pleroma verwandt und verbunden ist. „Alles Vergängliche ist
nur ein Gleichnifs".

Die Alexandrinische Gnosis war der Versuch, den auf
geschichtliche Urkunden sich gründenden Glauben speculativ zu
rechtfertigen; ihre Quelle war der Glaube, ihre Autorisation der
Anspruch des denkenden Geistes auf zusammenhangsvolle Erkenntnifs; sie verdient daher den Namen der Religionsphilosophie.
Die Valentinianische Gnosis dagegen sucht ihren Quellpunkt,
ihren Inhalt und ihre Grenzen in einer Offenbarung, die ihr durch
einen physischen Procefs im $\sigma\pi\acute{\epsilon}\varrho\mu\alpha$ $\pi\nu\epsilon\nu\mu\alpha\tau\iota\varkappa\acute{o}\nu$ mitgetheilt
wird, und macht den Anspruch, nicht Speculation zu sein, son-
dern beruft sich auf die Inspiration der absoluten Erkenntnifs
als unverlierbares Eigentum. Die $\pi\acute{\iota}\sigma\tau\iota\varsigma,$ welche bei Paulus der
centrale Begriff des Glaubenslebens, bei den Alexandrinern die
nothwendige Vorstufe der Gnosis war, verliert dadurch gänzlich
ihre Bedeutung; sie steht unvermittelt und beziehungslos neben
der Gnosis, denn sie vermag sich nicht zur Gnosis zu erheben,
sondern kann nur durch die Gnosis ersetzt werden. Die Verhältnifsbestimmung der Alexandriner ist somit vollständig zerrissen und das bei Paulus vorausgesetzte Verhältnifs zwischen
$\pi\acute{\iota}\sigma\tau\iota\varsigma$ und $\gamma\nu\tilde{\omega}\sigma\iota\varsigma$ umgekehrt; die Rechtfertigung $\grave{\epsilon}\varkappa$ $\pi\acute{\iota}\sigma\tau\epsilon\omega\varsigma$
verflüchtigt sich zu einer Erlösung $\grave{\epsilon}\varkappa$ $\gamma\nu\acute{\omega}\sigma\epsilon\omega\varsigma.$

Eine von dem Sein und Werden der Wirklichkeit losgelöste
Weltanschauung ist doketisch. Dem Doketismus gilt alles reale
nur insoweit es Erscheinung der Idee ist, und die reale Welt
mufs es sich gefallen lassen, eingefügt zu werden in die luftigen
Bauten der sich selbst darstellenden Idee, ohne dafs der innere

Zusammenhang und der für sich bestehende Werth derselben Anspruch auf Schonung und Schätzung machen dürfte. Wie die fromme Barbarei des Mittelalters die Marmorsäulen der Tempel zu Mauersteinen von Kirchen verwandte, stempelt der Doketismus, wenn er sich zur systematischen Weltanschauung erweitert, die Natur, die Geschichte, den Menschen in seiner mannigfach gestalteten Eigenart zu Symbolen, Typen, Verkörperungen der neu entdeckten Welt jenseits der Wirklichkeit. Er ist nicht im Stande, die Wirklichkeit zu ignoriren, in Folge dessen macht er dieselbe sich entweder dienstbar, oder negirt ihren Werth, indem er ihr die Möglichkeit und das Recht des Fürsichseins raubt.

Diese Gesichtspunkte führen auf die feststehenden Grundzüge der gnostischen Speculation. Die Behauptung, die Wahrheit zu sein, und die Entwerthung der Realität führt erstens zur Annahme der absoluten Neuheit, zweitens zur Annahme der absoluten Transscendenz der gnostischen Offenbarung. Die absolute Neuheit forderte eine Erweiterung des geistigen Vermögens, das die Offenbarung aufnehmen sollte, die absolute Transscendenz eine Hineinbildung desselben in die Sphäre, welche der neuen Offenbarung ihren Ursprung und Inhalt gab. Darum enthält die Gnosis eine Physik der Geisteswelt, die mit dem Verpflanzen des $\sigma\pi\acute{\epsilon}\varrho\mu\alpha$ $\pi\nu\epsilon\nu\mu\alpha\tau\iota\varkappa\acute{o}\nu$ in den Menschen beginnt und mit dem Zurücknehmen desselben in das Pleroma ihr Ende erreicht.

Die Behauptung der Neuheit und Transscendenz der Offenbarung schafft sich ihre metaphysische Basis in dem Theologumenon vom Bythos und Horos; jener der „grund- und uferlose Ocean des Seins“, absoluter und unergründlicher Inhalt, dieser die absolute Schranke, ein Gebilde aus des Bythos eigener Hand. Der Vater schuf den Horos nach seinem Bilde, ohne Vermittelung, erhaben über die Differenzirung in ein männliches und weibliches Princip (Iren. I, 2, 4). Die Thätigkeit desselben ist die Hut über die Ordnung des Pleroma und die Ausscheidung aller fremden Substanzen. So trennt er auf der einen Seite, um andererseits zu bewahren und zu festigen, und festigt durch seine abwehrende und zusammenhaltende Kraft die Harmonie der Aeonenwelt. Die Namen, welche man ihm beilegte, charakterisiren seine positiven und negativen Kräfte. Bei Irenäus heiſst er die Kraft, welche auſserhalb der unnennbaren Gröſse das All bewacht (I, 2, 2), er löst die gebundenen Kräfte (λυτρωτής), indem er ihnen einen inneren Halt giebt (στηρίζειν), er erntet ein, was dem Pleroma zugehört[1]). So wird er als „φρουρὰ καὶ χαράκωμα τῶν αἰώνων" der ὅρος τοῦ πληρώματος (Hipp. VI, 30) und zu gleicher Zeit, da ihm Selbstthätigkeit zukommt, der ὁροθέτης (Iren. I, 2, 4). Doch seine Thätigkeit erstreckt sich auch auf die Welt auſserhalb des Pleroma. Indem er ihre Grenze bildet, hat er zugleich Theil an ihr, weil jede Schranke, eben weil sie scheidet, selbst mit dem, was sie scheidet, verbunden sein muſs (μετοχεύς Hipp. VI, 31). In ihm liegt daher sowohl die Ausstoſsung, als auch die Anerkennung der Welt der Sophia und des Demiurg. Als eine dem Pleroma entfremdete wird sie ausgestoſsen, als eine existirende und zum Pleroma aufstrebende wird sie anerkannt. Letzteres veranschaulicht die Benennung σταυρός. Σταυρός heiſse der Horos, weil er unbeugsam und unabänderlich feststehe, damit nichts vom Hysterema der Aeonenwelt nahen könne. Aber wie das Kreuz, das Symbol des Horos, gläubige und ungläubige von einander scheidet, und zugleich sammelt und sondert, da es für die einen Weg, für die anderen Wall ist, so macht die herabwirkende Kraft des Pleroma, die sich in Christus über den Horos ausdehnt, ihn wegsam für die erlösten Seelen, welche der Soter auf seinen Schultern in das Pleroma einführt[2]). Kurz, giebt es eine Erkenntniſs des Pleroma, so ist sie für jedes Wesen, das auſserhalb desselben steht,

---

[1]) Wenn man καρπίστης von καρπίζειν ableitet, so ergiebt sich diese einfache Bedeutung, welche der Vorstellung entspricht, daſs der Horos, der zu gleicher Zeit auch μεταγωγεύς (deductor) genannt ist, die executive Gewalt des Pleroma ist (Iren. I, 2, 4).

[2]) Iren. I, 3, 5. Hipp. VI, 31. D. a. § 42.

an sich absolut transscendent; umschliefst ferner der Horos das Pleroma so undurchdringlich, wie dië Waberlohe die vom Schlafdorn getroffene Walkyre, so mufs die Erkenntnifs desselben, falls sie möglich ist, ihrem Wesen nach für jeden, dem sie offenbart wird, eine absolut neue sein. Darin liegt die Negation der Wahrheit aller früheren Religionen und die Affirmation der absoluten Wahrheit der Gnosis.

Die Soteriologie bestätigt diese Grundsätze. Die Welt als $\varepsilon l \varkappa \acute{\omega} \nu$ des $\pi \lambda \acute{\eta} \varrho \omega \mu \alpha$ hat keinen Halt und keine Kraft zur Entwicklung, ehe sie mit dem $\pi \lambda \acute{\eta} \varrho \omega \mu \alpha$ in Verbindung tritt, um durch diese Verbindung mit ihrem Urbild vereint zu werden, falls die Vereinigung noch vollziehbar ist. Die Möglichkeit ist für die pneumatische Natur durch den Soter gegeben, der, mag er die Maria als Canal benutzen oder als Taube auf den psychischen Christus sich senken, in jedem Falle unvermittelt in die Welt kommt, und durch seine Scheinleiblichkeit in keine organische Verbindung mit den untergeordneten Wesensstufen kommt. Demgemäfs ist seine Thätigkeit im Grunde auch nur auf die Pneumatiker beschränkt. Nur sie gehen durch die Thüre in das Pleroma (D. a. § 26), während die Psychiker aufserhalb desselben in der Ogdoas weilen[1]).

Die Grundsätze der gnostischen Speculation fassen sich in folgende Behauptungen zusammen: Volles und wahres Leben kommt nur dem Pleroma zu; — der Kosmos ist ein Abbild des Pleroma, das für sich keinen Halt besitzt; — die Vollendung besteht in der Einführung ins Pleroma; — der Kosmos hat durch Mittheilung des pneumatischen Samens Antheil am Pleroma; — wer den pneumatischen Samen nicht empfangen hat, ist unfähig, ins Pleroma erhoben zu werden; — die Aufnahme ins Pleroma ist ermöglicht durch den Soter, der in doketischer Erscheinung die Pneumatiker aus dem Kosmos befreit. — Ein jeder dieser Sätze findet seine Antithese im Christentum, das nicht

---

[1]) Vrgl. D. a. § 32. Iren. I, 7, 2; 5, 1.

eine particuläre und anerschaffene, sondern eine potenziell allgemeine, actuell aber angeeignete Fähigkeit, erlöst zu werden, der Menschheit zuschreibt, und die Erlösung nicht durch das typische Handeln eines doketisch gedachten Soter, sondern durch das thatsächliche Leiden des incarnirten Logos vollzogen denkt. Bis zur Beziehungslosigkeit ferner trennt sich die Gnosis vom Christentum in der Lehre vom Pleroma und seinen Syzygien.

Sehen wir auf die Durchführung dieser Grundsätze, so zeigen auf den ersten Blick die Schwankungen, in denen das System vergeblich nach einem einheitlichen Abschlufs ringt, dafs der Doketismus als Weltanschauung nur consequent durchführbar ist, so lange er sich jeder Berührung mit Geschichte und äufseren Auctoritäten enthält. Seine Folgerichtigkeit mufs an der falschen Voraussetzung scheitern, dafs ein an sich subjectives Princip zu einem objectiven und universellen erhoben werden könne, ohne dafs es einer äufseren Stütze und Bekräftigung bedürfe. So verläfst denn auch bald die Valentinianische Gnosis die abstracten Bahnen der Speculation, die sie consequent ohne Rücksicht auf jede Auctorität hätte verfolgen müssen, um sich an die heilige Schrift als Urkunde ihrer Offenbarung anzuklammern, und zwar an die heilige Schrift ausschliefslich. Allerdings spricht Pseudotertullian von einem eigenen Evangelium des Valentinus[1]) und Irenäus scheint ihm beizustimmen, wenn er die Verwegenheit rügt, mit der die Valentinianer sich rühmten, mehrere Evangelien zu besitzen, als in der That vorhanden seien, ja sogar ein Machwerk kurzer Hand, in dem nichts mit den apostolischen Evangelien übereinstimmendes sich fände, „Evangelium der Wahrheit" zu nennen wagten (III, 11). Wir lassen es dahingestellt, ob $\varepsilon \grave{v} \alpha \gamma \gamma \acute{\varepsilon} \lambda \iota o \nu$ hier im Sinne des Basilides „$\acute{\eta} \ \tau \tilde{\omega} \nu \ \acute{v} \pi \varepsilon \rho \varkappa o \sigma \mu \acute{\iota} \omega \nu \ \gamma \nu \tilde{\omega} \sigma \iota \varsigma$" zu erklären sei[2]), was nach der Schilderung des Irenäus zulässig wäre; dafs das Evangelium der Aegypter darunter

---

[1]) c. 12: Evangelium habet etiam suum praeter haec nostra.

[2]) Hipp. VII, c. 24.

zu verstehen sei, aus dem die Excerpte ein Citat mittheilen,
macht die Weise, in der Clemens eben dasselbe benutzt, unwahrscheinlich (vrgl. S. 124). Nehmen wir hinzu, daſs Irenäus,
welcher die Markosischen Fictionen erwähnt und reiche Bruchstücke aus denselben mittheilt[1]), den Valentinianern nur ihre
falsche Schriftbenutzung zum Vorwurf macht und seine Nachrichten über sie aus Quellen schöpft, welche die Auctorität hei-
liger Schriften nicht beanspruchten[2]), und daſs wir auſser dem
erwähnten Citat nirgends in den Quellen eine Berufung auf die
Auctorität apokryphischer Schriften finden, so scheint der ältere
Valentinianismus auſser der heiligen Schrift auf keine anderen,
ihm eigentümlichen Offenbarungsurkunden sich berufen zu haben.
Tertullian unterstützt diese Ansicht, wenn er ausdrücklich betont,
Valentinus habe nicht, wie Marcion, „ad materiam scripturas,
sed materiam ad scripturas" ersonnen[3]).

Die Auctorität der heiligen Schrift wird von der Gnosis
schweigend anerkannt. Man vermiſst jeden Versuch einer principiellen Erörterung des Verhältnisses von Gnosis und Kanon oder
einer Begründung der hermeneutischen Grundsätze, und doch beweist die Terminologie des Systems[4]), die Weise des Citirens[5]),
das Bestreben, möglichst zahlreiche Beweisstellen herbeizuziehen,
zur Genüge, daſs keinen Augenblick daran gezweifelt wurde, in
der Schrift die Geheimnisse des Pleroma mit anderen Bestandtheilen vereint in derselben Weise zu besitzen, als im Soter die
verschiedenen erlösungsfähigen Substanzen sich einten. Daher
gilt das alte Testament für die Offenbarungsurkunde des Demiurg, das neue für die Offenbarung des Pleroma; der Ursprung
beider entscheidet zugleich über ihren Werth für die Gnosis.

Diese zuversichtliche Schriftbenutzung erklärt sich aus dem
Selbstbewuſstsein des Pneumatikers, welches das Richtmaſs und
den Prüfstein für die Scheidung echter und unechter Bestand-

---

[1]) I, 20, 1 folg.   [2]) I, prooem. § 2.   [3]) de praescr. haer. 38.
[4]) Vrgl. z. B. oben S. 36. 44. 58. 74. 101. 144.
[5]) Vrgl. S. 46. 86. 116.

theile des Kanon lieferte und sich dadurch thatsächlich als die einzige Auctorität hinstellte[1]). Der Pneumatiker war berechtigt zu trennen und zu verbinden, umzudeuten und zu verwerfen, zu allegorisiren oder beim kahlen, eigenmächtig isolirten Wortlaut stehen zu bleiben; es gab für ihn keine Nöthigung, ὅλον τὸν νοῦν τῆς γραφῆς[2]) zu erwägen, und keine Gefahr des Mißverständnisses, wenn er aus dunklen Aussprüchen der Propheten „ohne Rücksicht auf Leib und Gewebe der Prophetie" die Wahrheit in ihrem ursprünglichen Glanz wiederhergestellt zu haben sich rühmte[3]).

Vergegenwärtigen wir uns das der Schrift entlehnte Beweismaterial, so stellt sich ein bedeutendes numerisches Uebergewicht zu Gunsten des neuen Testaments heraus. Aus dem alten Testamente benutzte man vorzugsweise die Genesis, um die Schöpfung des Demiurg und sein Wesen dadurch zu begründen. Uebereinstimmungen in den Citaten sind selten; Irenäus, Hippolytus und die Excerpte benutzen Gen. 2, 7 und 8, Irenäus und Hippolytus Exod. 3, 2, Hippolytus und die Excerpte Dan. 7, 9 gemeinsam[4]). Ein Theil der alttestamentlichen Citate, wie Levit. 20, 9. 24, 20. Jes. 29, 13 bei Ptolemäus (ad Flor. 3), ist wahrscheinlich dem neuen Testament entnommen[5]), direct citirt werden von den Excerpten und Hippolytus Verse des 110. Psalms[6]), von Herakleon Jes. 1, 2[7]), von den Excerpten (§ 47) Prov. 9, 1.

Die hauptsächlichsten Bestandtheile des neutestamentlichen Kanons waren, wie aus den Citaten hervorgeht, den Valentinianern bekannt. Nicht nachweisbar sind unter den Citaten die

---

[1]) Origenes sagt von Herakleon (Grabe II, 86): αὐτὸν πιστεύεσθαι ἀξιοῦντα ὁμοίως προφήταις ἢ ἀποστόλοις, τοῖς μετ᾽ ἐξουσίας καὶ ἀνυπευθύνως καταλείπουσι τοῖς καθ᾽ αὑτοὺς καὶ μεθ᾽ αὑτοὺς σωτήρια γράμματα. — S. 88: ὡς ἐξουσίαν ἔχων τοῦ δογματίζειν καὶ πιστεύεσθαι καὶ προκόπτειν.

[2]) Orig. de pr. 4, 28.

[3]) Clem. Strom. VII, 16. § 96. Vrgl. oben S. 46 folg.

[4]) Vrgl. S. 51 folg. 103.   [5]) Vrgl. S. 85.

[6]) D. a. § 38. 62. Hipp. VI, 32.   [7]) Grabe II, 112.

Briefe an die Thessalonicher, der Brief an Philemon, der erste Brief an Timotheus und der Brief an Titus, die Petrusbriefe[1]), der zweite und dritte Brief des Johannes, der Brief des Jakobus und Judas und die Apokalypse. Am sparsamsten benutzt wurden das Markusevangelium und der Philipper- und Hebräerbrief; aus den Pastoralbriefen entlehnte allein Herakleon einen Ausspruch. Von den übrigen Schriften bezog man sich verhältnifsmäfsig am seltensten auf die grofsen Paulinischen Briefe, häufiger wird Matthäus und Lukas, der Brief an die Galater und Colosser, am häufigsten das Johannesevangelium und der Brief an die Epheser citirt[2]). Auch hier sind übereinstimmende Citate im ganzen selten. Im Colosserbrief giebt z. B. 1, 16 und 2, 9 den Excerpten und dem Irenäus Gelegenheit, das Wesen des Soter zu beschreiben; die Sophia wird nach 1. Cor. 15, 8 von Irenäus und den Excerpten als ἔκτρωμα bezeichnet; die Art, wie sie den Soter aufnimmt, findet sich nach Irenäus und den Excerpten in 1. Cor. 11, 10 geschildert; Luc. 1, 35 endlich wird von Hippolytus und den Excerpten ausgebeutet. Aus den Corintherbriefen war es besonders das 15. Capitel, welches den Gnostikern Anknüpfungspunkte bot. Irenäus citirt daraus zwei, die Excerpte drei, Herakleon einen Ausspruch. Das Johannesevangelium gab vorzugsweise durch seinen Prolog Anlafs zu gnostischen Speculationen, und wir finden denselben dreimal in verschiedener Weise interpretirt[3]). Eigentümlich stellt sich das Verhältnifs der dem Epheserbrief entlehnten Beweisstellen. Trotzdem dieser Brief am häufigsten verwandt wurde, trifft kein Citat mit dem anderen zusammen, vielmehr scheinen die einzelnen Relationen eine Vorliebe für bestimmte Abschnitte desselben gehabt zu haben. Hippolytus entnimmt seine Citate nur dem 3. Capitel, Irenäus

---

[1]) 1. Petr. 1, 12 ist D. a. § 86 citirt, wahrscheinlich jedoch gehört das Citat dem Clemens an. Vrgl. oben S. 90.

[2]) Zur Ergänzung dieser Uebersicht verweisen wir auf die Zusammenstellung der neutestamentlichen Citate im Anhang.

[3]) Iren. I, 8, 5. D. a. § 6. Herakleon bei Grabe II, 85 folg.

eins dem 1., eins dem 2., zwei dem 5. Capitel, die Excerpte dagegen recurriren mit einer Ausnahme auf das 4. Capitel.

Die Taktik, welche Irenäus wider diese Schriftbenutzung handhabte, stimmt mit der der übrigen Väter überein. Nicht die Widerlegung der exegetischen Ungeheuerlichkeiten steht in erster Reihe, obwohl Irenäus sich derselben nicht entzieht, sondern die Berufung auf die sichere, einheitliche, historisch verbürgte Tradition der Kirche. Diese gab ihnen den Schlüssel zum Schriftverständnifs[1]), denn in ihr strömte der lebendige Quell des Worts, das von Mund zu Mund fortgepflanzt die Glieder der Kirche im unmittelbarsten Zusammenhang mit ihrem Stifter erhielt. Das Herz war ein treuerer Hüter der christlichen Wahrheit, als das Papier[2]); wo die Liebe zum Heiland in erster Jugendfrische blühte, bedurfte man noch keiner φάρμακα λήθης. Andererseits war die Schrift die Fundgrube, aus der die Gnostiker ihre Sätze erweisen zu können sich rühmten. Jene merkwürdige Mittheilung des Irenäus, die Gnosis sei aus dem Bestreben entstanden, zweifelhafte Schriftstellen zu erklären[3]), giebt uns vielleicht einen Fingerzeig über die Ausdehnung dieses Verfahrens. Ob ferner die Alexandrinische Methode der Exegese, wenn sie auch im Princip und in der Praxis die Schrift als lebendiges Ganze aufzufassen sich müht und gerade dadurch

---

[1]). Clem. Strom. VII, 17. § 106. (Οἱ τῶν ἀσεβῶν ἁπτόμενοι λόγων) οὐδὲ τὴν κλεῖν ἔχοντες αὐτοὶ τῆς εἰσόδου (εἰς τὴν βασιλείαν τῶν οὐρανῶν), ψευδῆ δέ τινα καὶ ὥς φησιν ἡ συνήθεια ἀντικλεῖδα, δι' ἧς οὐ τὴν αὐλαίαν ἀναπετάσαντες ὥσπερ ἡμεῖς διὰ τῆς τοῦ κυρίου παραδόσεως εἴσιμεν, παράθυρον δὲ ἀνατέμνοντες καὶ διορύξαντες λάθρα τὸ τειχίον τῆς ἐκκλησίας ὑπερβαίνοντες τὴν ἀλήθειαν, μυσταγωγοὶ τῆς τῶν ἀσεβῶν ψυχῆς καθίστανται. Aufserdem vrgl. Iren. I, 10.

[2]) Vrgl. Euseb. V, 20, wo Irenäus den unvergefslichen Eindruck, den sein Lehrer Polycarp auf seine Schüler machte, schildert, und dann fortfährt: ταῦτα (die Thaten und Lehren des Herrn) καὶ τότε διὰ τὸ ἔλεος τοῦ θεοῦ τὸ ἐπ' ἐμοὶ γεγονὸς σπουδαίως ἤκουον, ὑπομνηματιζόμενος αὐτὰ οὐκ ἐν χάρτῃ, ἀλλ' ἐν τῇ ἐμῇ καρδίᾳ. Vrgl. Iren. III, 4, 1. 2.

[3]) III, 10, 1: ambiguas exsolvere scripturas.

zur Umdeutung und Vergeistigung vermeintlich fremder Elemente veranlafst wurde, der zerspaltenden und isolirenden Interpretation der Gnostiker Schranken anzuweisen vermochte, erscheint um so zweifelhafter, als die Annahme eines dreifachen Schriftsinns, die Origenes zu begründen suchte, ein Analogon in der gnostischen Lehre findet, der Soter habe in typischer, parabolischer und einfacher, directer Form gelehrt[1]).

Das Bewufstsein, durch die Ueberlieferung in innigem Zusammenhang mit Christus und der Kirche zu stehen, verursachte bei den Kirchenvätern das Zurückstellen einer Berufung auf die Schrift, während gerade das Bewufstsein, mit der Tradition der Kirche in keiner Verbindung zu stehen, bei den Gnostikern ihr emsiges Berufen auf die Auctorität der Schrift erklärt. Einer anderen Auctorität entbehrend und doch einer Auctorität bedürfend, unternahmen sie die unendlich mühsame Arbeit, die Schrift sich selbst zu entfremden, um sie den eigenen Speculationen zu befreunden, und waren die ersten, welche das neue Testament in derselben Weise, in der die Kirchenväter bisher nur das alte gebraucht hatten, citirten[2]). Sie suchten die tiefe Kluft zwischen Christentum und Gnosis durch die Auctorität der Schrift zu verdecken. So charakterisirt die Weise der Schriftbenutzung das Verhältnifs der Gnosis zum Christentum gleichfalls als eine äufserliche Verquickung principiell verschiedener Elemente. Das Christentum mit seinem Anspruch, die Religion zu sein, gab dem gnostischen Denken die Impulse zum Versuch der Ueberflügelung; aber indem die Gnosis den Anspruch machte, die ideelle Wahrheit aller positiven Religion zu sein, zerstörte die

---

[1]) D. a. § 66.

[2]) Theophilus (um 170) ist der erste, welcher Stellen des neuen Testaments mit den üblichen Citationsformeln einführt. Sonst wurden die Worte des Kanons in jener zwanglosen Weise in die Erörterungen eingefügt, die wir z. B. bei Valentinus beobachteten. Vrgl. Kirchhofer, Quellensammlung zur Geschichte des neutestamentlichen Kanons, Zürich 1842, S. 109. 152.

neue Form den gegebenen Stoff und verlor über dem Bestreben, die reine Welt des Pleroma vollständig vom Kosmos loszulösen, mit der äufseren Norm die innere Consequenz.

Doch waren wirklich jene Anknüpfungspunkte, welche die Gnosis in der Schrift fand, rein äufserlich? Fehlt der Gnosis jede innere Berührung mit dem Geist, der die Schrift beseelt? Schon die Energie, mit der sie sich an die Urkunden des neuen Testaments drängt, jene Vorliebe, man möchte sagen jener wahlverwandte Zug, der sie vorwiegend zu bestimmten Schriften desselben führt, gebietet Vorsicht im Urtheil, besonders da unter den hervorragendsten Kennern der gnostischen Systeme viele geneigt sind, Einflüsse der häretischen Gnosis auf die Schrift anzunehmen. Baur behauptet mit Entschiedenheit das Vorhandensein directer und positiver gnostischer, und zwar Valentinianischer Elemente im Epheser- und Colosserbrief[1]). Hilgenfeld hat in einer Reihe von Schriften und Aufsätzen fort und fort dieselbe Ansicht vorzugsweise in Bezug auf das Johannesevangelium und die kleinen Paulinischen Briefe verfochten[2]). Und es ist nicht zu leugnen, dafs die universalistische Christologie des Colosserbriefs, die einen Erlöser lehrt, in dem „$\dot{\varepsilon}\varkappa\tau\dot{\iota}\sigma\vartheta\eta$ $\tau\dot{\alpha}$ $\pi\dot{\alpha}\nu\tau\alpha$" und „$\pi\tilde{\alpha}\nu$ $\tau\dot{o}$ $\pi\lambda\acute{\eta}\varrho\omega\mu\alpha$ $\varepsilon\dot{v}\delta\acute{o}\varkappa\eta\sigma\varepsilon$ $\varkappa\alpha\tau\omega\iota\varkappa\tilde{\eta}\sigma\alpha\iota$", nah verwandt erscheint jener Lehre von dem Geschöpf des Pleroma, das zugleich das Band der inneren Einheit und der Erlöser der entfremdeten Bestandtheile desselben war. Ferner die eigentümliche Verwendung der Kunstwörter $\pi\lambda\acute{\eta}\varrho\omega\mu\alpha$ und $\alpha\dot{\iota}\acute{\omega}\nu$ im Epheser- und Colosserbrief, die Verbindung von Christus und der Kirche unter dem Bilde einer Syzygie (Ephes. 5, 23), und — ziehen wir das vierte Evangelium in Betracht — die Logologie und die Antithesen von Gott und Welt, von Kindern des Lichts und der Finsternifs, die vom Vater des Teufels stammen (8, 44), die

---

[1]) Baur, Paulus. 2. Aufl. Bd. 2, S. 10 folg.

[2]) Das Evangelium und die Briefe Johannis, Halle 1849. Zuletzt in dem Aufsatz: Das neue Testament und der Gnosticismus. Zeitschrift für wissenschaftl. Theol. 1870.

Gegenüberstellung eines äufserlichen Gottesdienstes und einer Anbetung im Geist und in der Wahrheit (4, 21 folg.): all das — und leicht liefsen sich die Beispiele vermehren — scheint uns in eine dem Gnosticismus verwandte Sphäre zu weisen.

Wir stehen vor einem der schwierigsten und wichtigsten Probleme der neutestamentlichen Kritik, dessen Lösung von verschiedenen Seiten in Angriff genommen werden kann. Geht man von den Lehrbegriffen des neuen Testaments aus, so wird es darauf ankommen, zu erkennen, ob jene nach der Seite des Gnosticismus gravitirenden Begriffe und Aussprüche ihre zureichende Begründung in dem nothwendigen inneren Fortschritt des nach klarer Darstellung ringenden Glaubens finden, der, je mehr er seiner selbst sich bewufst wurde, desto schärfere Grenzen und desto bezeichnendere Kunstwörter sich schaffen mufste, oder ob sich von aufsen her fremde Elemente in das Christentum eingeschlichen haben. Um diese Fragen zu erörtern, ist eine genetische Entwicklung der Lehrbegriffe des neuen Testaments unerläfslich; denn wie nur aus dem ganzen das einzelne erkannt wird, so kann unter derselben Benennung ein sehr verschiedener Inhalt sich bergen. Doch steht noch ein anderer Weg offen.

Die Klarlegung der charakteristischen Eigentümlichkeiten der gnostischen Weltanschauung führt zugleich zum Eingehen auf ihre Beweismittel und ihre Terminologie. Letztere stimmt in vielen Fällen mit der neutestamentlichen überein, erstere, soweit sie äufsere waren, griffen auf die Schrift, besonders das neue Testament zurück, ohne zu behaupten, dafs die Gnosis sich diese Urkunde geschaffen. Vielmehr suchen die Valentinianer für sich nur das Recht und die wahre Methode der Schriftauslegung zu vindiciren. Das alte Testament ist ihnen der λόγος προφητικός auf ihr System[1]), das neue Testament ist ihnen Auctorität als „γραφή“; ebenso sein Inhalt, die λόγοι des Soter und der Apostel. Ruht nun die gnostische Denkweise auf bestimmten Grundzügen,

---

[1]) Vrgl. D. a. §§ 47. 50.

welche das System im einzelnen und im ganzen bestimmen, und sind diese principiell verschieden von den Grundprincipien des Christentums, so scheint von hier aus die Annahme einer positiven Einwirkung der Gnosis auf das neue Testament hinfällig zu werden.

Zu bestimmteren Resultaten, als jene aus der Erörterung nur einer Seite des Problems sich ergebende Zurückweisung eines positiven Einwirkens der Gnosis auf die neutestamentlichen Lehrbegriffe, führen die äußeren Daten, welche vorstehende Untersuchungen gewonnen haben. Die Valentinianische Gnosis blühte im fünften und sechsten Decennium des zweiten Jahrhunderts[1]). Sämmtliche Häupter der Schule citiren die angefochtenen Theile des neutestamentlichen Kanons in derselben Weise wie die unbestritten echten. Wir erfahren aus dem Brief an die Flora, daß Ptolemäus Joh. 1, 3 für einen Ausspruch des Apostels hält[2]), ebenso citiren die Excerpte Joh. 1, 9 (§ 41). 1, 14 (§ 7), Ephes. 4, 30 (§ 48) als Worte des Apostels, Hippolytus wieder führt Ephes. 3, 14 mit der Formel ein: τοῦτό ἐστιν τὸ γεγραμμένον ἐν τῇ γραφῇ, Herakleon kennt den 2. Timotheusbrief[3]). Und was bedarf es weiter des Zurückgreifens auf schon vorher gegebene Nachweisungen, so viel ergiebt sich evident aus der Weise des Citirens, daß die Valentinianer die Schrift als eine allgemein anerkannte Auctorität benutzten, dieselbe also dieses Ansehen schon vor dem Emporkommen des Systems besessen haben muß. Unerklärlich aber bliebe es, wie den Kirchenvätern, welche von Anbeginn die Gnosis bekämpften, gnostische Einflüsse auf die Genesis des vierten Evangeliums, des Colosseroder Epheserbriefs hätten verborgen bleiben können; ebenso unerklärlich, als jene, so zu sagen, naive Nebeneinanderstellung des göttlichen und menschlichen Wesens Christi im Evangelium Johannes unter der Voraussetzung erscheint, daß es sein Verfasser als Anhänger der Gnosis oder als Polemiker wider dieselbe

---

[1]) Vrgl. oben S. 11.   [2]) Vrgl. S. 84.   [3]) Vrgl. S. 146.

geschrieben habe. Daher bezeugt die Schriftbenutzung der Valentinianischen Gnosis, daſs das Evangelium Johannes, der Colosser- und Epheserbrief in der ersten Hälfte des zweiten Jahrhunderts als apostolische Schriften anerkannt und gebraucht wurden. Wenn endlich 2. Tim. 2, 13 von Herakleon nicht direct als apostolischer Ausspruch angeführt, sondern ohne nähere Bezeichnung in die fortlaufende Erörterung eingefügt ist, so entspricht das der sonst von ihm beobachteten Praxis[1]). Das Citat beweist, daſs der Brief vor dem Jahre 160 im Gebrauch war, also schwerlich, wie Baur meint, gegen die Gnostiker des zweiten Jahrhunderts, insbesondere die Marcioniten, gerichtet ist.

---

[1]) Vrgl. S. 146.

ANHANG.

Uebersicht der Citate aus dem Neuen Testament[1]).

Matthäus.

2, 2. D. a. § 75. †
4, 11. D. a. § 85. †
5, 8. Val. Grabe II, 52.
5, 13. 14. Ir. I, 6, 1.
5, 16. D. a. §§ 3. 41.
5, 17. Ptol. ad Fl. 3.
5, 18. Ir. I, 3, 2[2]).
5, 22. 28. Ptol. ad Fl. 4. *
5, 28. D. a. § 52.
5, 39. Ptol. ad. Fl. 4[3]).
8, 2. Grabe II, 112[4]).
8, 9 (Luc. 7, 8). Ir. I, 7, 5. *
8, 37. Gr. II, 106.
9, 15. Ir. 7, 1. †
10, 28. D. a. § 51. *
10, 34. Ir. I, 3, 4.
10, 38. D. a. § 41. *
11, 19. Ir. I, 8, 4.
11, 27. Ir. IV, 6, 1. *
12, 5. Ptol. ad Fl. 1. *
12, 29. D. a. § 52.
13, 25. D. a. § 53.
15, 4. Ptol. ad Fl. 2. *
16, 28. D. a. § 4[5]).
17, 6. D. a. § 5.
17, 9. D. a. § 5. *
18, 11. Gr. II, 109.
19, 6. 8. Ptol. ad Fl. 2. *
19, 16. Ir. I, 8, 3. †
19, 17. Ptol. ad Fl. 5. *
20, 1 folg. Ir. I, 1, 3; 3, 1. †
26, 32. D. a. § 61. †
26, 38. 39. Ir. I, 8, 2. *
27, 46. Ir. I, 8, 2. *
28, 19. D. a. § 76. *

Marcus.

5, 31. Ir. I, 3, 3.
10, 21. Ir. I, 3, 4[6]).

Lucas.

1, 35. Hipp. VI, 35. D. a. § 60.
2, 14. D. a. § 73. *
2, 23 (Exod. 18, 2). Ir. I, 3, 3.
2, 28. Ir. I, 8, 4. *
2, 36. Ir. I, 8, 4. †
2, 42 folg. Ir. I, 3, 1.
2, 40. 52. D. a. § 61. *
3, 17. Ir. I, 3, 5.
3, 23. Ir. I, 1, 3. †
6, 13. Ir. I, 3, 1.
8, 41 folg. Ir. I, 8, 1.
9, 22. D. a. § 61. *
9, 57. 62. Ir. I, 8, 2. 3.
12, 8 (Matth. 10, 32). Gr. II S. 83.
12, 58 D. a. § 52. *
14, 27. Ir. I, 3, 4[7]).
15, 4. 8. Ir. I, 8, 4. †
19, 5. Ir. I, 8, 3.
23, 46. D. a. § 1.

Johannes.

1, 1 folg. Ir. I, 8, 5. D. a. § 7. Gr. II.
  85 folg.
1, 3. Ptol. ad Fl. 1. D. a. § 45.
1, 9. D. a. § 41.
1, 13. Tert. de carn. Chr. c. 19.
1, 14. Ir. I, 8, 5. D. a. § 7.
1, 18. Gr. II, 88. D. a. § 7[8]).
1, 26. Gr. II, 89.
1, 29. Gr. II, 90.
2, 9. D. a. § 65. †

---

[1]) Ein * deutet bedeutendere Abweichungen vom recipirten Text an, ein †
Beziehungen auf historische Stellen oder neutestamentliche Aussprüche. Die wichtigsten Abänderungen sind in den Noten angegeben. Ueber das Verhältnifs der
Citate des Irenäus zur Peschito vrgl. Iren. ed. Harvey (Cantabrigiae 1857) Vorrede
S. V. und Index of Words unter Syriac analogies.   [2]) om.: ἀπὸ τοῦ νόμου.
[3]) om.: ἐπὶ τὴν δεξιὰν σιαγόνα σου.   [4]) ἐξελεύσονται. Die Citate des Herakleon
sind der Kürze wegen unter Gr. (Grabe, Spicilegium) angeführt.   [5]) om.: ἐρχόμενον.   [6]) Nach der Peschito.   [7]) Nach der Peschito.   [8]) ὁ μονογενὴς θεός.

2, 12. Gr. II, 236. †
2, 13. 14. Gr. II, 90 folg.
2, 17. Gr. II, 92.
2, 19. 21. Gr. II, 93.
3, 29. D. a. § 65. *
4, 12. Gr. II, 94.
4, 14. Gr. II, 95.
4, 16. 17. Gr. II, 96.
4, 20. 21. Gr. II, 97 folg.
4, 22. Gr. II, 99.
4, 24. Gr. II, 101.
4, 26. Gr. II, 102.
4, 33. Gr. II, 104.
4, 36. Gr. II, 105 folg.
4, 38. 40. Gr, II, 108.
4, 42. Gr. II, 109.
4, 46—52. Gr. II, 109 folg.
7, 33. 34. Gr. II, 112.
8, 21. 22. Gr. II, 112.
8, 37. Gr. II, 113.
8, 44. Gr. II, 113 folg.
8, 50. Gr. II, 116.
10, 7. D. a. § 26.
10, 8. Hipp. VI, 35. *
10, 11. D. a. § 73.
10, 30. D. a. § 61.
12, 27. Ir. I, 8, 2[1]).
12, 31. Hipp. VI, 29[2]).
14, 6. D. a. § 61[3]), § 6.
16, 24. D. a. § 65. *
17, 11. 14. Ir. I, 6, 4. (?)
19. 34. D. a. § 61.
19, 36. 37. D. a. § 62.
20, 22. D. a. § 3. †

Römerbrief.

1, 25. Gr. II, 100. *
2, 16. D. a. § 58.
7, 5. D. a. § 67.
7, 12. Ptol. ad Fl. 4.
7, 23. D. a. § 52.
8, 11. Hipp. VI, 35[4]).
8, 20. D. a. § 49[5]).
11, 16. Ir. I, 8, 3.
11, 24. D. a. § 56.

11, 36. Ir. I, 3, 3[6]).
12, 1. Gr. II, 101.
14, 4. Gr. II, 116.

1. Chorintherbrief.

1, 18. Ir. I, 3, 5.
2, 6. Ir. I, 8, 4.
2, 14. 15. Ir. I, 8, 3. Hipp. VI, 34.
5, 6. 7. Ptol. ad Fl. 3. *
11, 10. Ir. I, 8, 2[7]). D. a. § 44.
15, 8. Ir. I, 8, 2. D. a. § 67.
15, 29. D. a. § 22.
15, 47. D. a. § 55.
15, 48. Ir. I. 8, 3.
15, 53. Gr. II, 110.

2. Chorintherbrief.

4, 4. Ir. III, 7, 1.
5, 1, Ir. I, 7, 1. (?)

Galaterbrief.

3, 19. D. a. § 53. *
4, 21. D. a. § 57. †
6, 14. Ir. I, 3, 5[8]).

Epheserbrief.

1, 10. Ir. I, 3, 3[9]).
2, 15. Ptol. ad Fl. 4.
3, 3. 9. 10. Hipp. VI, 35. †
3, 14—18. Hipp. VI, 34. †
3, 21. Ir. I, 3, 1[10]).
4, 9. 10. D. a. §§ 7. 43. *
4, 12. D. a. § 33. †
4, 30. D. a. § 48.
5, 13. Ir. I, 8, 5.
5, 32. Ir. I, 8, 4[11]).
6, 16. D. a. § 65. †

Colosserbrief.

1, 16. Ir. I, 4, 4. D. a. § 43[12]).
2, 9. Ir. I, 3, 3[13]). D. a. § 31.
3, 11. Ir. I, 3, 3[14]).

Phil. 2, 9—11. D. a. § 43. †
2. Tim. 2, 13. Gr. II, 88.
1. Joh. 4, 8. 16. Hipp. VI, 29[15]). †
Hebr. 9, 7. D. a. §§ 27. 38. †

---

[1]) add.: $o\dot{v}x$ $o\tilde{l}\delta\alpha$. [2]) Vrgl. oben S. 58. [3]) om.: $\dot{o}\delta\acute{o}\varsigma$. [4]) add.: $x\alpha\grave{i}$ $\tau\grave{a}$ $\psi\nu\chi\iota\varkappa\acute{a}$. [5]) om.: $\dot{\eta}$ $\varkappa\tau\acute{\iota}\sigma\iota\varsigma$. [6]) Nach der Peschito [7]) Nach der Peschito. [8]) add.: $\dot{\epsilon}\nu$ $\mu\eta\delta\epsilon\nu\acute{i}$. [9]) add.: $\delta\iota\grave{a}$ $\tau o\tilde{v}$ $\vartheta\epsilon o\tilde{v}$. [10]) $T\tilde{\omega}\nu$ $\alpha\iota\acute{\omega}\nu\omega\nu$ $\tau o\tilde{v}$ $\alpha\iota\tilde{\omega}\nu o\varsigma$. [11]) $\epsilon\dot{\iota}\varsigma$ vor $\tau\grave{\eta}\nu$ $\dot{\epsilon}\varkappa\varkappa\lambda\eta\sigma\acute{\iota}\alpha\nu$ ist ausgefallen. [12]) Beide fügen $\vartheta\epsilon\acute{o}\tau\eta\tau\epsilon\varsigma$ hinzu. [13]) om.: $\sigma\omega\mu\alpha\tau\iota\varkappa\tilde{\omega}\varsigma$. [14]) Nach der Peschito. [15]) Vrgl. oben S. 58.

Berlin, Druck von Gustav Schade, Marienstr. 10.